JN093611

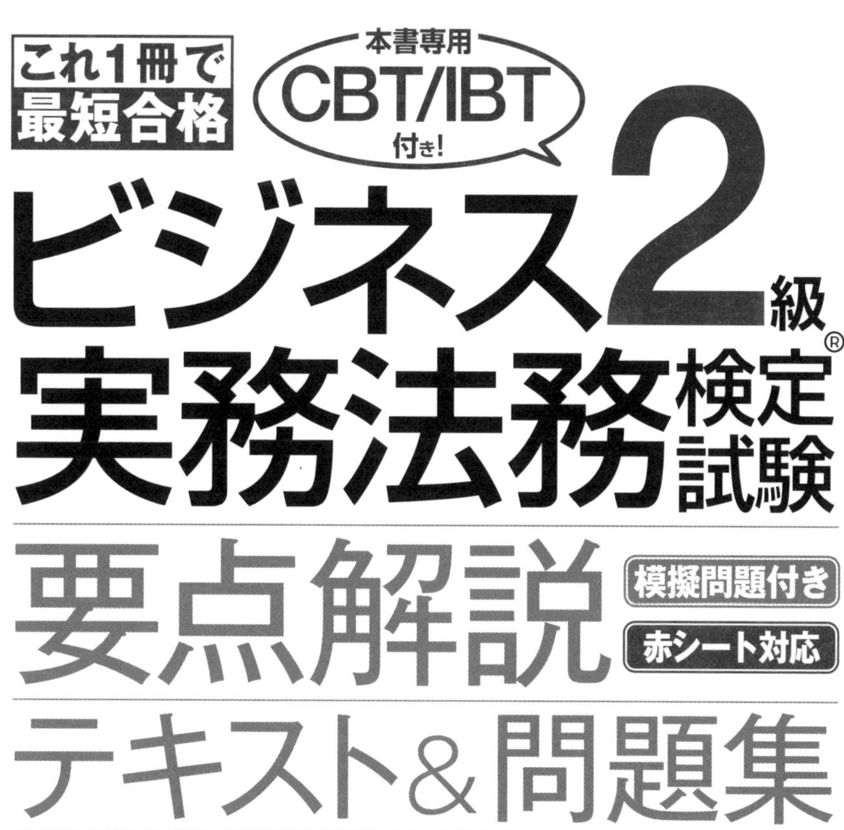

飯田善明 著

秀和システム

はじめに

ビジネスパーソンにとって益々高まる法令理解力
コンプライアンス対応能力！
それにマッチするビジネス実務法務検定試験

３級でもとになる法律的素養（リーガルマインド）と基礎的な法的知識を習得しました。

２級ではこれをベースに、企業活動で数年以上の実務経験があり、自ら法的問題点を発見し、課題を把握し、解決策（ソリューション）を自ら見出すことのできるビジネスパーソンを育成することを主目的としています。

２級は、“ビジネス実務法務検定試験”の名称のとおり、法律用語の意味、内容を問うより日々のビジネスの現場、実務で経験、遭遇する具体的な事例が多く出題されています。

それと経済法、業界法も多く、３級に比べ深く掘り下げて出題されています。

さらに法律は事実の“後追い”にはなるものの、急激な経済、社会の動きや変化に必死について行き、日々改正されています。いい例が、個人情報保護法、消費者契約法、民法、会社法、労働基準法（３級対象）などです。試験内容にしても最新の法令にもとづいて出題されており、ビジネスシーンで実際役立つものといえます。

今や企業は売上、利益をあげるにはコンプライアンス意識をトップから最前線の現場のビジネスパーソンまで持って日々ビジネスにあたらないと達成不可能となります。場合によっては企業の存立そのものが脅かされることになります。

しかし、残念ながらプライム市場の上場企業でも独占禁止法違反（カルテル）、セクハラなどがあとを絶ちません。企業トップのコンプライアンス意識、コーポレートガバナンス意識の欠如と言わざるを得ません。

独占禁止法違反、下請法違反は企業イメージを大いに落とすことは言うまでもありません。

労働基準法違反や男女雇用機会均等法（セクハラ）などを犯し、公になると、"ブラック企業"と世間では見られ、商品・サービスの売上への悪影響、株価、新卒募集（特に優秀な新卒女子学生採用）などマイナスの波及効果が直ちに現れます。

さらに消費者向けビジネス、いわゆるB to Cビジネスを行っている企業は、前述に加え、消費者契約法、景品表示法、食品関係法の各違反は被害が甚大となります。

他方、外国企業との取引も年々多くなっています。欧米企業のように法令が整備され、知的財産権制度やそれらに対する意識の高い企業ばかりでなく、特にアジアの企業はこれらが未整備あるいは整備途上です。知的財産権意識が希薄な国との取引は、我々がしっかりした国際法務や知的財産権などに係る法的知識とマインドを持って、相手の企業に接しなければなりません。

このように日々重要性を増すビジネスに直結する法律、知識、コンプライアンス意識醸成のニーズにこたえるのが、ビジネス実務法務検定試験２級です。

本書は分厚い公式テキストを読みこなしたり、法律の関連条文に眼を通す時間がない多忙なビジネスパーソン向けに、最新の受験方式による受験経験を踏まえ、

また過去の試験問題の徹底した分析を通じて、試験に出題されたことのある分野、Themeについて、図表やチャート、用語の説明などを使い、判り易く解説しています。また"ひっかけ問題"にかからないための「得点アップ講義」も本書の特徴、"売り"です。さらに以前より充実した用語集をテキスト本文の用語との相互活用を行なえば、本文の内容理解度もアップします。

100％読みこなす、あるいは理解しなくても８割から７割理解いただければ、合格ラインの７割を余裕を持って超えることができる構成になっています。

本書を利用し、ビジネス実務法務検定試験２級合格後、さらにコンプライアンス、法律に日々関心、興味を持ち、より実務に強く、コンプライアンス意識の高いビジネスパーソンとなるよう念願します。

将来、企業・団体の幹部となって未だ改まっていない日本の企業風土をコンプライアンス意識の高い企業風土に改革するよう願って止みません。

最後に、今回の改訂にあたり同じ神奈川販売士協会の齋藤彰氏には内容、文章チェックも含め多大のご協力を頂きました。秀和システム編集本部と併せ改めて御礼申し上げます。

2級の出題傾向と対策

(1) 問題形式と時間配分

A) 問題は大きく分けると**設問数は４０問、解答数は４０～４３個**。構成はすべて４つの項目の正誤問題。配点は１問２～３点（合計１００点）。

B) すべての問題は４つの項目の正誤を問うものですが、解答パターンは次のように数種類あります。

（ア）内容が適切な項目の組み合わせを４～６種類の解答パターンの中から１つ選ぶ

⇒非常にトリッキーなのですが、「全部適切」あるいは「全部不適切」のものも少数とはいえ出題されるので、注意が必要です。

（イ）内容が最も適切な項目を１つ選ぶ

（ウ）最も適切な項目の組み合わせを１つ選ぶ

（例）①アイ　②アウ　③アエ　④イウ　⑤イエ　⑥ウエ

（エ）適切な項目の個数を選ぶ

①0　②1つ　③2つ　④3つ　⑤4つ

（オ）内容が最も適切でない項目を１つ選ぶ

（カ）内容が適切な項目を２つ選ぶ

➡　**各項目が法律的に正しいかどうかを判断することがポイントです。**

C) 各設問の分野は３級と異なり、各法律または特定の法律の中の１分野に関するものです。例えば、民法でいえば債権譲渡、会社法でいえば取締役会に関する問題が出されます。

一部、複数の法律に絡む設問もありますが、関連性のある分野の法律の組み合わせです。

例えば、健康増進法と食品表示法の混合問題、金融商品取引法と貸金業法との混合問題といった感じです。

D) ３級に比べ、それぞれの設問の質問文も各項目も文章が長くなっており、試験問題のボリューム、ページ数はかなり多くなります。そのため、速読力が求められます。

E）解答欄は総計４０～４３個　ありますが、見直し用のチェック欄はありません。１時間半（90分）で解答するので、解答の見直し時間を１０分ほど考慮すると、１つの解答に費やせる時間は２分程度となります。

F）様々な分野から出題されますが、設問と設問との関連性はありません。要は公式テキストの順番どおりには出題されません。

(2) 出題分野と対策

・３級とは異なり、“ビジネス実務法務”の名称のとおり、日々のビジネスの実務で経験・遭遇する事例が数多く出題されます。単に用語の意味を問う出題はほとんどありません。

・３級では多く出題される夫婦の法律＆財産関係、相続などは一切出題されません。また、労働関係の出題も３級よりはかなり少ないです。３級には出題される手形・小切手関係なども、２級では出題されていません。

・一方、２級で多く出題される分野は、(1) **会社の破産・民事再生法・清算関係**、(2) **企業の資金調達、合併・吸収・分割**、(3) **民事訴訟関係**、(4) **国際法務**です。

・３級では簡単にしか触れられていなかった、(1) **物的担保**、(2) **債務名義による強制執行**、(3) **知的財産法**、(4) **独禁法・下請法などの経済関連法規**、(5) **特商法をはじめとする消費者関連法案**、(6) **会社法の中での株主総会、取締役・取締役会、委員会設置会社**などは、詳細な知識と理解力を問う出題がなされています。

・３級テキストの第２章「企業取引の法務」の内容は、２級でも出題されます。この部分は２級テキストでは網羅されていませんが、２級でたびたび出題される分野です。

・**改正された最新の民法、個人情報保護法や消費者契約法等**に関する出題が必ずあります。

●２級のCBT試験と旧試験の出題数・制限時間

	CBT試験	旧試験
設問数	40問	10問
解答数	40〜43個	40個
制限時間	1時間半	２時間
選択肢	４項目の正誤問題	５項目の正誤問題
		①正誤1つ:16〜21
		②正誤複数:19〜24
1解答にかけられる時間（見直し時間を除く）	２分	1分20秒弱

[対策その１：時間配分と解答]

・上記のように、１問にかけられる時間は２分程度なので、わからない問題でも空欄にせず、いちおう解答をマークしておきます。
旧試験と異なり、**試験会場には鉛筆、白紙など一切持ち込み禁止**なので、**解答に自信がない問題については画面のメモに問題番号を打ち込み**、後で再度クリックして読み直すことをお勧めします。

[対策その２：複数の正解を選ぶ正誤問題]

・２級の正誤問題パターンの中で一番難しいのは４～６択から１つの正誤を選ぶものですが、逆に解答しやすいのが、複数の正解を選ぶ正誤問題です。
４つすべての項目の正誤が判断できなくても、２つか３つの項目の正誤がわかれば、４～６個の選択肢の中から絞り込むことができるからです。

[対策その３：長文問題対策]

・設問の中には、前提となる法律や条件が各項目の前段に長く記述されているものも多くあります。

よく読めば、各項目に共通の文章が２～３個かそれ以上あったりするので、その部分は飛ばして、異なる文章だけを比較検討することが大事です。解答時間の節約になります。

[対策その４：設問の熟読]

・**(1) 問題形式と時間配分**で触れたように、設問にはいろいろなパターンがあるので、各設問への適切な解答方式をよく把握しておくことが大事です。
各項目の文章についても、最初は法律的に正しく書かれていても、最後は「～でない。」と否定で終わる項目もあるので、各項目の文章を最後まできちんと丁寧に読むことが大事です。上記の逆のケースもあります。

[対策その５：CBT方式への慣れ]

・本書ではパソコン上で行えるCBT試験が付いていますので、時間を設定して予行演習することをお勧めします。
・また、本書の模擬問題をPDF化して、パソコンをダブル画面にして回答を書く練習も効果的です。

[対策その６：手続の流れと関連用語をつかむ]

・２級では、特許の登録申請、公正取引委員会による事件処理の手続、民事訴訟法裁判など、手続関連の例題が出題されます。手続の順番ならびに各ステップで出てくる手続や関連法律用語を、関連付けて覚えておくことが大事です。

[対策その７：実際の運用においての法律的判断]

・2級では、法律の実際の運用事例を扱う設問が多くなります。これに合わせ、本テキストにもそのような内容を織り込んでいます。設問が法的に合法か違法か、また対応する法律が問題文の法律なのかどうか判断できる力を養っておく必要があります。

ビジネス実務法務検定試験の受験にあたっての手続きと注意事項

(1) 申込期間

- 申込はインターネットによる方法のみで、電子メールアドレスが必要です。
- 他の資格試験と違い、年に2回ある申込期間が極めて短いので注意が必要です。週末を入れて春秋の各々11日～12日しかありません。
  ➡実質、2週間にも満たない短さです。
- したがって、**受験申込期間をあらかじめ、手帳にメモしておくこと**をお勧めします。

(2) 検定試験申込みの流れ

①東京商工会議所検定サイトから登録・受験日時の選択をする。
　はじめて申込をする場合はアカウントを作成する必要があります。
②クレジットカード決済またはコンビニ決済にて受験料を支払う。
③申込完了メールが届けば申し込み完了。

(3) 受験可能期間・試験会場

- 受験期間内であれば、原則、平日、土曜、日曜、祝日を問わず受験でき、都合の良い日時を選択できます。併せ、支払情報も入力が必要となります。
- ただし、受験可能期間は申込期間より長いものの、17日間程度しかありません。
- CBT試験対応のパソコンスクールや各種学校などが試験会場になりますが、交通至便な大都市のターミナル駅周辺にある会場は人気が高いです。また各試験会場も17日間ずっと対応可能な訳ではありません。（他のCBT試験の会場にもなるため。）
  よって、上記の試験会場は直ぐ予約が入ってしまう恐れがあります。
  たとえ、受験申込ができても希望とは違う自宅から遠い会場になる可能性があります。

したがって、希望の試験会場の予約をするには、早めの受験申込をお勧めします。

- IBT方式で受験する場合、以下のような環境を用意する必要があります。
  - ・インターネットに接続できるパソコンを用意します。タブレットやスマートフォンは使用できません。
  - ・WebブラウザはGoogle ChromeもしくはMicrosoft Edgeを使用します。「Firefox」「Safari」「Internet Explorer」は使用できません。
  - ・受験環境をモニターするため、カメラとマイクを準備します。なお、試験開始前の待機時間から試験終了までの間に、受験者以外の人が映ったりほかの人の声が入った場合、失格となりますので注意してください。
  - ・CBT会場で受験する際と同様、メモ用紙や筆記用具は使用できませんので、カメラに映らないところに移動してください。

(4) 試験当日の流れ

- CBTで受験する場合

①受験予定時間の30分から10分前までに試験会場に到着する。

②受付での本人確認➡写真付身分証明書が必要。時計、携帯、筆記用具、小銭入れ他所持品は全て試験会場内のロッカーに収納する。

③試験会場に入室し、設置されたパソコンで試験をスタートする
(Excertにログインする)

④パソコンの画面に受験IDを入力し、「試験開始」をクリックし、解答する
➡「試験開始」ボタンをクリックすると、残りの試験時間が画面に表示される

⑤すべての解答終了後、「試験終了」をクリック。試験結果(点数)が画面に表示される。

⑥試験終了

⑦(合格の場合)「デジタル合格証」が発行される。
➡「デジタル合格証」取得サイトのURLがメールで届く

- IBTで受験する場合

①受験サイト(Excert)にログインし、受験する検定・級を選択する。

②カメラに身分証明書を写し本人確認を行う。同時に受験環境の確認をする。

③[試験を開始]ボタンを押して試験を開始する。

④[試験を終了する]ボタンを押して試験を試験終了する。

⑤試験結果画面に移動し、試験結果を確認する

⑥（合格者の場合）「受験後デジタル合格証」が発行される。

➡「デジタル合格証」取得サイトのURLがメールで届く

(5) 問い合わせ先

● Webサイトでの問い合わせ

以下のURLで「よくあるご質問」をご確認の上、問合せフォームからお問い合わせください。

https://kentei.tokyo-cci.or.jp/inquiry.html

●電話での問い合わせ

電話：050-3150-8559（10：00～18：00　※土日・祝日　年末年始を除く）

無料CBTの紹介

本書の読者の方の限定特典として、CBTを設けています。
各サイトへは、下記のQRコードまたはURLからアクセスしていただけます。

CBTはPCなどで回答することで、本試験の形式に慣れておきましょう。合否判定もありますし、間違った問題は復習もできます。また、何度でも無料でご利用いただけます。

◀CBT方式模擬問題
https://bizlaw2.trycbt.com/

2級合格への効率学習ロードマップ

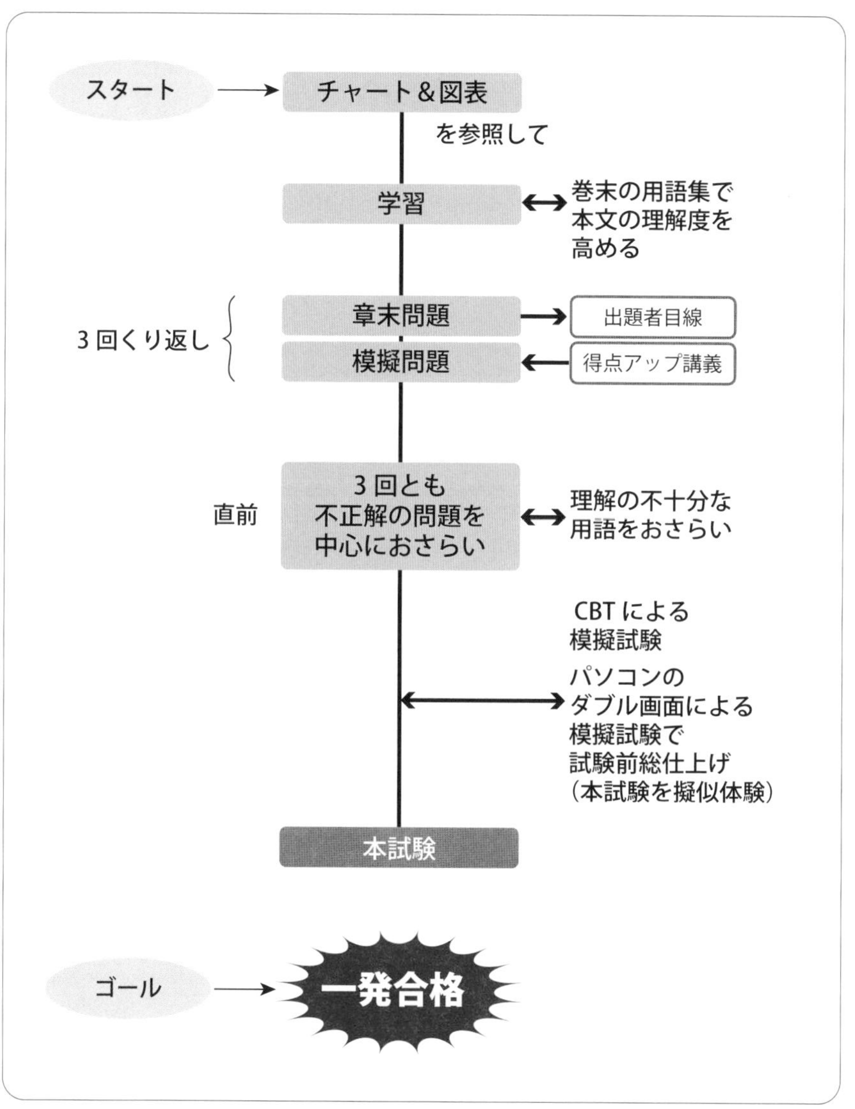

本書ならではの一発合格のための6つの工夫！

本書は、ビジネス実務法務検定試験® 2級に最短で合格できるよう、下記のような紙面構成とさまざまな工夫を盛り込んでいます。これらの特徴を生かし、ぜひ確実に合格の栄誉を勝ち取ってください。

ポイント その6

法律用語の理解度アップ！

重要な法律用語のうち、試験によく出るものを用語集として収集。これを覚えるだけで理解度がアップする。

ポイント その1

学習のアドバイスで要点が把握できる！

レッスンの最初に、学習のアドバイスがあり、学習内容の概略、学習上の要点が説明されているから、スムーズにレッスン学習に取り組むことができる。

ポイント その3

出題分野を77テーマに分け、効率学習！

2級試験の特徴として、かなりの割合で毎回同じようなテーマで出題されている。本書では過去の出題の9割強をカバーしているので正答率70%以上で合格なので、このテキストをしっかり（8割〜9割）把握すれば90%×80%＝72%で合格できる。

ポイント その2

実務家が出題傾向を徹底解説！

出題者の目線では、専門家が過去の出題傾向を分析し、出題者側の観点から問題を解くカギをわかりやすく解説。どこにポイントを置いて学習すればいいのがわかり、効率よく学習することができる。

Theme 4 請負契約と委任契約

請負契約では、支払時期は目的物引渡しのときであり、また注は仕事の完成前であれば損害を賠償して契約を解除できます。請負契約では建設業法が民法に優先して適用されます。

重要度：★★☆

●改正民法では、請負契約固有の担保責任に関する規定が削除されました。また、仕事の目的物が建物と土地の工作物である場合の契約解除の特■削除されました。

請負契約

(1) 請負契約の支払時期

民法の規定では、支払時期は「工事目的物の引渡しの時期」とされています■かしこれは任意規定なので、**特約で支払時期の変更や分割も可能**です。

建設請負契約の場合は、特約によって、請負代金を前払いとするか、あるい■事の進捗状況に応じて分割払いをするのが通例です。

(2) 請負人の仕事の完成義務

仕事の目的物がその完成直前に損傷した場合、当該損傷につき請負人および■者の双方に帰責事由がなく、かつ、約定の期限までに当該建物を完成させるこ■可能であるときは、請負人の仕事の完成義務は存続します。

(3) 請負人に対する契約不適合部分の修補の請求

仕事の目的物に契約不適合部分があった場合、その瑕疵が生じたことにつき■人に帰責事由がなくても、注文者は請負人に対してその瑕疵の修補を請求する■ができます。

●民法上の規定は任意規定なので、請負契約の報酬支払時期や契約不適合責任の免責条項は特約を約定すれば有効である、という旨の問題が過去に出題されています。

28

Question 問題を解いてみよう

問 1　X社は、インターネット上の自社のウェブサイトで、自社の商品を販売している。この場合に関する次のア～エの記述のうち、その内容が適切なものの組み合わせを①

ア．X社は、未成年者であ
子商取引にも民法の制
るため、Yは、自己が
の商品の売買契約を取

イ．X社は、消費者Yからの
ルで承諾の意思表示を
めに拠らない事由でY
電子メールを発信して
の売買契約は成立する。

ウ．消費者Yは、X社のウェ
商品を2個購入するつ
示をしたため、X社に
を主張した。
ブサイトの商品購入画
行う意思の有無を確認
きは、Yに対し、Yに
該意思表示は無効でな

エ．X社は、消費者Yとの
場合、X社が自社のウ
品を認めない旨の表示
知っていたとしても、

ビジネス実務法務2級 実用用語

用語名	内　容
ア行	
一括下請負	一括下請ともいう。建設請負契約において、請…りそのまま他者に請け負わせること（いわゆる丸投げ）。建設業法で、下請負契約のうちの一括下請は原則として禁止されている。
インコタームズ	International Commercial Termsの省略形で、国際商工会議所が制定した、貿易取引条件などに関する規則。インコタームズ自体は条約ではなく、法的な強制力は認められない。しかし、貿易実務で広く用いられているので、その内容を把握しておく必要がある。
インサイダー取引	会社の重要な情報に容易に接近し得る者が、重要事実を知って、それがいまだ公表されていない段階で、当該会社の株式の売買を行ったり、行う者に対し当該情報を提供すること。「インサイダー取引」は金融市場の公平性と透明性を害するため、金融商品取引法で禁止されている。
受戻権	債務者が、仮登記担保権者から清算金の支払いを受けるまでの間、債権額に相当する金銭を仮登記担保権者に提供して土地などの所有権を受け戻すことができる権利。
上乗せ条例	法律で規制されている事項について、それより厳格な規制を定めている条例。
運用供用者責任	自動車の所有者や賃借人（レンタカーを借りている人）など自動車を…限を持っている者が負う責任。人に車を貸して借用…た場合は、運用供用者はその不法行為につき、免責…ければ、責任を免れることができない。この無過失…として自賠責保険制度がある。
	…で、不正競争防止法により権利を保護される。「営…められるには、①秘密管理性、②非公知性、③有用…て満たさなければならない。特許権などの産業財産…への登録は不要。
	…」または「こうけんけいやく」と読む。労働組合…脱退を条件とする労働契約のこと。
	…かじめ本人の同意を得ずに個人データを第三者に提…ないが、一定の要件を満たせば個人データを第三者…う特例の手続のこと。
	…あり、取締役または執行役と共同して、会社の計算…属明細書等を作成することをその主たる職責とする…ることにより、すべての株式会社において任意に設…る。また、会計参与は監査役との兼任はできない。…会計士もしくは監査法人または税理士もしくは税理…ならない。

361

ポイントその5

章末問題と模擬問題で試験前の総仕上げ！

章末問題は問題傾向を分析して作成したもので、より実践的で応用力が身につく。模擬問題を本試験と同じ時間配分で取り組めば、本試験であせらず試験に臨める。

Theme10　業務提携契約②：合弁契約

1 企業取引の法務

1 合弁契約の事業形態－会社、有限責任事業組合（LLP）

(1) 合弁会社として株式会社あるいは合同会社を設立した場合

当該合弁会社は、当事者とは別個の法人格を有することになります。

合弁会社に関わる財産はすべて合弁会社に帰属します。

当該合弁会社の株主となった当事者は、**株式の引受額を限度とした間接有限責任を負うのみで、合弁会社の債権者に対して直接責任は負いません**。

原則として、それぞれが出資した価額に応じて、合弁事業から生じた利益の分配を受けることができます。

なお、**合弁会社は株式会社か合同会社でないと設立できません**。

(2) 有限責任事業組合（LLP）

株式会社による合弁事業では、組織形態や運用は会社法に縛られます。

LLPでは、**会社法の制約がなく**、組合型の柔軟性を保持し、**間接有限責任を参加企業が享受**できます。

➡通常、会社には法人税、個人には所得税が課せられます。しかしながらLLPは、法人格のない組合の一種であるため法人税が課税されず、「組合の利益が個人に分配されたものとして、構成員である個人に課税される」仕組みになっています。

これを**パススルー課税**といいます。

LLPとは、Limited Liability Partnershipの頭文字をとったものです。

● 少々、ややこしいのですが、合弁会社の株主となった株式会社あるいは合同会社は「法人格を有する株主」となります。この、法人格を有する新会社の株主の責任は間接有限責任だということに注意してください。

● 「合弁会社は有限会社や合名会社と一緒に設立が可能」という過去問も出題されているので、注意が必要です。

43

ポイントその4

得点アップ講義で、ひっかけ問題にも対処！

随所にひっかけ問題が見られ、そのため得点が上がらない。そこで、本書では得点アップ講義を設け、ひっかけ問題の注意点とともに、その対処法をわかりやすくアドバイス、即得点力アップにつながる。

はじめに……2
2級の出題傾向と対策……4
ビジネス実務法務検定試験の受験にあたっての手続きと注意事項……8
無料CBTの紹介……10
2級合格への効率学習ロードマップ……11
本書ならではの一発合格のための6つの工夫！……12

第1章　企業取引の法務

Theme1　契約の基礎知識①：意思能力と行為能力、意思表示……20
Theme2　契約の基礎知識②：無権代理と表見代理……23
Theme3　契約の基礎知識③：債務不履行、契約不適合責任……25
Theme4　請負契約と委任契約……28
Theme5　委任に関わる契約①：仲立人……31
Theme6　委任に関わる契約②：代理商……33
Theme7　物流に関わる契約：寄託契約……35
Theme8　金融に関わる契約：ファイナンス・リース契約……37
Theme9　業務提携契約①：OEM契約……40
Theme10　業務提携契約②：合弁契約……42
Theme11　電子商取引……44
・問題を解いてみよう……46
・答え合わせ……52

第2章　企業財産の管理・活用と法務

Theme1　預金者保護法……56
Theme2　不動産登記……58
Theme3　著作権①：著作財産権と著作者人格権……60
Theme4　著作権②：制限規定、侵害行為……63
Theme5　商標権……65
Theme6　意匠権……68
Theme7　特許権①：発明の定義、職務発明……71
Theme8　特許権②：専用実施権と通常実施権……74
Theme9　実用新案権……77
・問題を解いてみよう……79
・答え合わせ……83

第３章　企業活動に関する法規制（1）

Theme１　独占禁止法①：禁止行為 …… 86
Theme２　独占禁止法②：独占禁止法の適用 …… 90
Theme３　下請法（下請代金支払遅延等防止法） …… 93
Theme４　不正競争防止法と営業秘密 …… 96
Theme５　消費者契約法 …… 100
Theme６　特定商取引法 …… 104
Theme７　割賦販売法 …… 107
Theme８　景品表示法（含む食品関係法） …… 111
Theme９　製品の安全に関する法律 …… 117
・問題を解いてみよう …… 120
・答え合わせ …… 126

第４章　企業活動に関する法規制（2）

Theme１　個人情報保護法 …… 130
Theme２　インターネット関連法規 …… 135
Theme３　金融・証券業に対する規制①：金融業 …… 138
Theme４　金融・証券業に対する規制②：証券業 …… 140
Theme５　金融・証券業に対する規制③：貸金業 …… 143
Theme６　環境保全関連法 …… 146
Theme７　社会福祉関連法 …… 148
Theme８　行政手続法と条例 …… 150
・問題を解いてみよう …… 152
・答え合わせ …… 156

第５章　債権の管理と回収

Theme１　物的担保①：抵当権と法定地上権 …… 160
Theme２　物的担保②：根抵当権 …… 163
Theme３　物的担保③：譲渡担保 …… 165
Theme４　人的担保①：連帯保証・共同保証 …… 167
Theme５　人的担保②：根保証 …… 170
Theme６　その他担保的機能を有するもの …… 172
Theme７　債権譲渡ほか、緊急時の債権回収 …… 174
Theme８　相殺 …… 177
Theme９　債権者代位権と詐害行為取消権 …… 179
Theme10　仮差押え …… 181

Theme 11　強制執行 …… 183
Theme 12　破産手続 …… 185
Theme 13　民事再生手続 …… 189
・問題を解いてみよう …… 192
・答え合わせ …… 198

第６章　株式会社の組織と運営

Theme 1　株式会社の設立 …… 202
Theme 2　株式と株主名簿 …… 205
Theme 3　株主と株主総会 …… 209
Theme 4　取締役と取締役会 …… 213
Theme 5　監査役ほかの役員 …… 217
Theme 6　委員会設置会社 …… 220
Theme 7　剰余金の配当 …… 223
Theme 8　会社の資金調達 …… 225
Theme 9　企業買収と事業譲渡 …… 227
Theme 10　合併 …… 230
Theme 11　株式交換・移転、親子会社 …… 233
Theme 12　会社分割 …… 235
Theme 13　解散・清算 …… 238
・問題を解いてみよう …… 241
・答え合わせ …… 247

第７章　紛争の解決方法

Theme 1　不法行為責任 …… 252
Theme 2　民事訴訟①：手続 …… 255
Theme 3　民事訴訟②：少額訴訟 …… 260
Theme 4　裁判所の判断形成プロセスと基礎資料 …… 262
Theme 5　その他の紛争解決方法 …… 264
Theme 6　企業活動に関わる犯罪 …… 267
Theme 7　公益通報者保護法 …… 270
・問題を解いてみよう …… 272
・答え合わせ …… 276

第８章　企業と従業員の関係

Theme１　労働協約と就業規則 …… 280
Theme２　労災保険法、通勤災害 …… 282
・問題を解いてみよう …… 285
・答え合わせ …… 288

第９章　国際法務（渉外法務）

Theme１　国際法務の基礎①：国際裁判管轄、準拠法 …… 292
Theme２　国際法務の基礎②：仲裁 …… 296
Theme３　国際取引における契約書作成上の諸問題 …… 298
Theme４　国際的な知的財産の保護 …… 302
Theme５　国際倒産、外国公務員への贈賄 …… 304
・問題を解いてみよう …… 306
・答え合わせ …… 310

模擬問題

・問題を解いてみよう …… 314
・答え合わせ …… 347

●ビジネス実務法務２級 実用用語集 …… 361

●索引 …… 375

本文中、★が付いている用語等は巻末の「ビジネス実務法務２級 実用用語集」に項目が立っているので、適宜ご参照ください。

第1章

企業取引の法務

Theme

契約の基礎知識①：意思能力と行為能力、意思表示

重要度：★★★

相手が応じないだろうと思い、真意ではないことを相手に言って、相手が意外にも応じて契約が成立したら？　その際の法的効力は？

●「権利・義務の主体」となれる法律上の資格が「権利能力」ですが、有効な法律行為を行うためには、権利能力に加えて、「意思能力」と「行為能力」も必要となります。なお、権利能力は個人だけでなく法人にも認められている点に注意が必要です。

●意思表示にはいろいろな類型があります。ポイントは、本人や相手が善意なのか、悪意なのか、ということです。善意も悪意も日常用語とは異なり、法律的に別の意味合いがあります。「心裡留保」の際の善意の意思表示は有効ですが、「虚偽表示」の意思表示は無効、「錯誤」、「詐欺」や「強迫」による意思表示は取消しとなります。

➡契約の基礎知識について、**2級公式テキストでは簡単しかに触れておらず、2級試験対策としては不十分なので、3級のおさらい（復習）を本章Theme 3まで行います。**

意思能力と行為能力

(1) 意思能力

契約を締結する場合のように、有効に法律行為を行うためには、権利能力のほかに**意思能力**と**行為能力**が必要となります。

「意思能力」とは、「自分の行った行為の法的結果を判断することができる精神的能力」のことをいい、この**「意思能力」を持たない人を意思無能力者**といいます。

意思無能力者の例として、小学校入学前（6歳）程度の児童、重度の精神障害者、泥酔者などがあります。

意思無能力状態で行った契約などの行為は、「無効」（法律上の効力を生じない）となります。

(2) 行為能力

有効に法律行為を行うためには、**意思能力**のほかに**行為能力**が必要となります。

民法は「行為能力」を有さない者やその不十分な者を、一定の年齢や手続によって画一的に**制限行為能力者**として定めています。

「制限行為能力者」の行った行為は取り消すことができます。

「制限行為能力者」として、民法では未成年者、成年被後見人、被保佐人、被補助人の**4つが規定**されています。

図1-1-1　制限行為能力者の分類

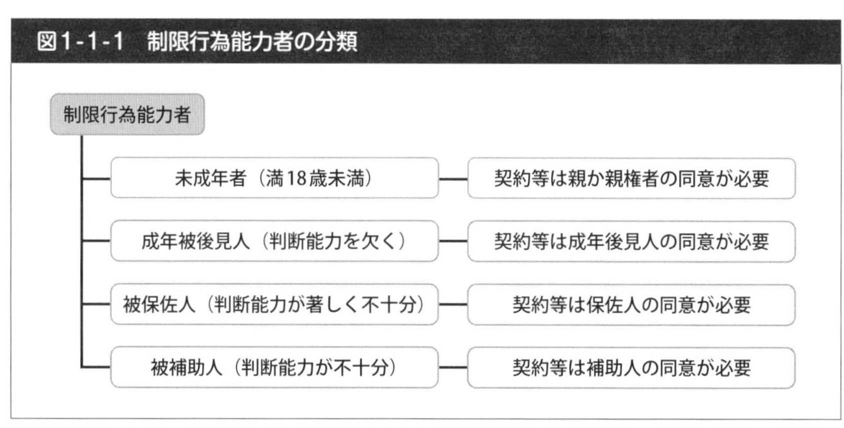

【詐術（偽り）による取引】

詐術（さじゅつ）とは例えば、未成年者が成年であると偽ったり、あるいは親の同意を得ていないのに得ていると偽ったりすることです。

未成年者が詐術を用いて契約した場合、それを信用して契約した相手方に対しては、当該契約を取り消すことができません。

意思表示

(1) 意思の不存在（意思の缺欠）

意思の不存在とは、「意思表示をする者（表意者）が、表示した意思に対する真意を欠いている」ことを意味します。

缺欠（けんけつ）とは、法律用語で「欠けていること」を意味します。

これには**心裡留保、虚偽表示、錯誤**の3つの類型があります。

意思の不存在（意思の欠欠）	
心裡留保	「表意者が、意思表示に対応する真意が存在しないことを知りながら意思表示をした」場合は**有効**。ただし、相手方が意思表示をした者の真意を知っていた（悪意）か、または知ることができた（善意過失の）ときは、その意思表示は**無効**
虚偽表示	相手方と通じていた（通謀の）虚偽の意思表示は**無効**。ただし、**善意の第三者には対抗できない**
錯誤	法律行為の要素に錯誤があった場合、意思表示は**取消可能**。ただし、**表意者に重大な過失があるときは、原則として錯誤を主張できない**

(2) 善意と悪意と第三者

善意とは、表意者の真意でないことを相手方が**知らないことを意味します**。

悪意とは表意者の真意でないことを相手方が**知っていることを意味します**。

法律関係に直接関与する者を**当事者**といいます。**第三者**とは、この当事者以外の者をいいます。

(3) 瑕疵（かし）*ある意思表示

他人に欺かれたり、脅かされたりして行った意思表示の場合、真意と表示行為との間に不一致はありませんが、効果意思の決定にあたっては表意者の自由な判断がゆがめられています。このような意思表示を**瑕疵ある表示**といいます。

「詐欺による意思表示」と「強迫による意思表示」の2種類があります。

瑕疵ある意思表示	
詐　欺	だまされてした意思表示は**取消可能**。ただし、**善意・無過失の第三者には対抗できない**（取消しを善意・無過失の第三者に対し主張することができない）
強　迫	脅かされてした意思表示は**取消可能**。**善意・無過失の第三者にも対抗できる**（取消しを善意・無過失の第三者に対しても主張することができる）

- 「意思無能力者」は児童だけでなく、泥酔状態の大人も含みます。
- 「意思無能力者」の行為は**無効**である一方、「制限行為能力者」の行為は**取消可能**である、という違いを覚えてください。
- 契約が各意思表示により有効、無効、取消可能――の原則論だけでなく、例外（“ただし”）規定がよく出題されるので、例外規定もセットで覚えてください。
ただし、強迫の場合の例外規定はありません。どのケースでも取消可能です。

***瑕疵（かし）**　法律用語で、傷・欠点のこと。

Theme 2

契約の基礎知識②：無権代理と表見代理

重要度：★★☆

代理権を有しない者を、代理権があると思って信頼して契約した相手方は、法的に保護されるの？

●「表見代理」とは、実際には代理の権利がない「無権代理」の行為に対し、いかにも代理権があるかのような外見や振る舞いを見て誤信した、善意・無過失の相手方を保護するための制度です。

図1-2-1　代理成立の3要件

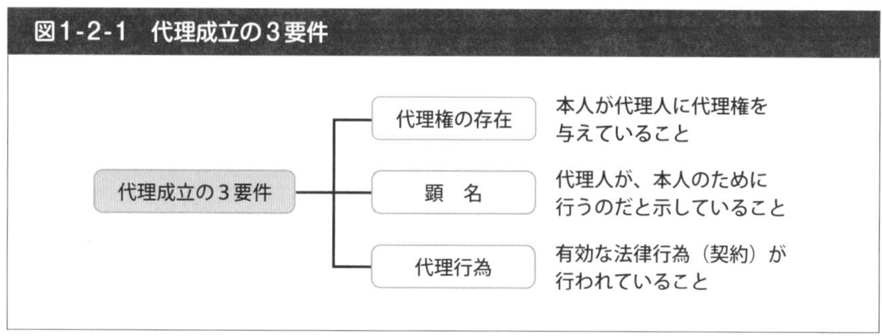

(1) 任意代理と法定代理

任意代理	代理権限の付与が本人の意思にもとづいて行われるもの
法定代理	代理権限の付与が本人の意思にもとづかず、法律上の規定にもとづくもの

(2) 無権代理と表見代理

無権代理	代理権を有しない者による代理。原則として、このような無権代理行為の効果は本人に帰属しない。ただし、本人の「追認」により、無権代理人の行為は、行為のときに遡って有効となる。本人が「追認」をしない間は、無権代理行為（契約）は取り消すことができる
表見代理	無権代理人が、相手方から見ていかにも代理権のある代理人があるように思われ、それを信頼した相手方に代理権があると信じた正当な理由があれば、代理行為は有効となる。 「表見代理」に該当する場合は、代理権がなくても代理人と同じように善意・無過失の第三者に対し代理行為（契約）は有効となる

(3) 表見代理の３形態

①代理権授与の表示による表見代理

実際には代理権を授与されていないにもかかわらず、当該業務の委任状を相手方に示して代理行為（契約）が成立する場合です。

②権限外行為による表見代理

本人の代理人であることは間違いないのですが、権限を委任された業務外の代理行為を行い、当該代理行為（契約）が成立する場合です。

③代理権消滅後の代理行為

代理権契約が終了して代理権が消滅した後も、引き続き代理行為を行い、当該代理行為（契約）が成立する場合です。

得点アップ講義

- 「表見代理」は、本人が「追認」しなくても有効だというのが、無権代理と違うところです。また、善意・無過失の第三者に限って有効だということも覚えておいてください。
- 「表見代理」が成立する3つの形態、パターンをよく把握しておいてください。

Theme

3 契約の基礎知識③：債務不履行、契約不適合責任

重要度：★★☆

取り決めた債務を履行できないケースには３つの類型があり、これらは日常生活でもよく起きることです。

●債務不履行には３つの類型があります。「履行遅滞」、「履行不能」、「不完全履行」です。「履行遅滞」については、相手方の債務の履行が遅れている場合に、こちらも自己の債務の履行を拒むことができる「同時履行の抗弁権」がよく出題されます。

債務不履行

債務不履行には、「履行遅滞」、「履行不能」、「不完全履行」の3つの類型があります。

図1-3-1　債務不履行の３類型

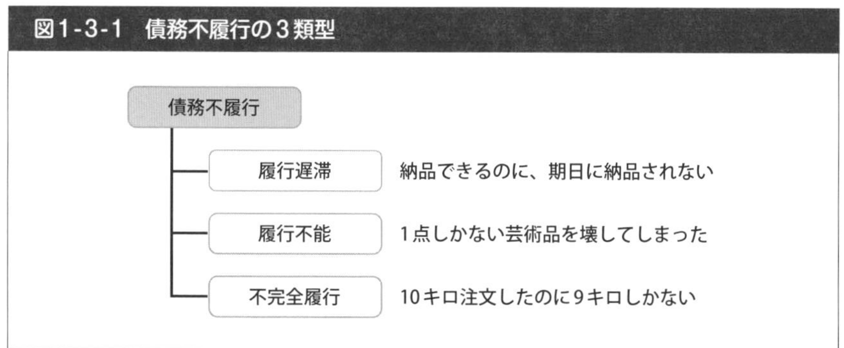

(1) 履行遅滞

債務を履行できるのに、債務者の帰責事由により、かつ正当な理由なく、履行期限までに債務の履行をしないことを、**履行遅滞**といいます。

(2) 履行不能

契約締結時には履行可能だった債務について、その後、債務者の帰責事由により履行が不可能になることを、**履行不能**といいます。**債権者はもはや履行を請求できません**。

「履行不能」は不動産、中古車、美術品などの**特定物★に典型的に現れます**。

「履行不能」にあたる場合、**催告★なしに直ちに契約を解除**できます。

また、債務者に「てん補賠償」を請求することができます。

(3) 不完全履行

債務はいちおう履行されたが、不完全な履行(目的物に瑕疵があったり、数量が不足している場合)であって、債務の本旨に従った債務が履行されていないことを、**不完全履行**といいます。

「不完全履行」にあたり、債務者が負う責任には次の2つのケースが考えられます。

ア) 改めて完全な債務の履行をしても意味がない場合➡**追完不能**

例えば、「卸問屋から賞味期限切れの菓子を納品され、それを販売した結果、多数の顧客を失った小売業者」がこれに当てはまります。

この場合は、債務者の履行が不完全なので損害賠償を請求でき、**履行不能に準じて催告なしに契約を解除**できます。

イ) 改めて完全な債務の履行をしても意味がある場合➡**追完可能**

例えば、「卸問屋から菓子を納品された小売業者が、消費者に販売する前に賞味期限切れに気付いた場合」があてはまります。

この場合、債権者は債務者に改めて完全な債務の履行を請求できます。

契約解除をしたい場合には、相手方への催告が必要となります。

契約不適合責任

図1-3-2　契約不適合責任の内容

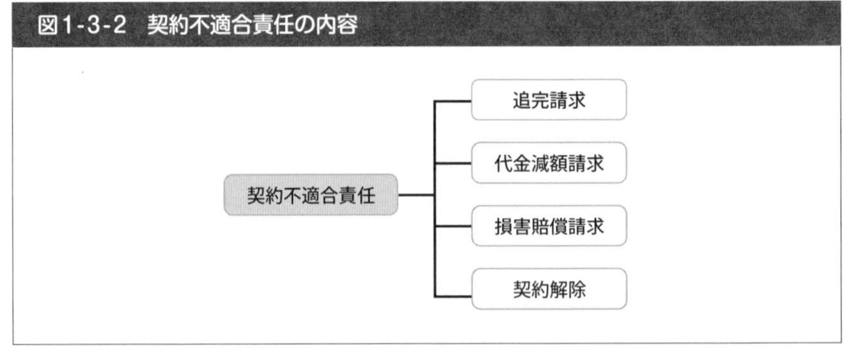

契約不適合責任★とは、引き渡された目的物が、種類、品質、数量に関して契約内容に適合しないときに、買主・発注者から売主・請負人に対して追及できる責任です。

追及できる内容は図1-3-2の4つです。

なお、契約不適合について、買主・発注者の責めに帰すべき事由があるときは、上記の権利を行使することができません。

①追完請求

「契約不適合」の場合、買主・発注者は売主・請負人に対して、

a.目的物の修補、b.代替物の引渡し、c.不足分の引渡し

による履行の追完を請求できます。

②代金減額請求

「契約不適合」の場合、買主・発注者が相当の期間を定めて売主・請負人に催告したにもかかわらず、売主・請負人が履行の追完をしないときには、買主・発注者は不適合の程度に応じた代金減額請求を行えます。

③損害賠償請求

「契約不適合」の場合、買主・発注者が追完請求や代金減額請求を行えるときであっても、「契約不適合」について売主・請負人に帰責事由があり、買主・発注者に損害が生じている場合は、買主・発注者は不適合の程度に応じた損害賠償請求を行えます。

④買主の契約解除

「契約不適合」の場合、買主・発注者が追完請求や代金減額請求を行えるときであっても、買主・発注者は不適合の程度に応じて「催告による契約の解除」または「催告によらない契約解除」ができます。

- 履行不能は「特定物」の引渡しの場合に発生します。「不特定物」（種類物）の場合は追完可能なので、履行不能は起きません。
- 催告なしに契約解除 ── 履行不能
  └ 追完不能の場合の不完全履行

  「履行遅滞」と「追完可能の場合の不完全履行」の場合、契約解除のためには「催告」が必要です。
- 商人間の売買においては、商品受領後に直ちに検査・通知義務を果たさないと、履行の請求、損害賠償請求、契約の解除はできないことに注意してください。

Theme

請負契約と委任契約

請負契約では、支払時期は目的物引渡しのときであり、また注文者は仕事の完成前であれば損害を賠償して契約を解除できます。建設請負契約では建設業法が民法に優先して適用されます。

重要度：★★☆

●改正民法では、請負契約固有の担保責任に関する規定が削除されました。また、仕事の目的物が建物と土地の工作物である場合の契約解除の特例も削除されました。

請負契約

(1) 請負契約の支払時期

民法の規定では、支払時期は「工事目的物の引渡しの時期」とされています。しかしこれは任意規定なので、**特約で支払時期の変更や分割も可能**です。

建設請負契約の場合は、特約によって、請負代金を前払いとするか、あるいは仕事の進捗状況に応じて分割払いをするのが通例です。

(2) 請負人の仕事の完成義務

仕事の目的物がその完成直前に損傷した場合、当該損傷につき請負人および注文者の双方に帰責事由がなく、かつ、約定の期限までに当該建物を完成させることが可能であるときは、請負人の仕事の完成義務は存続します。

(3) 請負人に対する契約不適合部分の修補の請求

仕事の目的物に契約不適合部分があった場合、その瑕疵が生じたことにつき請負人に帰責事由がなくても、注文者は請負人に対してその瑕疵の修補を請求することができます。

●民法上の規定は任意規定なので、請負契約の報酬支払時期や契約不適合責任の免責条項は特約を約定すれば有効である、という旨の問題が過去に出題されています。

(4) 請負契約の解除

民法の規定では、注文した目的物が完成前であれば、注文者はいつでも損害を賠償して請負契約を解除することができます。

(5) 請負人に帰責事由がある場合と双方に帰責事由がない場合で、目的物の完成が不可能な場合の対応

請負人がすでに取りかかった仕事の結果のうち、可分な部分の給付によって注文者が利益を享受できるときは、その部分を仕事の完成と見なします。これにより請負人は、注文者が享受できる利益の割合に応じて報酬を請求できます。

(6) 請負契約の契約不適合責任の期間制限

原則、注文者が、種類、品質に係る不適合を知ってから1年以内に請負人に通知することになっています。

【建設業法】

①建設工事の下請

建設業法では、下請契約のうちの**一括下請(負)**★、すなわち「請け負った工事をそっくりそのまま他者に請け負わせること」(いわゆる**丸投げ**)は、原則として禁止されています。

②建設請負契約★

建設請負契約はその性格上、諾成(だくせい)契約ではありません。そのため、当事者は契約締結に際して所定の事項を書面に記載し、署名または記名押印をして相互に所持するか、または当該書面に代えて、電子情報処理組織を使用する方法による所定の処置をとらなければなりません。

【製作物供給契約】

請負的要素と売買的要素の混在する契約を製作物供給契約といいます。

例えば、紳士服店にスーツをオーダーメードで注文した場合、スーツを仕立てて完成させるという請負的要素もあれば、顧客が紳士服店からスーツを購入するという、売買的要素もあります。

一般的な委任契約

(1) 委任契約の解除

委任者は、完成前など時期に関係なく、いつでも契約を解除できます。

(2) 損害賠償請求

委任者は、受任者による委任業務の遂行が不完全であったために損害を被ったとしても、そのことにつき受任者に帰責事由がない場合、受任者に対して債務不履行による損害賠償を請求することはできません。

相手方に不利な時期に委任契約を解除した場合、解除した当事者はやむを得ない事由があったときを除き、相手側に対し損害賠償の費用を負担します。

- 一般的な請負契約と建設業法の適用を受ける建設請負契約とでは、契約の要件事由が異なるので注意が必要です。
- 目的物の一部が損壊あるいは遅延しても、①仕事を期日までに完成できるのかできないのか、②当該損壊あるいは遅延が注文者に帰責事由がある（責任がある）のかないのか――によって、仕事の完成義務や報酬請求権が変わっていくので注意が必要です。

Theme

委任に関わる契約①：仲立人

なかだちにん

重要度：★★★

仲立人と委任者の関係は準委任契約です。仲立人は、自己の仲介で契約が成立したときに限り、報酬がもらえます。

●商行為の媒介を業とするのが仲立人で、旅行代理店や不動産仲介業者がこれにあたります。

仲立人の権利と義務

(1) 仲立人の権利

原則、委任者と仲立人との契約は諾成契約です。

仲立人は自己の媒介により契約（商行為）が成立したときに限り、報酬（手数料）を請求できます。より正確には、

①当事者間で契約等法律行為が成立したとき

②契約成立を示す書面*の交付手続を終えたとき

に報酬（手数料）を請求できます。

委任者との仲立契約において報酬に関する約定をしていなくても、商法の規定により、商行為が成立した場合は報酬を請求することができます。

他方、当事者のために支払手付その他の給付を受領する権限はありません。

(2) 仲立人の義務

善良な管理者の注意（**善管注意義務★**）をもって事業提携契約など取引の成立に尽力すべき義務があります。

● 2級では仲立人の内容を問う設問は出ません。仲立人の権利と義務を問う設問が出題されます。

***…を示す書面**　結約書・締約書・仕切書ともいう。各当事者の氏名または商号、行為の年月日およびその要領を記載した書面。

仲立人は、商法所定の事項を記載した帳簿を保存する義務を負います。

各当事者から自分が媒介した行為に関する帳簿の謄本の請求を受けたときは、仲立人はその帳簿の謄本を交付しなければなりません。

仲立人は、当事者から仲立人の氏名・商号を相手方に示さないよう命じられたときは、その命令に従わなければなりません。結約書・帳簿の謄本にもこれらの事項を記載してはいけません。

他方、**競業避止義務**★（競業する他社の業務に従事することを避ける義務）は負いません。

- **代理商と仲立人は機能が似ていますが、代理商と違い、仲立人は競業避止義務を負わないことに注意が必要です。**
- **さらに、契約当事者の一方が金銭を仲立人に交付したときには、仲立契約に特段の決めがない限り、当該当事者に金銭が交付されたとは見なされません。仲立人は、当事者のために支払その他の給付を受領する権限がないためです。**

＊**結約書（けつやくしょ）**　契約当事者に交付すべき書面のこと。契約成立を示す書面ともいえる。

Theme 6 委任に関わる契約②：代理商

重要度：★★☆

代理商は、本人に代わって取引の代理（法律行為）を行うため、仲立人よりも権利と義務が大きくなっています。

●仲立人が商行為の間に立つ媒介を業とするのに対し、代理商は本人に代わって法律行為を行い、その効果を本人に帰属させるという違いがあります。代理商の代表的なものは損害保険代理店です。

代理商の権利と義務、本人の義務

(1) 代理商の権利

本人との間に別段の意思表示がない限り、取引の代理または媒介をしたことによって生じた**債権の弁済期が到来しているとき**には、その弁済を受けるまで、**本人のために占有する物または有価証券を留置することができます**。

本人との間に代理商の**報酬に関する約定をしていなくても**、商法の規定により、商行為が成立した場合は**本人に報酬を請求することができます**。

(2) 代理商の義務

代理商は本人に対して**善管注意義務**★を払います。

代理商は、取引の代理または媒介を行った場合は、本人の便宜を図るべく遅滞なく本人に対して通知しなければなりません。

代理商は、本人の事業と同種の事業を行う他の会社の取締役、執行役、業務を執行する社員になるには、本人の許可を得なければなりません。

代理商が本人の許可を受けず、自己のために本人の事業の部類に属する取引を行ったことで生じた損害につき、本人は代理商にその賠償を請求できます。

●過去問では「本人」でなく「会社法上の会社」に置き換えて出題されたケースがあります。本人＝会社、商法＝会社法と読み替えれば容易に正答できます。

この場合、当該取引によって代理商が得た利益の額がすなわち本人に生じた損害の額だと推定されます。

(3) 本人の義務

代理商は、本人の代理商として第三者との間で商品の売買契約を締結できます。

代理商が当該商品の代金を第三者に支払っていない場合でも、民法上、本人は当該商品の代金を第三者に支払う義務を負います。

➡理由は、代理商（代理人）がその権限内において本人のためにすることを示して行った意思表示は、本人に対してその効力を生じるためです。

(4) 本人と代理商との関係

委任あるいは準委任の関係にあり、善管注意義務を負います。

- 仲立人と代理商では権利も責任も大きく異なります。
  代理商は本人の代わりに法律行為を行うため、金銭の授受や目的物・有価証券の保管など、責任の重い業務ができます。仲立人は文字どおり、取引の仲立ち、仲介をするだけです。
- 他方、「商行為が成立した場合は契約書に定めがなくても報酬がもらえる」、「当事者（本人）のために善管注意義務を払って取引の成立を図る」などは同じです。
- 代理商が本人と同種の事業を行う会社の取締役に就任するには本人の許可が必要ですが、異なる種類の事業の会社の取締役に就任するには本人の許可は不要です。この違いを問う“ひっかけ問題”が過去に出題されています。

Theme

物流に関わる契約：寄託契約

重要度：★★★

倉庫業者に荷物の保管をお願いする倉庫寄託契約は、今でも要物契約なの？

●物流に関わる契約として運送契約と倉庫寄託契約があります。運送契約の方が一般には馴染み深いですが、試験によく出るのは倉庫寄託契約です。倉庫業者は寄託者との間で商品の保管期間を定めても、寄託者の要求があれば直ちに返還しなければならない点に注意が必要です。

倉庫営業者の権利と義務

(1) 寄託契約

以前は要物契約でしたが、改正民法では、当事者間の意思の合致により効力を生じる**諾成契約に変更**されました。

また新設の規定として、「複数の者が寄託した物の種類および品質が同一である場合、受寄者は寄託者全員の承諾が得られれば混合して保管することができる」旨の「**混合寄託**」に関する規定が新設されました。これにより、倉庫営業者（受寄者*）はより効率的な保管ができることになりました。

(2) 倉庫営業者の権利

商法上、倉庫営業者は、返還のため受寄物（保管用に受託した物）を出庫するまで、寄託者に対し保管料を請求することはできません。

しかし、これは**商法の任意規定なので、特約で保管料の支払時期を入庫時と決めることができます**。

●「倉庫寄託契約」の倉庫営業者（受寄者）の権利と義務のうち、権利に関わる設問がよく出題されています。

＊**受寄者（じゅきしゃ）**　物を保管する契約（寄託契約）を引き受ける自然人あるいは法人のこと。本Themeでは倉庫営業者がこれにあたる。

倉庫営業者は、倉庫寄託契約で約定した保管期間終了後も寄託者が受寄物を引き取らない場合、商法上、当該受寄物について、供託★することや、相当の期間を定めて催告した後に競売にかけることが認められています。

➡受寄物は債務者の特定物なので、**倉庫営業者は、留置権★も（動産保存の）先取特権★も有します**。

(3) 倉庫営業者の義務

民法上、倉庫営業者は、寄託者から預かった受寄物を第三者に保管させる場合、寄託者の事前承諾を得なければなりません。

商法上、倉庫営業者がその営業の範囲内において寄託を受けたときは、たとえ報酬を受けなかった場合であっても、善良なる管理者の注意をもって受寄物を保管する義務（**善管注意義務**）を負います。

倉庫営業者は、自己またはその使用人が、受寄物の保管に関し、**注意を怠らなかったことを証明できない限り**、**その滅失または毀損について、損害賠償の責めを免れることはできません**。ただ、これは**商法の任意規定**なので、特約により倉庫寄託契約の当事者間で倉庫営業者（受寄者）の証明責任について異なる定めをした場合、その定めは有効です。

(4) 寄託者の権利

当事者が受寄物の返還時期を定めたときであっても、民法に則り寄託者はいつでも受寄物の返還を請求することができます。

- **商事に関し、商法の定めがない事項については商慣習に従い、商慣習もないときは民法の定めるところに拠(よ)ります。**
- **倉庫保管物を受寄者は「受寄物」と呼び、寄託者は「寄託物」と呼びますが、呼称が違うだけで内容は一緒です。また、「受寄者」は倉庫営業者とも呼ばれます。**
- **倉庫営業者の権利としての保管料請求権、義務としての損害賠償支払義務の民法の規定は任意規定なので、当事者間で約定を変更できることに注意が必要です。**

Theme

金融に関わる契約：ファイナンス・リース契約

重要度：★★★

リース契約って、ユーザーとリース会社の間で結ぶ契約ではないの？
また、機器の保守管理もリース会社でやってくれるのでは？

●ファイナンス・リース契約は、ユーザー、リース会社、サプライヤー（メーカー）の3者が関与する契約です。そのため、契約は3つあります。

ファイナンス・リース契約の機能とユーザーの義務ほか

(1) ファイナンス・リース契約★

ファイナンス・リース契約★は、ユーザーによるリース契約の申込みに対し、リース会社が承諾をした時点で成立する諾成契約ではありますが、実際はトラブル防止の観点から、まず間違いなくリース契約書が作成されます。

ファイナンス・リース契約の**当事者は、ユーザー、リース会社、サプライヤー（メーカー）の3者**です。

ユーザーとリース会社とのリース契約締結後に、サプライヤーはリース会社と売買契約を締結します。

ただし、これもリース契約と同様、法律上の効力発生要件として書面の作成を要求されているわけではなく、口頭の合意でも効力は生じます。

物件は通常、ユーザーとサプライヤーの間で選定され、サプライヤーから直接ユーザーに納入されます。

- ファイナンス・リース契約も物件の売買契約も基本的に諾成契約なので、法律上、書面の交付は必要ありませんが、試験では「法律上、書面の交付が必要」との旨の設問がよく出題されます。
- ファイナンス・リース契約終了後の処理についてもよく出題されます。

(2) リース会社の機能

リース会社がユーザーに物件を貸し付けますが、リース会社の経済的機能としては、ユーザーに資金を提供するのではなく物件そのものを貸し付けているので、**「物融」の機能**を果たしているといえます。

リース会社はファイナンス・リース契約締結後に、メーカーとリース物件の売買契約を締結します。

(3) ユーザーの義務

ユーザーは物件の保守・修繕義務を負います。

ただし、**実際にはユーザーはメーカーとの間で物件のメンテナンスに関する契約（メンテナンス契約＝保守契約）を締結**するのが通例です。

物件の所有権はリース会社にありますので、ユーザーが過失により物件を滅失あるいは破損させた場合、リース会社から修理費用相当額の損害賠償請求があれば、ユーザーはこれに応じなければなりません。

図1-8-1　リース契約における3者の関係図

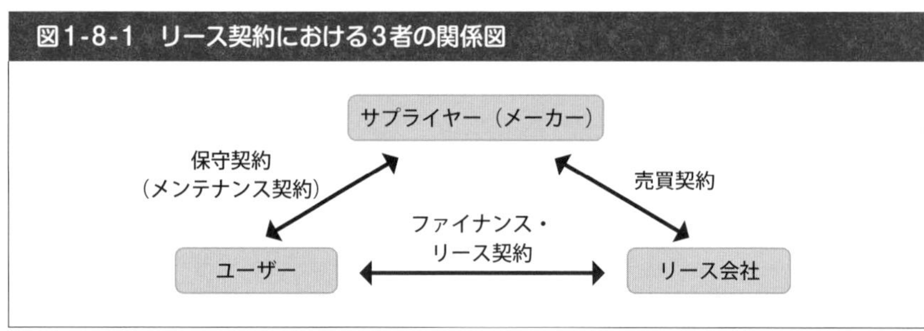

(4) 第三者による物件の取得

ユーザーが「リース物件である」旨の表示を破棄した上で第三者に売却した場合、その第三者が善意・無過失であれば、このリース物件の所有権を取得します。

(5) リース契約終了後の処理

リース契約が満了した場合の処理としては、図1-8-2の3つのパターンが考えられます。

図1-8-2　リース契約終了後の処理パターン

リース契約終了後の処理	ユーザーが再びその物件を借り直す	再リース
	物件をリース会社に返却する	契約終了
	ユーザーが物件を買い取る	所有権のユーザーへの移転

- ファイナンス・リース契約終了後の処理について、選択肢は3つあります。試験では、「契約終了後に所有権は物件を買い取ったユーザーに移転するだけで、ほかに選択肢はない」というような“ひっかけ問題”がよく出題されます。
- ファイナンス・リース契約と売買契約は、図1-8-1のようにリース会社が両方の契約の当事者となりますが、ユーザーの絡むファイナンス・リース契約が主であって先行するので、注意が必要です。
- 他方、物件に関しては、リース会社が所有権を有するものの、物件の搬出入、日常のオペレーションはユーザーとサプライヤーの間で行われるので、注意が必要です。

Theme 9 業務提携契約①：OEM契約

重要度：★★☆

OEM契約というのは一般にはあまり馴染みがないけれど、どんな契約なの？

- 業務提携契約の1つに生産業務提携契約があり、さらに生産業務提携契約の1つにOEM契約があります。
- OEM契約は、発注者が自社のブランドで受注者に製品の供給を委託するものです。
- OEM契約のメリット、PL法上の責任をよく把握しておきましょう。

OEM契約の定義とメリット、法律上の責任と権利

(1) OEM契約★とは

小売業者などが、自社ブランドの製品として販売するために、製造業者等との間で決定した仕様にもとづく製品を当該製造業者等に提供させる、という生産業務提携契約の1つの契約形態です。

"OEM" とはOriginal Equipment Manufacturerの省略形です。

OEM契約★は様々な種類、バリエーションがあり、契約内容が多様であるため、その**法的性格を一律に規定することはできない**とされています。

身近な例としては、大手スーパーやコンビニエンスストアの大手流通事業者が自社のプライベートブランド（PB）を付けた商品を販売するため、仕入メーカーとOEM契約を結んでいるケースがあります。

- OEM契約と合弁契約が2年続けて出題されたことがあります。ただし、両方とも「業務提携契約」の一形態なので、2問出題されることはありません。業務提携契約のくくりで両分野にまたがる1問が出題される可能性が大です。
- OEM契約の発注者と受注者のメリット、PL法上の発注者の責任が出題されています。

(2) 発注者と受注者のそれぞれのメリット

①発注者は、一般に、技術力や価格競争力が弱い分野において安価に良質な製品を調達することによって、投資負担や経営リスクを軽減することができます。

②受注者は、一般に、価格が適正であれば、生産の増大により利益を拡大でき、また、同時に設備および人員の有効利用が可能となり、特許・ノウハウも蓄積できます。

(3) PL法上の責任

OEM契約における発注者は、OEM契約にもとづいて受注者である製造業者等によって供給される製品に、当該製品の製造業者として自己の商号を表示して販売する事例があります。

この場合において、当該製品に欠陥があり、その購入者が当該製品を使用して怪我(けが)をした場合は、当該発注者がPL法（製造物責任法）に基づく損害賠償責任を負います。

➡PL法の詳細については第3章Theme9を参照。

(4) 商標法上の権利

OEM契約における発注者は、自社ブランドを表すロゴマークについて商標権の設定登録を受けた上で、OEM契約にもとづき供給される製品に当該ロゴマークを付して販売している事例があります。

この場合において、当該発注者は、競合他社が正当な権限なく当該ロゴマークと類似する商標を当該製品と同種の製品に付して販売しているときは、当該競合他社に対し、商標権の侵害を理由としてその販売の差止めを請求することができます。

Theme

10 業務提携契約②：合弁契約

重要度：★★☆

合弁契約を締結して合弁事業を営むのは、組合契約締結による形態と、株式会社等の設立による形態がほとんどですが、一部、合同会社や有限責任事業組合（LLP）による形態もあります。

●合弁契約のうち、組合契約による形態では、現実に出資していなくても契約は成立し、出資が金銭に限定されず、損益の配分も出資額の多寡によらないことが可能で、柔軟な運営ができます。

合弁契約の事業形態－組合契約

(1) 組合契約

諾成契約であって要物契約ではありません。

したがって、当事者が現実に**出資を行っていない時点であっても、組合契約は成立します**。

組合への出資は金銭に限定されず、不動産、特許権、労務などを出資することができます。

(2) 組合契約においての損益配分

損益配分の割合について当該組合契約で定めがないとき、損益は各組合員の出資の額の多寡に応じて定まります。

➡逆にいえば、**組合契約で定めておけば、出資額の多寡にかかわらず利益の配分の割合を決めることができます**。

- OEM契約と合弁契約が２年続けて出題されたことがあります。ただし、両方とも「業務提携契約」の一形態なので、２問出題されることはありません。業務提携契約のくくりで両分野にまたがる１問が出題される可能性が大です。
- 「合弁契約」の特徴とメリットが出題されています。

合弁契約の事業形態－会社、有限責任事業組合（LLP）

(1) 合弁会社として株式会社あるいは合同会社を設立した場合

当該合弁会社は、当事者とは別個の法人格を有することになります。

合弁会社に関わる財産はすべて合弁会社に帰属します。

当該合弁会社の株主となった当事者は、**株式の引受額を限度とした間接有限責任を負うのみで、合弁会社の債権者に対して直接責任は負いません。**

原則として、それぞれが出資した価額に応じて、合弁事業から生じた利益の分配を受けることができます。

なお、**合弁会社は株式会社か合同会社でないと設立できません。**

(2) 有限責任事業組合（LLP）

株式会社による合弁事業では、組織形態や運用は会社法に縛られます。

LLPでは、**会社法の制約がなく**、組合型の柔軟性を保持し、**間接有限責任を参加企業が享受**できます。

➡通常、会社には法人税、個人には所得税が課せられます。しかしながらLLPは、法人格のない組合の一種であるため法人税が課税されず、「組合の利益が個人に分配されたものとして、構成員である個人に課税される」仕組みになっています。

これを**パススルー課税**といいます。

LLPとは、Limited Liability Partnershipの頭文字をとったものです。

●少々、ややこしいのですが、合弁会社の株主となった株式会社あるいは合同会社は「法人格を有する株主」となります。この、法人格を有する新会社の株主の責任は間接有限責任だということに注意してください。

●「合弁会社は有限会社や合名会社と一緒に設立が可能」という過去問も出題されているので、注意が必要です。

Theme 11

電子商取引

電子商取引法はIT技術の発展・進歩を踏まえ、発信主義から到達主義に、錯誤による意思表示は無効から取消しに改定されています。

重要度：★★★

●電子商取引においても到達主義を採用しているので、承諾メールが届いても文字化けで判読不可能な場合は売買契約は成立しません。

●また、制限行為能力者である未成年者が詐術を用いてネットで商品を申し込んだ場合、未成年者であることを理由に売買契約を取り消すことはできません。さらに、電子商取引ではクーリング・オフができません。

電子商取引における諸問題

(1) 契約の成立＝到達主義★

電子商取引による契約は、消費者が承諾の意思表示を電子メールなどで行う場合、承諾の意思表示が相手方に到達した時点（受注したメールが相手方に届いた時点）で成立します。

(2) 未成年者との取引

商品の購入申込をした未成年者が、インターネット販売を行う事業者に対し、「自分は未成年であり、売買契約を取り消したい」旨の連絡をしたケースが考えられます。

この場合、**電子消費者契約法**では「未成年者による契約の取消しを認めない」とする条項は存在しないので、**取消しは認められます**。

ただし、制限行為能力者である未成年者が、行為能力者であることを信じさせるために**詐術を用いた場合、その行為を取り消すことはできません**。

●電子商取引に関する出題に加え、割賦販売法と絡めた設問も出題されています。

(3) データの不到達、文字化けなど

消費者が商品の申込みをネットで行い、その申込みを承諾する旨の電子メールが送信され、消費者に到達したが、いわゆる文字化けによって電子メールが判読できない状態であったケースが考えられます。

この場合、**両者間の売買契約は成立しません**。

(4) 電子商取引における錯誤

事業者が**消費者の**申込みまたは承諾の**意思の有無を確認するための措置を講じていない場合**、事業者は消費者のミスにより行った意図しない申込みや誤った数量の申込み等が重過失にもとづくものであると主張できず、**「要素の錯誤」として消費者の取消しの主張が認められます**。

逆に事業者が上述の措置を講じていた場合は、重過失があったことを理由に、「当該意思表示は取消しできない」との旨を事業者は主張することができます。

(5) クーリング・オフの不適用

電子商取引は通信販売の一形態であるため、特定商取引法の定める**クーリング・オフ制度は適用されません**。

Question

問題を解いてみよう

問 1　X社は、インターネット上の自社のウェブサイトで、自社の商品を販売している。この場合に関する次のア～エの記述のうち、その内容が適切なものの組み合わせを①～⑥の中から1つだけ選びなさい。

ア．X社は、未成年者であるYに商品を販売した。この場合、電子商取引にも民法の制限行為能力者に関する規定が適用されるため、Yは、自己が未成年者であることを理由に、X社との商品の売買契約を取り消すことができる。

イ．X社は、消費者Yからの商品購入の申込みに対して、電子メールで承諾の意思表示を行ったが、その電子メールがX社の責めに拠らない事由でYに到達しなかった。この場合、X社は電子メールを発信しているので、X社とYとの間で当該商品の売買契約は成立する。

ウ．消費者Yは、X社のウェブサイトを通じて、重大な過失により、商品を2個購入するつもりで商品を3個購入する旨の意思表示をしたため、X社に対し、要素の錯誤を理由に当該意思表示の無効を主張した。この場合において、X社は、当該ウェブサイトの商品購入画面上に購入者の商品購入の意思表示を行う意思の有無を確認するための必要な措置を講じていたときは、Yに対し、Yに重大な過失があったことを理由に、当該意思表示は無効でない旨を主張することができる。

エ．X社は、消費者Yとの間で商品の売買契約を締結した。この場合、X社が自社のウェブサイト上に、瑕疵のない商品の返品を認めない旨の表示を所定の方法により行い、それをYが知っていたとしても、Yは、商品の引渡しを受けた後一定期間内であれば、無条件で当該売買契約を解除することができる。

① アイ　　② アウ　　③ アエ
④ イウ　　⑤ イエ　　⑥ ウエ

問 2　代理に関する次の①～④のうち、その内容が最も適切なものを１つだけ選びなさい。

① A は、B 社から与えられた代理権の範囲を超えて、C 社との間で、B 社の代理人として売買契約を締結した。この場合、C 社が、当該売買契約の締結について、A に代理権があると誤信し、かつそのように誤信することについて正当な理由があるときは、表見代理が成立する。

② A は、B 社から代理権を与えられていないにもかかわらず、B 社の代理人と称して、C 社との間で売買契約を締結した。この場合、C 社は A に代理権がないことを知っていたとしても、A に対して当該売買契約の履行の請求または損害賠償の請求をすることができる。

③ A は、B 社から代理権を与えられていないにもかかわらず、B 社の代理人と称して、C 社との間で売買契約を締結した。この場合、C 社は A に代理権がないことを知らなかったときに限り、B 社に対して相当の期間を定めて当該売買契約を追認するかどうかを催告することができる。

④ A は、B 社から、B 社と C 社との間の売買契約に関する代理権を授与されたが、C 社との売買契約の締結に際して、B 社のためにすることを示さずに意思表示を行った。この場合、当該売買契約の効果は、B 社に帰属することはない。

問3　倉庫寄託契約に関する次のア～エの記述のうち、その内容が適切なものの組み合わせを①～⑥の中から１つだけ選びなさい。

ア. 倉庫営業者が受寄物を保管している間に当該受寄物が毀損した場合、商法上、倉庫営業者は、自己またはその使用人が当該受寄物の保管に関し、注意を怠らなかったことを証明しない限り、その毀損につき損害賠償責任を負い、この責任を軽減する旨の特約はすべて無効である。

イ. 寄託者が費用等の支払いをしない場合、法律上、倉庫営業者には受寄物について留置権および動産保存の先取特権が認められる。

ウ. 民法上、倉庫寄託契約は、寄託者から倉庫営業者に受寄物の引渡しがなされる要物契約であるとされている。

エ. 保管期間が満了した後に、寄託者が受寄物の引き取りを拒んだ場合、商法上、倉庫営業者は受寄物を供託し、または相当の期間を定めて催告した後に、受寄物を競売することができる。

①ア－○　イ－○　ウ－○　エ－○
②ア－○　イ－×　ウ－×　エ－×
③ア－×　イ－○　ウ－×　エ－○
④ア－×　イ－×　ウ－×　エ－○
⑤ア－○　イ－○　ウ－×　エ－○
⑥ア－×　イ－×　ウ－×　エ－×

問 4 ファイナンス・リース契約に関する次のア～エの記述のうち、その内容が適切なものの組み合わせを①～⑥の中から１つだけ選びなさい。

ア. リースの目的となる物件の所有権はリース会社にあるので、物件が滅失した場合、ユーザーはリース会社に損害金を支払うことになる。

イ. ユーザーは、リース物件に施されていた、リース会社所有のリース物件である旨の表示を破棄した上で、第三者に対し、当該リース物件は自己の所有物であると虚偽の説明をして売却し、現実に引き渡した。この場合において、当該第三者は、当該ユーザーから当該リース物件の引渡しを受ける際に、当該リース物件が当該ユーザーの所有物であると信じ、かつそう信じたことにつき過失がないときは、当該リース物件の所有権を取得する。

ウ. ファイナンス・リース契約においては、一般にリース会社がリース物件の保守・修繕義務を負う。

エ. ファイナンス・リース契約については、後日のファイナンス・リース契約上のトラブルを防止する目的から、書面による締結が望ましいが、書面によらなければ効力を生じない旨の法律上の規定はない。

①ア－○　イ－○　ウ－○　エ－○
②ア－○　イ－×　ウ－×　エ－×
③ア－×　イ－○　ウ－×　エ－○
④ア－×　イ－×　ウ－×　エ－○
⑤ア－○　イ－○　ウ－×　エ－○
⑥ア－×　イ－×　ウ－×　エ－×

問5　会社法上の「会社の代理商」に関する次のア～エの記述のうち、その内容が適切なものの組み合わせを①～⑤の中から１つだけ選びなさい。

ア．代理商は、別段の意思表示がない場合、取引の代理をしたことによって生じた債権が弁済期にあるときには、当該債権の弁済を受けるまで会社のために占有する物を留置することができる。

イ．代理商が会社の許可を得ずに、自己のために会社の事業の部類に属する取引を行ったことにより、会社に損害が生じた。当該損害につき、会社がその賠償を代理商に請求した場合、当該取引により代理商が申告した利益額が、会社に生じた損害額と推定される。

ウ．代理商は、その営業の範囲内において会社のために取引の代理をした場合でも、代理商契約において報酬に関する約定をしていなくても、会社に対して報酬を請求することができる。

エ．代理商と会社との間の契約関係は業務委託であり、代理商は、会社に対して善良な管理者の注意を負う。

① アイ　② アウ　③ イウ
④ イエ　⑤ ウエ

問6 請負契約に関する次の①～④の記述のうち、その内容が最も適切でないものを選びなさい。

①民法上、請負代金の支払時期は、仕事の目的物の引渡しと同時とされているが、注文者と請負人との間の特約により、引渡しより前に支払う旨を定めることはできない。
②請負契約における仕事の目的物がその完成の直前に損傷した場合において、当該損傷につき請負人および注文者の双方に帰責事由がなく、かつ、約定の期限までに当該目的物を完成させることが可能であるときは、請負人の仕事の完成義務は存続する。
③請負人が完成し注文者に引き渡した仕事の目的物に請負人の過失による重要な契約不適合があった場合、民法上、注文者は、請負人に対し、相当の期間を定めて契約不適合部分の修補を請求することができる。
④建設業法上、建設工事の請負契約の当事者は、当該契約の締結に際して所定の事項を書面に記載し、署名または記名押印をして交互に交付するか、または、当該書面に代えて、当該契約の相手方の承諾を得て、電子処理組織を使用する方法等による所定の措置をとらなければならない。

Answer 答え合わせ

問1 正解：②

解説（テキストp44～45参照）

アは適切である。電子消費者契約法では、制限能力行為者である**未成年者による電子商取引の申込みは取り消すことができます**。

イは適切でない。電子商取引では**到達主義を採用**しているので、電子メールが**未達の申込みについては売買契約は成立しません**。

ウは適切である。事業者が消費者の**申込みあるいは承諾の意思の有無を確認するための措置を講じている**ので、当該意思表示は**無効と認められません**。

エは適切でない。**電子商取引は通信販売の一形態なので、クーリング・オフは認められません**。

問2 正解：①

解説（テキストp23～24参照）

①は適切である。問題文のとおり、**表見代理が成立**します。

②は適切でない。**C社はAに代理権がないことを知っていた**ので、Aに対し売買契約の履行の請求も損害賠償請求もできません。

③は適切でない。C社はAに代理権がないことを知っていたかどうか**（善意か悪意か）いかんにかかわらず**、B社に対し相当の期間を定めて売買契約の**追認の催告をすることができます**。

④は適切でない。**商行為の場合**、代理の意思表示（すなわち**顕名**）**のいかんにかかわらず、売買契約の効果はB社に帰属します**。

問3 正解：③

解説（テキストp35～36参照）

アは適切でない。商法上、受寄者は問題文に記載の義務を負いますが、**この義務は契約の特約で軽減することができます**。

イは適切である。問題文のとおり、**受寄者には留置権と先取特権が法律上認められている**、法定担保物権です。

ウは適切でない。改正民法により、**倉庫寄託契約は要物契約から諾成契約に改正**されました。
エは適切である。寄託者が引き取りを拒んだ場合、**受寄者には供託権、競売権が認められています**。

問4　正解：⑤

解説（テキストｐ37～39参照）
アは適切である。問題文のとおり、**ユーザーがリース物件を滅失あるいは破損させた場合、ユーザーがリース会社に損害賠償金を支払います**。
イは適切である。問題文のとおり、ユーザーが**リース物件である旨の表示を破棄した上で、善意・無過失の第三者に売却した場合、当該第三者は当該物件の所有権を取得**します。
ウは適切でない。一般に、**リース物件の日々の保守・修繕義務はユーザーが負います**。
エは適切である。ファイナンス・リース契約は口頭の合意でも法律上の効力が生じる諾成契約ですが、問題文のとおり**後日のトラブルを防ぐ目的から、書面を取り交わすことが望ましいです**。

問5　正解：②

解説（テキストｐ33～34参照）
アは適切である。問題文のとおり、代理商の活動により生じた債権の弁済期が到来しているときは、**その弁済を受けるまで、本人のために占有物を留置することができます**。
イは適切でない。**会社の損害額は、代理商が得た利益の額だと推定**されます。代理商の申告額ではありません。
ウは適切である。代理商は**報酬に関する約定を規定していなくても、商法の規定により報酬を請求することができます**。
エは適切でない。**代理商と会社との関係は委任あるいは準委任の関係**にあります。

問6　正解：①

解説（テキストｐ28～30参照）
①は適切でない。民法は任意規定であり、**注文者と請負人との間の特約により、引渡しより前に報酬を支払う旨を定めることは可能**です。
②は適切である。問題文のとおりです。
③は適切である。問題文のとおりです。

④は適切である。**建設請負契約は**一般の請負契約と違い、建設業法の定めにより、**書面契約あるいは電子処理組織を使用する方法**（主にネット活用）**で契約を取り交わす必要があります**。

第2章

企業財産の管理・活用と法務

預金者保護法

預金者保護法は、偽造キャッシュカードや盗難キャッシュカードによって預貯金が不正に引き出された預貯金者を保護するための法律です。

重要度：★☆☆

● 「預金者保護法」では、銀行は善意・無過失が前提です。たとえ預金者に重大な過失があっても、銀行に過失があるときは、偽造キャッシュカードあるいはキャッシュカード盗難による払い戻しは、預金者が銀行に対して有する預金債権の有効な弁済にはなりません。また、預金者は被害に遭ったことに気付いたときは、直ちに金融機関と警察の双方に被害届を提出しない限り、損害の補てんは受けられません。

預金者保護法での補償、銀行の法的立場

(1) 預金者保護法

「偽造キャッシュカードや盗難キャッシュカードによって預貯金が不正に引き出された預貯金者」を保護するために制定されたのが「**預金者保護法**」です。

「預金者保護法」は強行規定であり、金融機関の補償義務を減免する特約は無効です。

(2) 預貯金者が補償を受けるための要件

「**警察と金融機関の双方に被害届を出すこと**」です。

他方、原則としてその**届出から30日間の被害につき金融機関は補償が義務付けられています**。

● 預金証書の紛失、キャッシュカードの盗難、キャッシュカードの偽造による預金者の被害について、銀行の弁済が有効か否かを問う問題が過去に出ています。

(3) 金融機関（銀行）の立場

仮に、預金通帳・証書および印鑑の持参人が正当な預金者ではなかったとしても、銀行が善意・無過失である通常の場合には、**「受領権者としての外観を有する者*」に対する弁済は民法上、有効**とされます。

この意味で**預金通帳・証書は"一種の免責証券"**であるといえます。

銀行は上記のように善意・無過失が前提なので、たとえ預金者に重大な過失があっても、銀行に過失があるときは、偽造カードによる払い戻しは、銀行にとって預金者が銀行に対して有する預金債権の有効な弁済にはなりません。

▼預金者保護法での補償

預金者の過失	偽造カードによる被害	盗難カードによる被害
重過失あり	ゼロ*	ゼロ*
軽過失あり	払い戻された金額	払い戻された金額の4分の3
過失なし	払い戻された金額	払い戻された金額

＊銀行が善意・無過失の場合

(4) 預金通帳・預金証書の法的性格

上記のように、一種の免責証券であることに加え、有価証券でなく証拠証券であるということもできます。これらを**紛失しても、預金者から金融機関に対する預金の返還請求権は消滅しません**。

- キャッシュカードの盗難は「銀行と警察の両方に通知する」のがポイントです。片方への通知では補償を受けることができません。
- 預金者に重大な過失があっても、銀行に過失があれば、被害額の全額の払い戻しを受けることができるので、注意が必要です。
- 以前の試験で預金者保護法が出題されましたが、同じ設問中で手形・小切手絡みの問題も出題されています。手形・小切手関係は3級テキストでしか言及していないので、時間があれば3級テキストでの復習もお勧めします。

＊受領権者としての外観を有する者　以前は「債権の準占有者」と呼ばれていたが、改正民法では「受領権者以外の者であって受領権者としての外観を有する者」に改められた。要するに、この場合"預金者のように見える"ことを意味する。

Theme 2 不動産登記

登記には「仮登記」と「本登記」があります。「仮登記」は「本登記」に備え、その順番を確保するために行うものです。

重要度：★★☆

●所有権移転登記を行うにあたり、それ以前に仮登記がある場合の法的効果、第三者による抵当権設定登記や差押登記が行われていた場合の法的効果、あるいは詐欺、強迫または非協力により移転登記が妨害された場合の法的効果をそれぞれ学習してください。

仮登記、劣後する登記、処分の制限登記ほか

(1) 所有権移転の仮登記★

所有権に関する仮登記★にもとづく本登記は、登記上の利害関係を有する第三者がいる場合、当該第三者の承諾を得なければ申請できません。

仮登記がなされた後、本登記がなされる前に、当該不動産が他の譲受人（第二譲受人）に二重に譲渡されたとします。この場合、所有権移転登記がなされても、当該仮登記にもとづく本登記がなされれば、第一譲受人は第二譲受人に対し、当該不動産の所有権の取得を対抗することができます。

(2) 劣後する登記

同一不動産における権利の優劣は、登記の先後によって決まります。

ただし、優先する権利が設定登記されているからといって、劣後する登記が制限を受けるわけではありません。

(3) 買戻特約の登記

買戻しが実行されると、当該不動産の所有権移転登記を経ていても、現在の所有者はそれに応じなければならず、所有権を失うおそれがあります。買戻特約登記に

●所有者の処分権を制限する差押え、仮差押え、仮処分などの登記を総称した「処分の制限登記」が過去に出題されています。

買戻期間の登記がなされていなければ特約の日から5年、期間の登記がなされていればその期間の経過により買戻権は失効となります。

ただし、最長10年で買戻権は失効します。

(4) 処分の制限登記★

所有者の処分権を制限する差押え、仮差押え、仮処分などの登記を総称したものを、**処分の制限登記**★といいます。

この制限に違反して行った処分の登記も登記記録に記録されますが、債権者の権利が実現されると抹消され、所有権を失うことになります。

(5) 譲渡人の非協力により不動産の引渡しおよび登記の申請を妨げられた場合

不動産に関する物権の取得、喪失および変更は、原則として登記が第三者への対抗要件です。ただし、当事者や包括承継人（相続人）は“第三者”には含まれないため、登記ができなくても権利の移転（例えば、土地の引渡し）を主張することができます。

(6) 詐欺または強迫によって登記の申請を妨げられた場合

詐欺または強迫によって登記の申請を妨げた第三者は、その登記がないと主張することはできません。

(7) 借地権と登記

借地権は、たとえその登記がなくても、土地の上に借地権者が登記されている建物を所有しているときは、これをもって第三者に対抗することができます。

(8) 登記の公信力★の有無

我が国では、登記に**公信力**★*は与えられておらず、取引の相手方は登記簿の内容を信頼したというだけでは、当該不動産を過失なく取得しても、原則として当該不動産の所有権を取得することはできません（保護されません）。

●仮登記というと劣後のように感じますが、本登記を第二譲受人が先行して行っても、登記の先後は仮登記の順位によって判断されるので、第一譲受人が仮登記にもとづく本登記を行えば、第一譲受人は第二譲受人に対して不動産の取得を対抗することができます。

＊**公信力**　実体を反映しない登記であっても、その登記簿を信頼して不動産の所有権を譲り受けた者に権利取得を認める法的効力。

Theme

3 著作権①：著作財産権と著作者人格権

重要度：★★★

著作権の発生は産業財産権と異なり「著作者が著作物を創作した時点」です。また、商標権を除けば権利の存続期間は長くて25年ですが、著作権は「著作者の死後70年」と長く保護されるのが特徴です。

●著作権については、狭義の著作権すなわち著作財産権と、著作者人格権とに分類されることを把握してください。著作者人格権を構成する3要素（権利）も重要です。著作財産権は移転できますが、著作者人格権は本人に原始的に帰属するので移転できません。

著作物の要件、開始時期と存続期間、職務著作ほか

(1) 著作物の定義

著作物と認められる要件は図2-3-1の4つです。

図2-3-1　著作物の要件

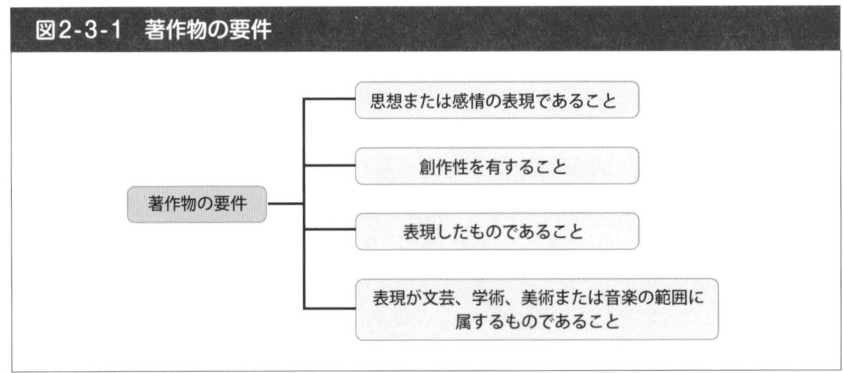

●毎回単独で出題される頻出分野です。「著作権の発生効力」、「共有著作物」、「著作権の存続期間」、「職務著作」、「第三者への譲渡にあたっての対抗要件」などがよく出題されます。

(2) 二次的著作物

二次的著作物とは、既存の著作物（原著作物ともいう）に新たな創作性を付加して創作された著作物をいいます。

「二次的著作物」に対する著作権法の保護は、その原著作物の著作者の権利に何ら影響を及ぼしません。

(3) 共有著作物

著作権法上、共有著作権は、**その共有者全員の合意がなければ、行使することができません**。他方、各共有者は正当な理由がない限り、この合意の成立を妨げることができません。

(4) 著作権の効力開始時期と存続期間

著作権は著作物の創作のときから発生し、著作権の存続期間は著作者の死後70年間です。延長はできません。

共有著作物の場合は、原則として「最後に死亡した著作者の死後70年」が著作権の存続期間となります。

(5) 職務著作

著作権法上、法人の従業員が職務上作成する著作物（**職務著作**）に該当する著作物を創作した場合、当該著作物の**著作者は、当該法人**となります。

プログラムの著作物については、法人の発意にもとづきその法人の業務に従事する者が職務上作成するプログラムの著作物の著作者は、ほかに別段の定めがない限り、**その法人とする**旨、著作権法で**規定**されています。

(6) 著作者人格権★と著作財産権

著作者は**著作者人格権**★と**著作財産権**（狭義の著作権）を享有し、いかなる方式の履行も要しません。したがって、著作物については、**文化庁への著作権の設定登録をしなくても著作権の効力は発生**します。

著作者人格権は他人にその全部または一部でも譲渡できませんが、著作財産権は他人にその全部または一部を譲渡することができます。

著作者人格権は①公表権、②氏名表示権、③同一性保持権の3要素からなります。

①**公表権**★：

著作物を公表するか否かを著作者が決定する権利です。

②**氏名表示権**★

著作者名（実名・変名）を表示するか否かを著作者が決定する権利です。

③**同一性保持権**★

自己の意に反して著作物およびその題号の変更、切除その他の改変を受けない権利です。

図2-3-2　著作権の分類

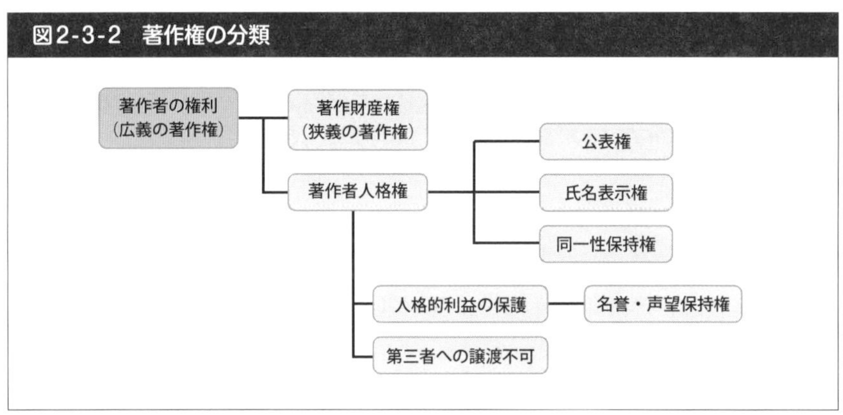

(7) 著作隣接権★

著作物そのものの直接の創作者ではなく、著作物を広く公衆に伝達するために、重要な役割を果たしている者に認められた権利を、**著作隣接権**★といいます。

「著作隣接権」が認められているのは

実演家（俳優、歌手、落語家など）、レコード製作者、放送事業者、ケーブルテレビ事業者などです。

例えば、実演家は自己の実演の録音権、録画権、放送権、送信可能化権、貸与権、報酬・2次使用料請求権などを有しています。

(8) 著作財産権の譲渡にあたっての対抗要件

他方、**著作財産権の移転、譲渡**にあたっては、**文化庁に登録しなければ、第三者に対抗することはできません**。

ただし、文化庁への登録は効力発生要件ではありません。

●広義の著作権と、狭義の著作権すなわち著作財産権とを混同しやすいので、注意が必要です。広義の著作権の要素の１つである著作者人格権は第三者に譲渡できませんが、著作財産権は譲渡可能です。対抗要件は文化庁への登録であり、特許庁ではないので要注意です。

著作権②：制限規定、侵害行為

重要度：★★★

著作物の使用にあたり、著作者の同意を得なくても使用できる場合があります。書物等での引用、新聞をはじめマスメディアのニュースでの利用などです。これを「著作権の制限規定」といいます。

●著作権は産業財産権と違って設定登録制度がないので、権利保護の弱い面がある一方、制約・制限はほとんどありません。ただし、著作権法では「著作物の公正な利用」という観点から、著作権に一定の制限を加えています。

著作権の制限規定、侵害行為

(1) 著作権の制限規定

公衆の著作物利用の利益が著作権保護の利益を上回ると考えられる一定の場合には、**著作権は制限**されます。

▼著作権の主な制限規定

私的使用のための制限	私的使用のための複製 (例えば、家庭内の限られた範囲内のコピーなど)
公的使用のための制限	教育関係・報道関係のための利用
著作権者の利益を不当に害しない類型での利用のための制限	付随対象著作物の利用
	検討の過程における利用
	技術の開発または実用化のための試験用に供するための利用
情報流通・表現活動等のための制限	妥当な範囲での引用 (公正な慣行に合致し、かつ報道・批評・研究その他の引用上、正当な範囲で行うことが必要)
	時事問題に関する論説の転載

著作者人格権は制限されません。制限されるのは著作財産権です。

●私的使用にあたっての制限その他、「著作権の制限規定」、「著作権の侵害行為」などに関する設問が過去に出題されています。

(2) 著作権の侵害行為

技術的保護手段により複製が防止されているDVD・CDを、そのことを知りながら技術的保護手段を回避し、当該DVD・CDを複製するケースが考えられます。この場合の複製行為は、たとえ私的使用といえども、当該DVD・CDの著作権の侵害行為にあたります。

海賊版サイトに誘導する「リーチサイト」の運営も刑事罰の対象となります。

著作権、出版権または著作隣接権★の侵害行為は、10年以下の懲役または1000万円以下の罰金の刑事罰が科せられます。

(3) 侵害行為の一部非親告化

著作権の侵害は上記のようにもともと刑事罰ですが、権利の被害者が親告する「親告罪」でした。

改正著作権法ではこれを改め、有償著作物を公衆へ譲渡または公衆送信する*ことにより**著作権者の利益が不当に害される場合は、非親告罪**としました。

改正著作権法（2020年10月／2021年1月施行）

海賊版サイトに誘導する「リーチサイト」の運営も刑事罰の対象となる条項が、著作権法に新設されました。また、違法ダウンロードの対象が、従来の音楽と映像から、漫画、書籍、新聞、論文、コンピュータプログラム等、全著作物に拡大されました。

＊**公衆送信する**　具体例としては海賊版の映画・ドラマ・漫画・音楽などの違法ネット配信、ダウンロードなどがある。

Theme

5 商標権

商標には、トレードマーク（商品商標）とサービスマーク（役務商標）があります。商標権には特許権、実用新案権、意匠権のような新規性、創作性は求められていません。

重要度：★★☆

●商標権については、特許権や意匠権とは異なり、新規性や産業・工業上の利用可能性は審査の際に考慮されません。ポイントは、他のマークとの識別力の有無です。また、他の産業財産権と違うのは、「3年間不使用の場合に第三者から不使用取消審判請求を出されるおそれがある」、「存続期間は10年だが何度でも更新登録ができる」といった点です。

図2-5-1　商標の登録要件

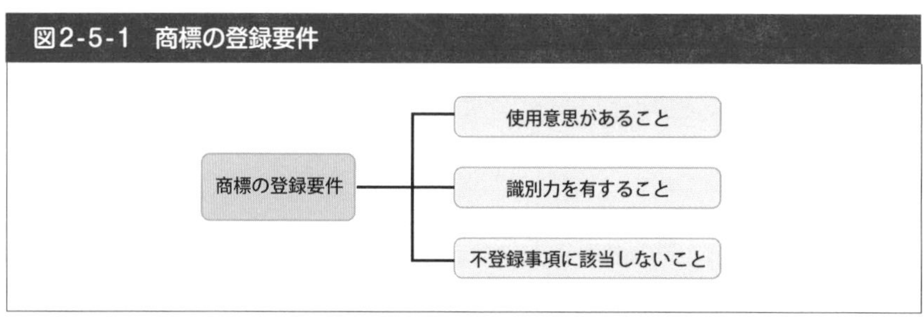

商標権の定義、商品商標と役務商標、取消審判請求ほか

(1) 商標の定義

自己の商品・役務と他の商品・役務を識別するために、その商品・役務について使用するマークを、**商標**といいます。

商標登録を受けることができる標章には、人の知覚によって認識することができるもののうち、文字、図形、記号、立体的形状もしくは色彩の結合が含まれます。

- 「商標権の定義」、「商標権の先願主義」、「商標権の審査（実体審査）」、「地域団体商標」、「不使用商標の取消請求」、「商標権の存続期間と効力」などに関する設問が過去に出題されています。
- 「音も商標になるのか否か」を問う設問がよく出題されます。

色彩そのもの、音・メロディ（音の組み合わせ）、ホログラム＊**から構成されるものも保護の対象**となっています。

(2) 商品商標と役務商標

「商標」には、**商品に使用される商品商標＝トレードマーク**および**役務に使用される役務商標＝サービスマーク**があります。

(3) 商標の登録要件

①使用意思があること

申請した商標が自己の業務に関わる商品などに使用するものであることを意味します。

②識別力を有すること

自己の業務で提供している商品や役務を他人の商品などと区別できるものであることを意味します。

③不登録事項に該当しないこと

ア）公益的な理由によるもの

例えば、国旗、国際機関や赤十字の名称などが該当します。

イ）私益的な理由によるもの

他人の氏名や著名な芸名を含む商標、国内外における他社・他人の周知の商標と同一または類似の商標であって、不正の目的で使用する商標などが該当します。

(4) 商標権の取得手続

同一または類似の商品・役務について使用する同一または類似の商標について、異なった日に2以上の商標登録出願が、特許庁に対しあったときは、最先の商標登録出願人のみがその商標について商標登録を受けることができます。

➡先願主義の商標登録においては、実用新案のような形式面の審査（方式審査）だけでなく、**実体面での審査（実体審査）も行います**。

＊**ホログラム**　レーザーを使って記録した立体画像のこと。

(5) 地域団体商標★登録制度

団体の構成員などが使用するものであって、地域の名称と商品の普通名称または慣用名称のみの組み合わせからなり、需要者間に広く認識されている（周知の）商標を、**地域団体商標**★といいます。

（例）「松坂牛」、「京人形」、「関あじ」、「名古屋コーチン」

(6) 不使用商標に対する取消審判請求

登録商標については、当該登録商標が使用されていない状態が3年以上継続した場合、第三者が、その**不使用を理由として、商標登録の取消審判請求★をすることができます**。

(7) 商標権の存続期間と効力

商標権の存続期間は、**設定登録の日から10年間**ですが、**何度でも更新登録**をすることができます。

(8) 商標権侵害に対する差止請求と損害賠償請求

商標権者は、自己の指定商品と同一または類似の商品について、登録商標と同一または類似の商標を無断で使用し、自己の商標権を侵害している者に対して、その使用の差止めと損害賠償を請求することができます。

- 商標というと商品・製品に付いているマーク（トレードマーク）だけに目が行きがちですが、役務（サービス）を業として提供する事業者が使うマークもサービスマークとして立派な商標です。
- 「類似商標は登録商標と同じでなければ使用できる」という"ひっかけ問題"が出題されているので、注意が必要です。類似していても使用はできません。
- 不使用商標に対する特許庁に対する取消審判請求は、競合他社や弁理士だけでなく誰でも行えます。

意匠権

意匠権は、工業上利用可能な新しいデザインに対して与えられる独占権です。

重要度：★★☆

●意匠権の設定登録を受けるには、図2-6-1にある3つの要件が必要です。特許権が農林水産業や鉱業も含めた“産業上”の利用可能性であるのに対し、意匠権は“工業上”の利用可能性が要件であり、対象範囲が狭くなっています。また、同一でなくても類似のマークであれば意匠権の侵害になることにも注意が必要です。

図2-6-1　意匠権の登録要件

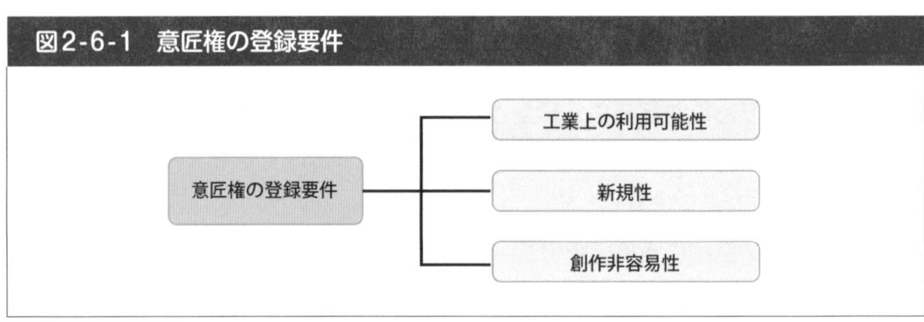

意匠の定義・範囲・権利・差止請求権

(1) 意匠の定義

物品の形状、模様もしくは色彩またはこれらの結合であって、視覚を通じて美感を起こさせるものを**意匠**といいます。要は、工業製品の美的デザインです。

デザインコンセプトのような抽象的なアイデアや、色そのもの、模様そのものなどは**物品を離れているため、意匠法では保護されません。**

視覚性があるとは、肉眼で識別でき、外部から把握できることをいいます。

- 過去に、実用新案権と意匠権の混合問題が出題されています。
- 「どこまでが意匠権として認められるか」という「意匠権の範囲」、「意匠権者の権利」などを問う設問が過去に出題されています。

微小物のように**肉眼で認識できないもの**や、機械の内部構造のような**外部から視認できないもの**は、**意匠法における意匠とは認められません**。

(2) 意匠登録の要件

意匠登録には次の3要件が必要です。

①工業上の利用可能性

工業的技術を用いて同一物を反復して大量に生産（すなわち**量産）できる意匠**であることを意味します。

②新規性

「新規性」とは、意匠登録出願前に国内外で公知*となっていないことをいいます。

③創作非容易性

「公知になっている形状や模様にもとづいて容易に創作することができない」ことを意味します。言い換えれば、**独創性のない意匠は登録を受けることができません**。

(3) 先願主義★

意匠権も先願主義が採用され、最も早く特許庁に出願した申請人が意匠登録を受けることができます。

(4) 意匠権の範囲の例

ある商品の機能を発揮できる状態にするために用いられる操作メニューの画像は、意匠登録の対象となり得るため、事業者は所定の要件を満たすときは、当該画像につき意匠登録を受けることが可能です。

例えば、デジタルカメラやスマートフォンの操作に用いられる画面も、意匠権の対象となります。

(5) 意匠法特有の制度

意匠には、以下のように形状、機能などの面から各種の意匠登録制度があります。

ア）部分意匠制度

物品の全体ではなく、その一部のみを「意匠」として登録対象とすることが認められている制度。

＊**公知**　「公然と知られている」ことを意味する法律用語。不正競争防止法でも出てくるのでよく覚えておくこと。

イ）組物意匠制度

セット物のデザイン、カップとソーサーなど、物品の形状・模様・色彩に**統一感がある場合**には、（それぞれ別の意匠として出願するのでなく）まとめて**1出願として意匠登録の対象とすることが認められている**制度。

ウ）関連意匠制度

1つのデザインコンセプトから創作された複数のバリエーションの意匠について、別途出願して権利を取得することが認められている制度。

エ）動的意匠制度

意匠にかかる物品の形状などが変化する場合に、その変化の前後にわたる形状を保護し、別途出願して権利を取得することが認められている制度。

オ）秘密意匠制度

意匠登録の出願人が、意匠権の設定登録日から3年以内の期間を限定して、その期間中、その意匠を秘密にできる制度。

(6) 意匠権者の権利

事業者が、自社の製品の意匠について意匠登録を受けた場合、事業者は原則として、**業として独占排他的に登録意匠およびこれに類似する意匠の実施をする権利を専有**します。

(7) 意匠権侵害者に対する差止請求と損害賠償請求

事業者が自社の製品の意匠について意匠登録を受けた後に、第三者が自社の製品の意匠と同一のデザインを使用した製品を販売しようとしていることが判明したケースが考えられます。この場合、事業者（意匠権者）は第三者に対し、販売前であってもその販売の差止めを請求することができます。

侵害行為によって経済的被害を被った場合には、損害賠償請求もできます。

(8) 意匠権の存続期間

特許庁での登録出願日から**25年**です。ただし、上記「関連意匠」の意匠権の存続期間は「本意匠の設定登録から25年」ですので、本意匠よりは短くなります。

Theme 7

重要度：★★★

特許権①：発明の定義、職務発明

特許権は、特許を受けた発明を、業として独占排他的に実施する権利です。ある者が別の者より早くても、他の者に先がけて特許の設定登録をしていなければ対抗できません。

●特許権については、まず「発明の定義」、次いで「発明の分類」、「特許の3つの登録要件」を覚えてください。特許権も他の産業財産権と同様に先願主義がとられています。いずれも重要かつ試験に頻出の内容です。

図2-7-1　特許の登録要件

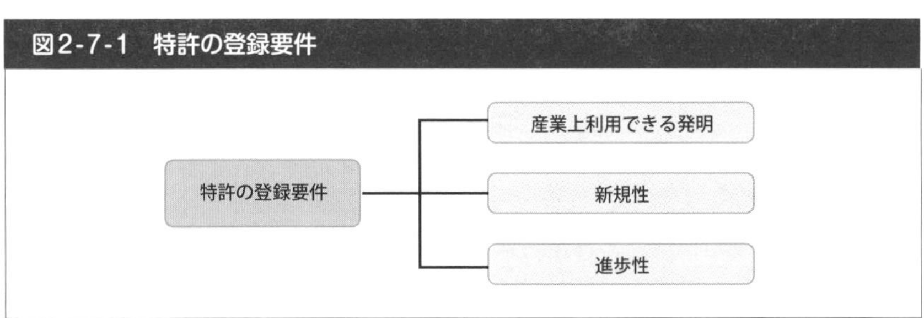

発明の定義、特許要件、職務発明

(1) 発明とは

発明とは、「自然法則を利用した技術的思想の創作のうち、高度のもの」をいいます。

- 特許権は毎回出題される頻出の分野です。特に、改正特許法の内容である、従業者が職務発明で受け取る「相当の金銭その他の経済上の利益」（相当の利益）と「予約承継」について出題されています。
- 「発明の定義」、「特許登録の3要件」、物を生産する方法の発明を含めた「発明の分類」なども頻繁に出題されます。

発明は、**物の発明**および**方法の発明**に分けることができ、「方法の発明」はさらに「**(狭義の)方法の発明**」と「**物を生産する方法の発明**」に分類できます。

「物を生産する方法の発明」についての**特許権者**は、業としてその方法を使用する権利だけでなく、その方法により**生産した物の使用および譲渡の権利も有します**。

(2) 特許権の要件

特許権を取得するには、その発明が以下の3要素を満たす必要があります。

①産業上の利用可能性

発明に特許権が付与されるためには、当該発明が産業上利用し得るものでなければなりません。

産業には、工業だけでなく**農林水産業、鉱業、商業、さらにサービス業も含まれます**。

②新規性

新規性とは、「発明がいまだ社会に知られていないものである」ことをいいます。

他人によって公開された場合だけでなく、特許を受ける権利を有する者が出願前に公開した場合も、原則として新規性は失われます。

後述する、不正競争防止法の「営業秘密」の要件の1つである**非公知性も、ほぼ近いものといえます**。

「新規性」があるかどうかの判断は、特許出願の時点で特許庁が行います。

③進歩性★

進歩性★とは、「当該発明の属する技術分野における通常の知識を有する者が、従来の技術知識にもとづいて容易に発明することができない」ことをいいます。

「進歩性」があるかどうかの判断は、「新規性」と同じく特許出願の時点で特許庁が行います。

(3) 先願主義★

特許権も他の産業財産権と同様に**先願主義**★が採用されており、最も早く特許庁に出願した申請人が特許登録を受けられます。

(4) 職務発明★

企業の従業者が、企業または使用者の業務範囲に属し、企業の設備などを利用して現在または過去の職務として実現した発明を、**職務発明**★といいます。

なお、ここでいう“従業者”には、一般の従業員に加えて取締役等の役員も含まれます。

従業者が職務発明につき特許権を取得した場合、使用者には特許法により（特段の定めがなくても）その特許権の通常実施権が認められます。

従業者が使用者に対して有するとされる権利の内容について、改正特許法では「相当の金銭その他の経済上の利益を受ける権利」が追加されました。

具体的には、企業における役職の付与、待遇の改善などが挙げられます。

(5) 予約承継★

職務発明★については、契約・勤務規則などにおいて、あらかじめ使用者に特許を受ける権利を取得させることを定めておくことにより、当該発明をした従業者だけでなく、使用者にその特許を受ける**権利を発生時から原始的に帰属させる**こともできます。これを、**予約承継★**といいます。

(6) 特許権の存続期間

特許権の存続期間は、原則として**出願日から20年**です。

しかしながら、特許審査等に要する時間が長い場合もあり、その分、特許権の存続期間が短くなります。改正特許法では、「特許出願日から5年を経過した日または出願審査の請求があった日から3年を経過した日のいずれか遅い日以降に特許権の設定登録があった場合は、特許権の存続期間を延長できる」制度が設けられました。

(7) 経済安全保障推進法の制定

今まで、特許法の公開制度により、国家・国民に対する安全保障の面から特許出願を諦めざるを得なかった発明者に対し、2022年の**経済安全保障推進法の制定により、出願公開の留保を行う制度が設けられました**。

- **職務発明の特許権は原則として従業者に帰属します。また、会社にはこの特許の通常実施権が原始的に与えられます。これらが逆に“特許権は会社に帰属する”、“会社は従業者から通常実施権の許諾を得なければならない“といった“ひっかけ問題”がよく出題されます。**

Theme 8 特許権②：専用実施権と通常実施権

重要度：★★★

特許権の特徴として、自己の特許発明を自ら実施するだけでなく、他者に実施権を設定し（使用させ）、使用料を徴収することができます。

- **「専用実施権の設定」、「特定承継」の成立のためには、特許庁の特許登録原簿への登録手続が必要です。**
- **“独占的”という名称になっている「独占的通常実施権」は第三者には対抗できません。第三者への対抗には「専用実施権の設定」が必要です。**

専用実施権と通常実施権、特許権の侵害

(1) 特許を受ける権利の移転

発明者である譲渡人から譲受人への「特許を受ける権利」の移転については、発明者が特許出願をするかどうかにかかわらず、両者の合意によりその効力を生じます。

(2) 専用実施権★と通常実施権

特許発明について、「ある1社のみに通常実施権を許諾し、他の者には許諾しない」旨の特約を付した通常実施権（**独占的通常実施権**）を許諾する契約を締結した場合、特許登録原簿への登録をしなくても、その効力は生じます。

- 特許権は毎回出題される頻出の分野です。
- “独占的通常実施権は独占的権利なので第三者に対抗できる”とする設問が過去に出題されています。

特許権者が自己の特許発明について**専用実施権**★を設定する場合、相手方との間で専用実施権設定契約を締結し、かつ**特許登録原簿への設定登録をしなければ、専用実施権はその効力を生じません**。

また**専用実施権設定後は、特許権者といえども、自ら特許発明を実施することはできません**。

(3) 法定実施権

前Themeで述べた、**職務発明について使用者に与えられる通常実施権は、特許権者の意思によらない、法律で定められた実施権＝法定実施権の1つ**です。

他の法定実施権としては、特許出願以前に自らその特許発明と同じ発明を行い、またはその事業の準備をしていた者が通常実施権を有する、と定められている「**先使用権**」があります。

(4) 特定承継＝特許権の例外

特許権の移転には、会社の合併・相続などによる「一般承継」と、売買契約や贈与による「特定承継」の2つがあります。

【一般承継】

一般承継は、特許登録原簿への登録は不要ですが、「特許権者から承継した」旨を遅滞なく特許庁長官に届けなければなりません。届出は、特許権者が不明となる状態を防止するためのものであり、登録とは違います。

【特定承継】

売買契約等による特許権の移転（**特定承継**）は、**特許登録原簿への登録をしなければ**、当事者間においても**その効力を生じません**。

(5) 特許権取得手続

「発明が特許要件を具備しているかどうか」などの実体審査は、すべての特許出願に対して行われるわけではなく、特許出願後に出願審査の請求があったものについてのみ行われます。

(6) 特許権の侵害

ある発明について、「特許権の設定登録を受けた後、第三者が過失により特許権者の特許権を侵害し、その業務上の信用を害した」とします。この場合は特許法上、特許権者に対して、①その損なわれた業務上の信用を回復するのに必要な措置、②損害賠償――を請求する権利が認められます。

特許侵害者の罪はその性質上、特許権者の告訴がなくても成立する“**非親告罪**”です。

企業活動の一環として特許権の侵害行為を行った場合は、行為者が罰せられるほか、法人に最高3億円の罰金刑が科せられることがあります。

(7) 共同発明、特許権の共有：

共同発明の場合、**特許を受ける権利は共同発明者全員が共有します**。特許を出願する際は、共有者全員で出願しなければなりません。

通常実施権の設定許諾も同様であり、共有者全員の同意が必要です。

- 専用実施権を設定すると、設定した範囲内では特許権者といえども特許発明を実施することができません。しかし、権利侵害に対して特許権者は差止請求権を行使できます。
- 「独占的通常実施権」は、“独占”とはいうものの、特許権者と実施権者の間で「他者に特許の通常実施権の許諾をしない」と約束しているだけであり、第三者には対抗できません。第三者への対抗には、特許庁に専用実施権の設定登録を行わなければなりません。
- 「特許を受ける権利の移転」と「売買契約などによる特許権の移転」の効力発生要件は別物なので、注意が必要です。「特許を受ける権利の移転」については特許登録原簿への登録は不要であり、当事者間で自由にできます。一方「売買契約などによる特許権の移転」＝「特定承継」は、特許登録原簿への登録が必要となります。“「特許を受ける権利の移転」は特許登録原簿への登録が必要”という“ひっかけ問題”が過去に出題されています。

Theme

9 実用新案権

実用新案法は、特許法で保護される発明ほど高度でない技術的創作を保護する法律です。

重要度：★★☆

●実用新案は出願も容易で、審査も方式審査なので他の産業財産権に比べて早く設定登録ができます。審査には実用新案技術評価書の提出は必要要件ではありませんが、第三者により実用新案権が侵害されている場合には、実用新案技術評価書を提示して警告した後でないと、第三者に対して実用新案権の行使ができないことに注意が必要です。

登録、特許権への変更、実用新案技術評価書

(1) 実用新案の登録

ある目的物の産業上の利用可能性、進歩性および新規性について実体的登録要件の審査を受けることなく、方式審査および当該出願が**物品の形状、構造、組み合わせにかかる考案**であることなど基礎的要件の審査を経て、実用新案登録を受けることができます。

(2) 特許権への変更

ある考案について実用新案出願登録を行い、実用新案登録がなされたとします。この場合、実用新案権者は、所定の場合を除き、出願の日から**3年以内であれば、当該実用新案登録出願を特許登録出願に変更することができます**。

(3) 実用新案と実用新案技術評価書との関係

実用新案技術評価書の手続を経ないで、ある考案について**実用出願登録を行うこ**

- 実用新案権は3級ではほとんど出題されませんが、2級では2回おき程度の間隔で出題されます。
- 「実用新案権の特許への変更申請」、「実用新案権の審査（方式審査）」、「登録申請にあたっての実用新案技術評価書の提出の必要性の有無」、「実用新案技術評価書の提出による権利侵害者への効果」などが過去に出題されています。

とができます。

ただし、実用新案登録を受けた後、第三者が実用新案権者の実用新案を侵害している場合に、実用新案権者は**実用新案技術評価書を提示して警告した後でなければ、実用新案権を行使することができません**。

➡実用新案権の行使要件

実用新案権者が権利行使をして、第三者から実用新案登録の無効審判が請求され、その無効審決が確定したときは、原則として権利行使をした実用新案権者が当該第三者への損害賠償責任を負います。

(4) 実用新案権の存続期間

実用新案権の存続期間は出願日から10年です。ただし、更新はできません。

- 実用新案権は他の産業財産権と違い、実用新案技術評価書がなくても実用新案権を設定登録できますが、逆に実用新案技術評価書がないと第三者による権利侵害に対し警告を発することができません。また、「第三者から実用新案登録の無効審判が請求され、無効との審決が確定した場合は、当該第三者が被った被害の損害賠償責任を実用新案権者が負う」といったユニーク性、特殊性に注意が必要です。

Question

問題を解いてみよう

問 1　著作権に関する次のア～エの記述のうち、その内容が適切なものの組み合わせとして最も妥当なものを①～⑥の中から１つだけ選びなさい。

ア．著作隣接権は、著作物の利用者である実演家、放送事業者等の利益を保護する権利であり、例えば実演家には、自己の実演の録音、録画、放送、有線放送をする権利などが認められる。

イ．自己の実名または変名として周知のものを、通常の方法により著作物の原作品に著作者名として表示している者は、著作権法上、その著作物の著作者と推定される。

ウ．映画館において映画の盗撮をし、映画の複製物を作成する行為は、個人的にその複製物を使用する目的でなされていれば、著作権法上の私的使用のための複製に該当し、著作権侵害にあたらない。

エ．他人の著作物の翻訳をした者が、その翻訳にあたり、原著作物に新たな創作性を付加していた場合、翻訳により創作された著作物は、著作権法上二次的著作物に該当する。

①ア－○　イ－○　ウ－○　エ－○
②ア－○　イ－×　ウ－×　エ－×
③ア－○　イ－○　ウ－×　エ－○
④ア－×　イ－×　ウ－×　エ－○
⑤ア－○　イ－×　ウ－○　エ－×
⑥ア－×　イ－×　ウ－×　エ－×

問２　意匠権に関する次の①～④の記述のうち、その内容が最も適切なものを１つだけ選びなさい。

①意匠法は、視覚を通じて美感を起こさせる物品の形状等を保護するものであり、工業上利用することができない意匠であっても、意匠登録を受けることができる。

②意匠権は、その設定登録の日から一定の期間存続し、その期間が満了したとしても、意匠権者の更新登録の申請により存続期間を更新することができる。

③物品の全体でなく、物品の一部のみで意匠登録の要件を備えている場合でも、意匠登録を受けることはできない。

④コーヒーカップとソーサーの組み合わせなどのように、同時に使用される２以上の物品を組み合わせた意匠について、１つの意匠として登録ができる。

問3　Aは、自ら発明をし特許を受けた特許発明甲の特許権をB社に譲渡した。B社は精密機械メーカーのC社との間で、特許発明甲を実施した製品乙の製造委託契約を締結するとともに、特許発明甲についてC社が実施できる地域、期間等の範囲を定めて、専用実施権設定契約を締結した。その後、C社は製品乙を構成する部品の設計および製造をD社に委託した。当該部品の製造には特許発明甲の実施が必要である。この場合に関する次の①～④の記述のうち、その内容が最も適切でないものを選びなさい。

①C社がD社に対して製品乙を構成する部品の設計および製造を委託する際、C社がD社に対して特許発明甲について通常実施権を許諾する場合、特許法上、C社はB社の承諾を得なければならない。
②AのB社に対する本件特許権の譲渡は、特許登録原簿に登録しなければその効力を生じない。
③B社のC社に対する本件専用実施権の設定は、B社とC社との間の本件専用実施権設定契約の締結に加え、特許庁に専用実施権の設定登録をしなければその効力を生じない。
④B社は、C社との間の本件専用実施権設定契約で定めた範囲においては、第三者に対して特許発明甲についての通常実施権を許諾することはできないが、本件専用実施権設定契約で定めた範囲において、自ら特許発明甲を実施することはできる。

問 4　商標権に関する次のア～エの記述のうち、その内容が適切なものの組みわ合せとして最も適切なものを①～⑤の中から１つだけ選びなさい。

ア．第三者が運送業者Ｘ社の標章Ａを無断で使用した場合、不正競争防止法上の措置をとることが考えられます。この場合、不正競争防止法上の差止請求や損害賠償請求をするには、Ｘ社が標章Ａについての商標権の設定登録を受けていなければなりません。

イ．運送業者Ｘ社の標章Ａのようなサービスマークも、商標法による保護の対象となります。Ｘ社が商標登録を受けるためには、まず特許庁へ商標登録出願をしなければなりません。

ウ．商標権者に認められる差止請求権は、商標登録とまったく同一の商標を第三者が無断で使用している場合のみ認められ、それ以外の、例えば登録商標と類似する商標を無断で使用している場合などには差止請求権は認められません。

エ．商標法上、商標権には存続期間が定められています。その存続期間は更新登録をすることによって更新することができます。

①　アイ　②　アエ　③　イウ　④　イエ　⑤　ウエ

Answer 答え合わせ

問1 正解：③

解説（テキストp60～64参照）

アは適切である。著作物の利用者である**実演家などには著作隣接権が認められます**。

イは適切である。**著作者人格権の１つである氏名表示権**を問題文は述べています。

ウは適切でない。たとえ個人の自宅で利用するものであっても、**映画館での盗撮**は「映画の盗撮防止に関する法律」により、**著作権法上の私的使用による複製には該当しません**。

エは適切である。**翻訳にあたり新たな創作性が付加されると、その著作物は二次的著作物に該当**します。

問2 正解：④

解説（テキストp68～70参照）

①は適切でない。**意匠として認められるには、「工業上の利用可能性」の要件が満たされていなければなりません**。

②は適切でない。**意匠権の存続期間の延長はできません**。存続期間は出願日から25年です。

③は適切でない。**部分意匠制度により、物品の一部のみでも「意匠」として登録することができます**。

④は適切である。問題文は**組物意匠**について述べています。

問3 正解：④

解説（テキストp74～76参照）

①は適切である。C社はB社から専用実施権の設定を受けているので、C社がD社に対して通常実施権を許諾する場合、C社はB社の承諾を受けなければなりません。

②は適切である。問題文のとおり、**特許権の譲渡には特許権原簿への登録が必要**です。

③は適切である。問題文のとおり、**専用実施権契約の締結にあたっては、特許庁に専用実施権の設定登録をしなければ効力は発生しません**。

④は適切でない。**専用実施権設定後は、特許権者といえども、自ら特許発明を実施することはできません**。

問4　正解：④

解説（テキストp65〜67、p96〜99参照）

アは適切でない。**標章が他人により無断で使用された場合、標章登録をしていなくても、不正競争防止法によって差止請求ができます**。

イは適切である。問題文のとおりです。**サービスマークも商標登録ができます**。

ウは適切でない。**類似商標も相手方に対し差止請求権を行使できます**。

エは適切である。産業財産権の中で、**商標権のみ存続期間の更新ができます**。

第3章

企業活動に関する法規制（1）

Theme 1 独占禁止法①：禁止行為

重要度：★★★

独占禁止法は企業の活動を制約するものの、消費者の利益確保と国民経済の健全な発展に寄与するという大きな使命があります。

●独占禁止法は「経済の憲法」といわれるように、経済活動の根幹となる法律です。独占禁止法の禁止行為は、図3-1-1にあるとおり大きく3つに分類されますが、重要なのは「不当な取引制限」（カルテル）と「不公正な取引方法」です。試験では様々な具体的な事例を挙げて、独占禁止法の適用対象となるか否かを問うています。

3-1-1　独占禁止法の禁止行為

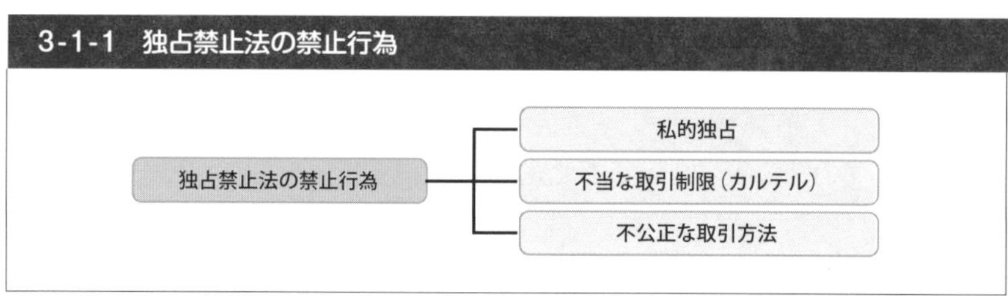

私的独占、不当な取引制限、不公正な取引方法

(1) 私的独占★

ある事業者が他の事業者の事業活動を排除し、または支配することにより、公共の利益に反して一定の取引分野における競争を実質的に制限することを「**私的独占★**」といいます。

「私的独占」は「**支配型**」と「**排除型**」の2つに分けられます。

●毎回出題される頻出分野です。特に「不公正な取引方法」の具体的な行為類型の内容を問う設問が出題されています。具体的な事例を挙げて、「不公正な取引方法」に該当するかどうかを問う設問となっています。

【支配型】

他の事業者の事業活動を支配して競争を実質的に制限する行為をいいます。

「**支配**」とは、企業が株式を取得したり役員を派遣したり、他の事業者の意思決定を拘束して従わせることを指します。

【排除型】

他の事業者の事業活動の継続や新規参入を難しくする行為をいいます。

公正取引委員会はガイドラインとして、①不当な低価格販売＝不当廉売（れんばい）、②排他的取引、③抱き合わせ販売、④共同供給拒絶・不当な差別的取扱い、といった行為を挙げています。

(2) 不当な取引制限（カルテル）

「**不当な取引制限**」が成立するには、事業者が他事業者と次のどちらかをしている必要があります。

①**相互に事業活動を拘束していること＝相互拘束**

または

②**共同して事業活動を遂行すること**

「不当な取引制限」も「私的独占」と同様、公共の利益に反して一定の取引分野における競争を実質的に制限するものです。

事業者間の取決めは書面でなくても、また協定事項を強制的に順守させる罰金や取引停止などの罰則の規定がない**“紳士協定”であっても、談合＝「不当な取引制限」と公正取引委員会から見なされます**。

同一エリアで同一製品を販売する全事業者が、供給過剰を回避するため、販売数量の制限を決定する行為は、販売価格の制限は決定していなくても、不当な取引制限と見なされます。

【入札談合】

地方公共団体が行う入札において、複数の事業者が、当該入札についてあらかじめ協議を行うことにより、当該入札価格を決定しました。この場合、公共の利益に反して、当該入札における競争が実質的に制限されたときは、当該入札価格を決定した行為は「**入札談合**」に該当します。

さらに、取り決めた**入札価格で落札することができなくても**、当該入札価格を決定した行為は、**やはり独占禁止法違反（不当な取引制限）と見なされます**。

【官製談合】

公共事業の発注機関の職員が入札談合に関与していた場合、公正取引委員会は当該発注機関の長に対し、改善措置を講ずるよう求めることができます。

(3) 不公正な取引方法

独占禁止法は、不公平な取引方法として以下のような行為類型を定めています。

①**共同供給拒絶**

ある小売業者が、メーカー2社の製造している製品の販売を新たに開始しようと考え、当該メーカー2社に当該製品の購入申込を行ったとします。当該メーカー2社が両者で協議した結果、正当な理由がないのに、共同して当該小売業者の購入申込を拒絶した——といったケースです。

②**差別対価・差別的取扱い**

③**不当廉売**

正常な価格競争の観点から見て不当に低い価格で商品や役務を提供し、競争者の販売活動を困難にさせる行為をいいます。

④**再販売価格拘束**

ある製造業者が、ある小売業者に製品を供給するに際し、正当な理由がないのに、消費者に対する製品の最低販売価格を設定し、その価格以上で販売することを当該小売業者に強制する——といったケースです。

なお、**新聞、書籍・雑誌などの著作物を発行・販売する事業者の再販売価格拘束は、独占禁止法の適用除外**となります。

⑤**優越的地位の濫用**（らんよう）

ある大規模小売店があるメーカーに対して、自己の取引上の地位が当該メーカーに優越していることを利用し、正常な商習慣に照らして不当にも当該メーカーの製品のみならず他メーカーの同種製品の商品説明および品出しを行わせるため、当該メーカーの費用負担でその従業員を自店に派遣することを要求し、当該メーカーもこれに応じる——といったケースです。

➡これは当該大規模小売店の「**優越的地位の濫用**」だと公正取引委員会から見なされ、独占禁止法違反となります。

⑥**抱き合わせ販売（不当対価取引）**

ある製造業者が、ある小売業者に製品を供給する条件として、小売業者が発注した製品以外の当該製造業者の製品を購入することを強制し、これにもとづいて当該小売業者に両製品を同時に購入させる——といったケースです。

➡これは当該製造業者の「**抱き合わせ販売**」だと公正取引委員会から見なされ、

独占禁止法違反となります。

⑦**排他条件付取引**

ある製造業者がある小売業者と取引を開始するのに際し、不当にも、当該製造業者の競合会社と取引しないことを条件として小売業者と取引を開始し、競合会社の取引の機会を減少させる——といったケースです。

⑧**拘束条件付取引**

「取引相手の事業活動を不当に拘束するような条件を付けて取引をする」ことをいいます。あるフランチャイズ・チェーンの本部が加盟店に対し、テリトリー制によって販売地域を制限したり、安売り表示を禁じるなど、販売地域や販売方法その他を不当に拘束するようなケースです。

⑨**競争者に対する取引妨害**

事業者が、競争関係にある他の事業者とその取引相手方との取引を不当に妨害したり、競争事業者の信用を毀損したりする行為をいいます。

⑩**不当顧客誘引**

⑪**不当高価購入**

⑫**競争会社に対する内部干渉**

【不公正な取引方法に該当しないケース】

a. 製造業者（メーカー）が小売業者に対する卸売価格について、**自社の採算の範囲内で値引きを行う行為は、「不公正な取引方法」には該当しません**。

b. 当該メーカーがある商品を小売業者数社に販売するに際し、小売業者が当該商品の小売価格を設定する際の資料として、当該商品を消費者に販売する際の「参考価格」である旨を示して、各小売業者に特定の価格を提示したとします。このように、**各小売業者が自主的に当該メーカーの商品の小売価格を決定している状況**では、**メーカーによるこのような参考価格の提示行為は「再販売価格拘束」にはあたりません**。

●**図3-1-1に記載の「不当な取引制限」の条件を満たさない、業界内の“紳士協定”のような罰則のない“ゆるい協定”でも、公正取引委員会はカルテルと認定する場合があるので要注意です。**

3 企業活動に関する法規制（1）

Theme 2

独占禁止法②：独占禁止法の適用

重要度：★★☆

談合している事実を公正取引委員会の調査前に申告した企業の罰金（課徴金）は軽減されるの？

●公正取引委員会（公取委）による独占禁止法違反企業に対する法的措置としては、その違法性の程度によって①行政上の措置、②刑事上の措置（刑事罰）を課す一方、違反行為による被害者の救済のために民事的措置も講じています。また、公取委の調査前に談合の事実を申告すれば、課徴金は減免あるいは免除されます。

意見聴取、排除措置命令、課徴金納付命令、減免制度

(1) 独占禁止法の運用

公正取引委員会が独占禁止法違反企業に対して排除措置命令を出そうとする場合、**公正取引委員会は、排除措置命令に先立って当該違反企業から意見聴取を行わなければなりません**。

公正取引委員会は、独占禁止法違反行為の存在が認められ、かつ違反企業が本件行為を開始した日から本件行為がなくなる日までの期間における**違反企業の売上額が一定の額を超えるとき**は、原則として違反企業に対して**課徴金納付命令を発し**なければなりません。

➡すなわち、独占禁止法に違反する企業がすべて課徴金の対象となるわけではありません。

- 毎回出題される頻出分野です。公正取引委員会による独占禁止法違反企業に対する法的手続の順番とその内容を問う設問が出題されます。
- 課徴金減免制度の内容を問う設問も出題されます。

図3-2-1　独禁法違反事件の処理手続の概要

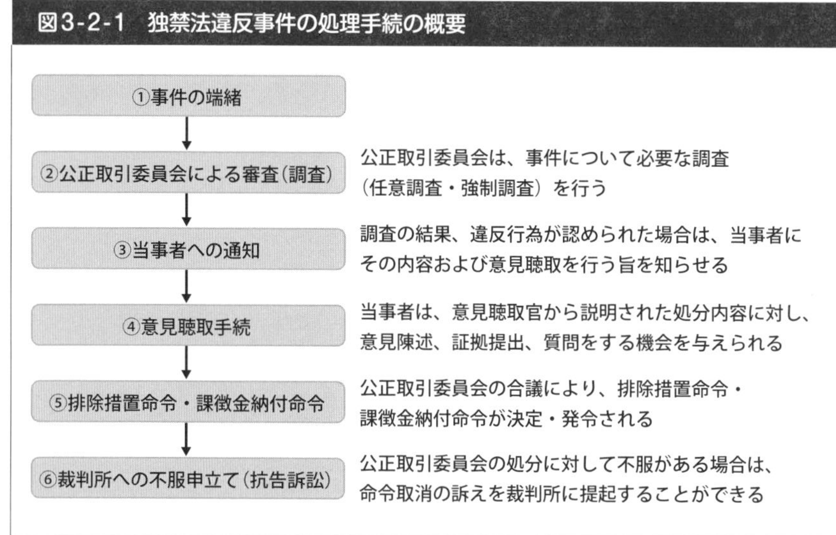

【公正取引委員会による審査(調査)】

公正取引委員会は、独占禁止法違反行為に該当する疑いのある事業者の事実を職権で調査することができます。調査方法には、任意調査と強制調査の二つがあります。任意調査は、相手側の任意の協力を得て行うものであるのに対し、強制調査はさらに、行政調査と犯則調査の二つがあります。犯則調査は、犯罪捜査の目的で行われる調査で、一定の範囲で強制力を行使して行うことができます。

(2) 課徴金減免制度★(リーニエンシー)

不当な取引制限やこれを内容とする国際協定等について、公正取引委員会の審査(調査)に協力して情報を提供した事業者等に対し、課徴金の免除または減額を行う――という**課徴金減免制度★(リーニエンシー)**が用意されています。課徴金減免制度の概要は以下の表のとおりです。

	調査開始日前	調査開始日以降
申告の順番が1番目の事業者	課徴金100%免除	課徴金30%減額
申告の順番が2番目の事業者	課徴金50%減額	
申告の順番が3番目の事業者	課徴金30%減額	
申告の順番が4番目の事業者		課徴金の減免なし
申告の順番が5番目の事業者		

課徴金減免制度の対象は、**カルテル・入札談合に限られます**。

- 課徴金減免制度、別名リーニエンシーでは、公正取引委員会への最初の申告者は課徴金を100%免除されますが、これは公正取引委員会の調査開始前にのみ適用され、調査開始後は課徴金の100%免除はなくなるので要注意です。また、申告の順番が4番目、5番目の事業者については、調査開始後は減免がありません。
- 課徴金の納付命令は独禁法違反企業のすべてが対象となるわけではありません。本文の(1)にあるとおり、「売上高が一定の額を超える」違反企業が対象です。この“ひっかけ問題”が過去に出題されています。
- 排除措置命令にあたっては、「違反企業に意見聴取（ヒアリング）の機会は与えられない」とする設問もよく出題されます。同じく、「不服があっても裁判所に命令取消の訴えは提起できない」とする設問も出題されています。

Theme
3 下請法（下請代金支払遅延等防止法）

重要度：★★★

下請法は、親事業者の様々な義務と禁止事項を定めることで、弱者である下請事業者の利益を保護するものです。

●下請法は、取引上弱い立場の下請事業者に業務を委託する親事業者に対し、様々な義務と禁止事項を定めて、受託事業者である下請事業者を保護しています。

下請事業者の定義、親事業者の義務・禁止事項ほか

(1) 下請事業者の定義

親事業者と下請事業者の定義は、①**資本金**（受託者の資本金の額が委託者より小さい）ならびに②**取引の内容**（製造委託、修理委託、プログラムの作成委託、情報成果物の作成委託、役務提供委託）の両面から定められています。この**2つの条件が重なった取引に下請法が適用**されます。

ただし、受託者の資本金の額が委託者のそれより小さくても、受託者の資本金が下請法の規定を上回るときは、受託者は下請事業者には該当しません。

なお、**所管官庁**は下請法が独禁法の派生法であることもあり、**公正取引委員会**です。

(2) 親事業者の義務

①書面などの交付義務

親事業者は、下請事業者に製造委託などをした場合は、原則として、直ちに下請事業者の給付内容、下請代金の額、支払期日および支払方法等を記載した書面を下請事業者に交付しなければなりません。

●親事業者の義務と禁止事項が過去問で出題されています。
また、下請法の適用外となるケースも出題されています。

当該書面の交付は、**下請事業者の承諾を得て**、書面に代えて**電子メールなどの情報通信の技術を利用する方法によりこの書面に記載すべき事項を提供することができます**。

②書類の作成・保管義務

取引の内容を記載した書類を作成し、2年間保存しなければなりません。

③下請代金の支払期日を定める義務

親事業者は、物品・役務の給付を受領した日から起算して**60日以内かつできる限り短い期間内において、下請代金を支払う期日を定めなければなりません**。

④遅延利息の支払義務

親事業者が支払期日までに下請代金を支払わなかったときは、物品・役務の給付を受領した日から起算して**60日を経過した日から実際に支払いをする日までの期間について、所定の遅延利息を支払わなければなりません**。

遅延利息に関しては、①の書面で損害遅延金の定めがなくても適用されます（法定利息の適用）。

(3) 親事業者の禁止事項

①受領拒否の禁止

②下請代金の支払遅延の禁止

③下請代金の減額の禁止

④返品の禁止

⑤買いたたきの禁止

⑥購入・利用強制の禁止

⑦報復措置の禁止➡親事業者の下請法違反行為を公取委へ知らせたことを理由に、不当な扱いをしてはなりません。

⑧不当な*給付内容の変更、および不当なやり直しの禁止

⑨有償支給原材料等の対価の早期決済

⑩割引困難な手形の交付

⑪不当な経済上の利益提供要請

(4) 下請法の適用外の例

①親事業者が下請事業者に製造委託などをした場合において、下請事業者の給付

＊**不当な**　ここでは、下請事業者の責に帰すべき理由がないこと。

内容を均質にし、またその改善を図るために必要なとき、親事業者が下請事業者に自己の指定する物を購入させるケース。

②親事業者が下請事業者に製造委託などをした場合において、下請事業者の給付の内容に下請事業者の責に帰すべき理由にもとづく欠陥・不具合があったときに、親事業者が、下請事業者の給付を受領した後であっても、下請事業者にその給付にかかる物を引き取らせることができるケース。あるいは、同様の理由でやり直しをさせるケース。

- 下請法において、下請事業者への支払時期は「物品あるいは成果物を受領してから60日以内かつできる限り短い期間内において」と定められています。「支払期日はできる限り短い期間内に」との設問は、条件の半分しか充足しておらず誤りなので、注意が必要です。
- 下請法違反を犯した親事業者に対し、公正取引委員会や中小企業庁は行政指導や違反企業の公表をしたり軽微な罰金を科しますが、独占禁止法や不正競争防止法のような刑事罰はないので注意が必要です。

Theme 4

不正競争防止法と営業秘密

重要度：★★★

不正競争防止法は、公益への侵害程度が高いものは刑事罰の対象とする一方、私的利益の侵害に関しては事業者間の差止請求など民事上の救済に委ね、ハードでない対応となっています。

●不正競争防止法においては「営業秘密」の成立要件が重要です。試験でもよく出題されます。不正競争防止法では不正競争の９つの類型を規定していますが、特に重要なのは最初の４類型です。

不正競争の類型と営業秘密

「不正競争防止法」は一般条項を設けず、規制すべき不正競争を類型化して列挙する構成をとっています（主に9類型）。不正競争を犯した者に対し、差止請求や損害賠償請求、刑事罰の適用があります。

(1) 商品・営業主体混同惹起*行為

自己の商品の表示として、他人の商品を表示するものとして需要者の間に広く認識されている**周知のものと同一または類似の表示を使用**し、他人の商品と混同を生じさせる行為をいいます。

(2) 著名表示冒用*行為

競合他社が、自社の使用している**著名な商品名と同一の商品名**を当該競合他社の製品に**表示し販売している**行為をいいます。

当該商品名について商標登録を受けているかどうかに関係なく、侵害者に対して

- これも頻出分野です。不正競争防止法が類型化した９つの不正競争の中身を問う問題が出題されます。
- ３級でも出題されますが、「営業秘密」成立の３要件は２級でも出題されます。

＊**惹起**　事件・問題などを引き起こすこと。
＊**冒用**　相手のものを冒瀆（ぼうとく）して利用すること。

不正競争行為の停止請求を行うことができます。

(3) 商品形態模倣行為

他人の商品の形態を模倣した商品を販売する行為は、原則、**商品形態模倣行為**として不正競争防止法違反となります。ただし、当該形態が当該他人の**商品の機能を確保するために不可欠な形態**であるときは、**不正競争防止法の対象外**となります。

(4) 営業秘密★の侵害行為

「**営業秘密★**」は不正競争防止法によって保護されますが、**「産業財産権」のような登録は不要**です。ただし、**次の3要件を満たさなければなりません。**

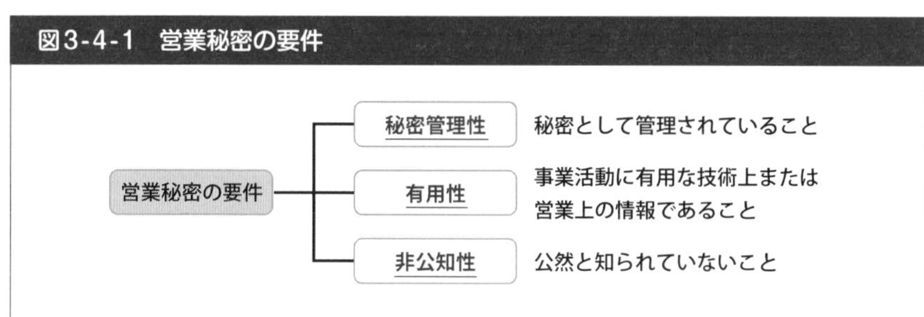
図3-4-1　営業秘密の要件

「営業秘密」は具体的には、営業上の情報、商品の製造方法や設計図など技術上の情報、失敗データを含む実験データなどの情報、販促マニュアルなどの販売方法、顧客名簿といったものがあります。

不正競争によって営業上の利益を侵害され、また侵害されるおそれがある者は、その営業上の利益を侵害する者または侵害するおそれがある者に対し、その侵害の停止または予防を請求することができます。

(5) 限定提供データの不正取得行為

窃取等の不正手段によって限定提供データを取得し、自ら使用し、もしくは第三者に開示する行為などをいいます。

(6) 技術的制限手段の無効化行為

コピーガード、アクセスガード、コピープロテクトなどの不正コピー防止技術を無効にする行為およびこれを可能にする機器・装置を販売する行為のことをいいます。

(7) ドメイン名の不正取得・使用行為

不正の利益を得る目的で、競合他社の商品の商標と類似のドメイン名を使用する権利を取得する行為は、不正競争に該当します。

(8) 原産地等誤認惹起行為

①**商品**：商品やその広告・取引に用いる書類・通信に、その商品の原産地、品質、内容、製造方法、用途もしくは数量などについて消費者を誤認させるような表示をする行為をいいます。

②**役務**：役務（サービス）やその広告・取引に用いる書類・通信に、その役務の品質、内容、用途もしくは数量などについて消費者を誤認させるような表示をする行為をいいます。

(9) 営業誹謗行為

例えば、競合他社の営業上の信用を害する虚偽の事実を流布するような行為が該当します。

【条約上の禁止行為】

「外国公務員への賄賂」

外国公務員等に対し、国際的な商取引に関して営業上の不正の利益を得るために、その外国公務員等にその職務に関する行為をさせることを目的として金銭を供与してはなりません。これに違反した者は、不正競争防止法により刑事罰が科せられることがあります。これは日本国外でも適用されます。

➡詳細は第９章Theme５をご参照ください。

【民事的救済】

ア）損害額の推定規定

不正競争により侵害された営業上の利益については、損害の立証が困難な場合もあることから、不正競争防止法では損害額の推定規定を設けています。

侵害をした者がその侵害行為によって利益を受けているときは、**その利益の額が、営業上の利益を侵害された者が受けた損害の額だと推定**されます。

イ）３種類の請求権

不正競争防止法では次の３種類の請求権が認められています。

①**差止請求権**

②**損害賠償請求権**

③**信用回復措置請求権**

【刑事罰の適用】

不正競争防止法にもとづき、刑事罰が科せられる行為類型は主に次のとおりです。

①営業秘密の侵害行為
②商品・営業主体混同惹起行為
③著名表示冒用行為
④商品形態模倣行為
⑤技術的制限手段の無効化行為
⑥原産地等誤認惹起行為
⑦外国公務員への贈賄

【行政的救済】

関税法により、不正競争のうち、**「商品・営業主体混同惹起行為」、「著名表示冒用行為」、「商品形態模倣行為」を組成する物品が、輸入禁制品**とされています。これにより、事前の登録を要件に、不正競争防止法侵害物品の輸入を税関で差し止めることが可能となっています。

- 「商品・営業主体混同惹起行為」の対象となる商品は地域的に有名な“周知”のものであり、他方、「著名表示冒用行為」の対象となる商品は全国的に有名な“著名”のものであるという違いに注意してください。
- 「営業秘密にかかる不正競争行為」に関し、現に営業上の利益を侵害されておらず“侵害されるおそれがある場合”であっても、不正競争防止法により、侵害するおそれのある者に対して予防措置をとることができるので要注意です。
- 「商品形態模倣行為」で、当該商品の機能上不可欠な形態はこの行為に含まれませんが、“含まれる”とする“ひっかけ問題”が過去に何回か出題されています。

Theme

5 消費者契約法

消費者契約法は、消費者と事業者との情報・交渉力の顕著な格差に鑑み、消費者を保護するための法律です。

重要度：★★★

●事業者に対して弱い立場にある消費者を救済し保護するための基本的な法律が、消費者契約法です。消費者庁では、消費者が取消可能な行為を10項目にわたって定めているので、それぞれの内容をよく把握しておきましょう。これらの行為を取り消すにあたっては、消費者の証明責任が求められます。また、無効となる契約条項も主なものは覚えておきましょう。

消費者契約での取消可能な行為、無効契約条項ほか

(1) 適用される契約と特徴

消費者契約法は、消費者と事業者の間で取り交わされるあらゆる契約（**労働契約は除く**）に適用されます。

消費者には、「不適切な勧誘方法により締結された契約を一定の期間内に取り消すことができる権利」が認められています。

(2) 取り消すことができる行為

①**契約の重要事項に関する不実の告知**　➡"大事なことについて、うそを言われた"

②**契約における不確実な事項についての断定的判断の提供**

③**不利益事実の故意または重過失による不告知**

④**通常の分量を著しく超える商品の提供（過量契約）**

➡消費者にとって過量であることについての事業者の認識があることが前提となります。

- 毎回出題される頻出の分野です。
- 「消費者が取消可能な営業行為」、「無効とされる契約条項」の各内容が出題されています。

⑤**不退去**　➡“お願いしても帰ってくれない”

⑥**監禁（退去妨害）**　➡“帰りたいのに帰してくれない”

⑦社会生活上の経験不足を不当に利用し不安をあおる告知

➡（例）「就職セミナー商法」、「デート商法」

⑧加齢による判断力の低下を不当に利用した勧誘

⑨霊感などによる知見を用いての告知・勧誘

➡（例）壺（つぼ）、印鑑、数珠などを売り付ける霊感商法

⑩契約締結前に債務の内容を実施してしまうことなどによる代金の請求

不適切な勧誘行為に対して消費者から意思表示の取消しがなされると、当該消費者契約は**遡及的に無効**となり、**消費者・事業者の双方に原状回復義務が生じます**。

また、この法律の規定による**取消権成立の証明責任は、すべて消費者側にあります**。

(3) 取消権の行使期間

消費者が誤認に気付いたとき、困惑状態を脱したときから一定期間内、また契約してから一定期間内であれば、消費者は取消権を行使できます。

取消権の行使期間	一般の消費者向けビジネス	霊感商法等
誤認に気付いたとき、困惑状態を脱したときから	1年間	3年間
契約締結時から	5年間	10年間

(4) 無効となる契約条項

①事業者側の債務不履行時における消費者側に生じた損害の賠償責任の全部を免除する条項　➡「事業者は責任を負わない」とする条項です。

②事業者側の故意または重大な過失による債務不履行時における消費者側に生じた損害の賠償責任の一部を免除する条項　➡「事業者は責任を負わない」とする条項です。

③事業者が自らの責任の有無や限度を自ら決定する条項

➡例えば、「当社の損害賠償責任義務は300万円を上限とする」といった契約条項です。

④事業者の債務不履行、または有償契約の目的物に隠れた瑕疵があることにより生じた消費者の解除権を放棄させる条項

➡「消費者はどんな理由でもキャンセルできない」とする条項です。

⑤免責範囲が不明確な条項

⑥不当に高額な解約料　➡平均的な損害の額を超えるキャンセル料を意味します。

⑦不当に高額な損害遅延金

➡消費者が売買代金の支払いを遅延した場合の遅延損害金のうち、消費者契約法で定める**遅延損害金の上限(年利14.6%)を超える部分が無効**となります。

⑧成年後見制度を利用すると契約が解除されてしまう条項

➡例えば、認知症などの理由により消費者の後見などを理由とする契約解除の条項など

なお、これらの信義則に反して消費者の立場を一方的に害する条項は無効でありその契約上の効力は生じませんが、**当該条項が含まれる契約全体が無効になるわけではありません**。

(5) 事業者の情報提供や説明の努力義務

改正消費者契約法で、事業者は、従来の努力義務に加え、消費者契約における解約料の算定根拠についての努力義務を負うことになりました。また、従来からある努力義務も拡充されました。

ア) 消費者に対して…

①勧誘時の情報提供、②定型約款の表示請求権に関する情報提供、③解除権行使に必要な情報提供、④**解約料の算定根拠の概要説明**――に関する努力義務

イ) 適格消費者団体に対して…

①不当条項と疑われる契約条項の開示、②**解約料の算定根拠の概要説明**、③差止請求を受けて行った措置の内容の説明――に関する努力義務

(6) 適格消費者団体★制度と「届出債権者表」の記載

ア) 適格消費者団体★と差止請求権

一定の要件を満たしたNPO法人や公益法人は、内閣総理大臣の認定を受けることによって「**適格消費者団体★**」になることができます。

「適格消費者団体」は、消費者契約法や景品表示法に違反している事業者に対し、不特定多数の消費者の利益を保護するために差止請求訴訟を提起することができます。

イ) 被害回復裁判手続

I. 共通義務確認の訴え

相当多数の被害消費者に共通する事実上および法律上の原因にもとづき、事業者が個々の消費者の事情によりその金銭の支払請求に理由がない場合を除いて、金

銭を支払うべき義務の確認を求める訴えをいいます。

Ⅱ.簡易確定手続

共通義務確認の訴えで確認された共通義務にもとづき、共通義務にかかる請求権を有する消費者が債権届出を行います。

Ⅲ.「届出債権者表」の記載

事業者が届出債権の内容を全部認めたときは、当該届出債権の内容が確定し、確定した届出債権について、**「届出債権者表」の記載は確定判決と同一の効力を有します**。

- 消費者契約法により取り消された契約は遡及して無効となりますが、事業者だけでなく消費者側にも「原状回復義務」が生じます。したがって、受領した商品などは事業者に返却しなければなりません。過去問では、“事業者の義務だけで、消費者は義務を負わない”旨の“ひっかけ問題”が出ています。
- 取消可能となった「過量な商品の提供契約」ですが、事業者が相手の消費者にとって過量であると認識していたか否かがポイントです。認識していなかった場合は、即座に契約取消とはならないことに注意が必要です。
- 消費者契約法に違反した事業者に対し、その違反行為の差止請求は個人ではできません。この請求ができるのは、内閣総理大臣（消費者庁長官）が消費者契約法にもとづき認定した適格消費者団体です。
- 不適切な勧誘行為に対する適格消費者団体による差止請求は、実際に被害が生じていなくても、“そのおそれがある場合”でも請求できる点に注意が必要です。

改正消費者契約法（2023年1月、6月施行）

安部元首相狙撃事件が契機となり、霊感商法に関する事項を中心に消費者契約法が大幅に改正されました。

①契約の取消権の対象の追加、②解約料の説明の努力義務、③免責の範囲が不明確な条項の無効化、④事業者の努力義務の拡充——といった改正に加え、取消権の行使期間が大幅に延長されました。

Theme

特定商取引法

重要度：★★★

消費者向けの経済活動で問題やトラブルをよく起こすのは、特定商取引法（いわゆる特商法）で規制される取引（ビジネス）形態です。そのため、様々な規制や義務が課せられています。

●特商法は8つの取引方法を規制しています。それぞれの取引の形態を把握してください。例えば「訪問販売」には、事業者による自宅訪問だけでなく、事業者の事務所への勧誘（いわゆるキャッチセールス）も含まれます。

特商法における対象取引

(1) 訪問販売

販売業者はその勧誘に先立って消費者に対し、「自己の名称」、「売買契約の締結について勧誘をする目的である旨」および「販売する商品」など、特定商取引法所定の事項を明示しなければなりません。

訪問販売以外でも、「路上で事業者の商品に関するアンケートに協力して、事業者の営業所に同行したところ、事業者の商品を購入するよう勧誘され、事業者から当該商品の売買契約を締結させられた」といったケースが挙げられます。

このような**キャッチセールス★も訪問販売に該当**します。

販売業者は、訪問販売をしようとするときは、その相手方に対し勧誘を受ける意思があることを確認しようと努めなければならず、これにより相手方が購入しない旨の意思表示をした場合、再度の勧誘をすることは禁止されています。

訪問販売の広告規制はありません。

(2) 通信販売

特定商取引法の対象取引の中で、**唯一、クーリング・オフ★の行使が認められていません**。

●特定商取引法の対象となる取引において、訪問販売、通信販売、電話勧誘販売のようなポピュラーな取引はあまり出題されず、訪問購入やネガティブオプションのような取引が最近はよく出題されています。

他方、広告規制、迷惑メールの規制、返品制度などがあります。

広告（あるいはウェブサイト上）において「瑕疵のない商品の返品を認めない」旨の返品条件を定めている場合、消費者は通信販売で購入した商品の引渡しを受けた後、無条件で契約を解除できるわけではありません（逆に返品条件の定めがなければ、8日以内に限り無条件に契約を解除できます）。

【クーリング・オフ★】

「消費者が、申込みまたは契約締結から一定期間内に、冷静に再考して、販売業者へ書面で通知することにより、無条件で契約を解除できる」という民事ルールのこと。

➡詳細は本章Theme7を参照

(3) 電話勧誘販売

いわゆるテレフォンマーケティングです。

訪問販売と同じく**“不意打ち”的な側面を有しているため、訪問販売と同様の規制が設けられています**。

電話勧誘販売の広告規制はありません。

(4) 連鎖販売取引

いわゆる**マルチ商法、ねずみ講商法**です。

「他の人を販売員にするとあなたも収入が得られる」と消費者を勧誘し、商品などを買わせる取引形態です。

(5) 特定継続的役務提供★

①エステサロン、②語学教室、③家庭教師、④学習塾、⑤結婚相手紹介サービス、⑥パソコン教室、⑦美容医療という7つの長期・継続的なサービスが対象です。**「その目的の実現が確実ではない」という特徴**を持ちます。

売買契約の締結に際し、消費者は期間内であれば、特定継続的役務提供を受ける旨の契約につきクーリング・オフを行使することができ、関連商品の売買契約についてもクーリング・オフを行使することができます。

(6) 業務提供誘引販売取引

一般に「**内職・モニター商法**」と呼ばれているものです。

事業者が消費者に対して商品の販売を行う際に、「報酬や手数料などが得られる」と言って勧誘し、その商品を購入させたり、役務の提供を行うことで、商品代金や役務提供料、登録料などの金銭的負担を消費者にさせることを伴う取引のことをいいます。

(7) 訪問購入

購入業者は、訪問購入の方法によってある商品の売買契約の締結を勧誘しようとするときは、勧誘の要請をしていない消費者に対し、営業所以外の場所において、当該商品の売買契約の締結を勧誘し、または勧誘を受ける意思の有無の確認をすることは禁止されています。

購入業者は、物品の種類・性能・品質などの重要事項について不実告知をしてはならず、重要事実の不告知も同様に禁止され、消費者を威迫・困惑させるような勧誘をしてはなりません。

訪問購入の広告規制はありません。

8) ネガティブオプション★（“送り付け商法”）

売買契約の申し込み者以外の者に対し、販売業者からその商品の送付があった日から14日を経過するまではその商品の送付を受けた消費者が保管することが以前は必要でしたが、**改正特定商取引法では、直ちに処分することが可能**となりました。

「クーリング・オフ」が行使できる期間	
訪問販売・電話勧誘販売・特定継続的役務提供・訪問購入	8日間
連鎖販売取引・業務提供誘引販売取引	20日間
ネガティブオプション	受領後、直ちに処分可
通信販売	「クーリング・オフ」対象外

● 上記のように、特商法の取引形態（クーリング・オフ対象外の通信販売を除く）により、クーリング・オフが行使できる期間は様々ですが、“すべて8日間である”という“ひっかけ問題”が出題されているので注意が必要です。

Theme 7 割賦販売法

消費者と販売業者の間の信用取引（自社割賦）も割賦販売に含まれますが、一般的にはこの２者に信販会社が加わった３者取引になります。

重要度：★★★

●割賦販売法★は、「商品・役務などの代金を、販売業者が2か月以上の期間にわたり、かつ3回以上に分割して受け取ることを条件として行う、商品・役務などの販売」を規制の対象としています。

●個別クレジットを利用した割賦販売法とクーリング・オフに関する出題が多く見られますが、クーリング・オフはあくまで訪問販売や電話勧誘販売といった取引形態に対して適用されるものであり、一括払いや分割払いといった支払方法とは関係がありません。

割賦販売法の対象取引、規制方法

(1) 規制の対象となる取引

ア) 割賦販売（狭義）

販売業者と消費者との狭義の割賦販売、いわゆる「自社割賦」も、割賦販売法の適用対象です。

イ) ローン提携販売（狭義）

ウ) 信用購入あっせん

● 「包括＆個別信用購入あっせん業者の義務・制限」、「不実告知等による取消権」、「支払遅延の場合の信用購入あっせん業者の対応」、「割賦販売でもクーリング・オフが適用されるケースと適用されないケース」などが、過去に出題されています。

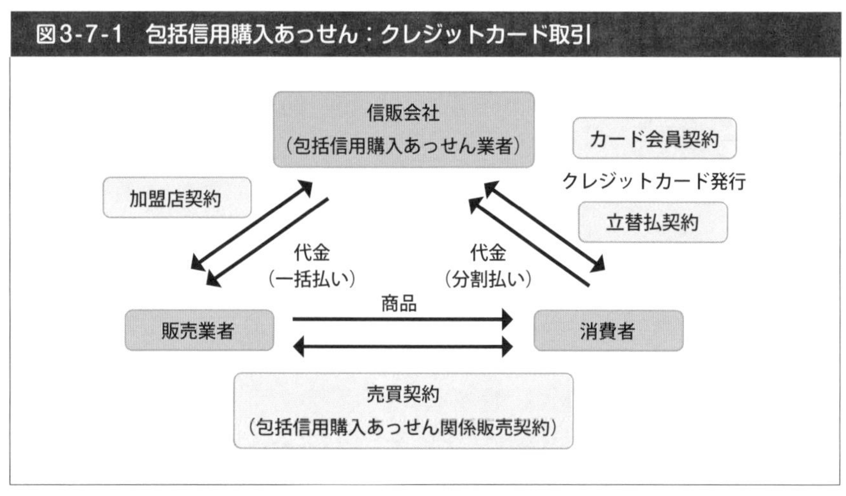

図3-7-1　包括信用購入あっせん：クレジットカード取引

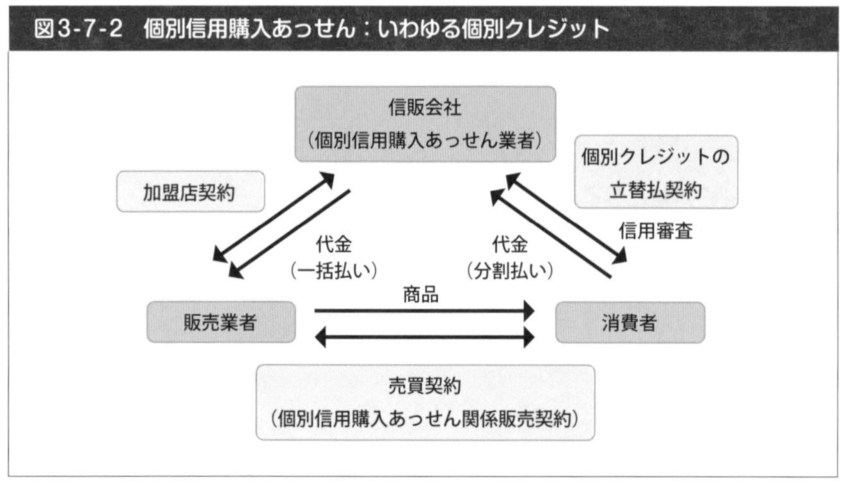

図3-7-2　個別信用購入あっせん：いわゆる個別クレジット

(2) 割賦販売法の規制方法

規制方法は具体的には以下のとおりです（出題頻度が低いものの解説は省略しました）。

ア) 契約締結前の情報開示

イ) 広告による情報開示

ウ) 契約締結時の書面の交付

包括信用購入あっせん業者は、売買契約締結に際し、遅滞なく、当該売買契約における支払総額ならびに各回の商品代金の支払い分の額および支払時期などを記載した書面を、顧客に対して交付しなければなりません。

さらに、包括信用購入あっせん関係販売業者も、顧客に対して、遅滞なく当該売買契約にかかる現金販売金額および商品の引渡時期などを記載した書面を交付しなければなりません。

エ）契約解除などの制限　➡詳細は下記（3）を参照

オ）損害遅延金の制限

信販会社は、損害賠償額の予定または違約金を定めたとしても、賦払金の支払いの遅滞により契約を解除した際の損害金については、**法定利率以上の金額を消費者に請求することはできません**。

カ）過量販売による解除

キ）不実告知等による取消権

ク）支払停止の抗弁

クレジットは、信販会社、販売業者および購入者（消費者）の3者間の取引であり、購入者は販売業者との間で売買契約または役務提供契約を締結するとともに、信販会社との間で立替払契約（クレジット契約）を締結します。

ただし、割賦販売法は購入者の便宜を考慮し、またクレジット契約と売買契約の経済的一体性に着目して、クレジット契約を利用して商品等を購入した消費者は、**購入契約に関して販売業者に有する抗弁事由をもって信販会社からの支払請求に対抗することができる**としています。

（3）支払遅延の場合の信用購入あっせん業者の対応

個別（包括）信用購入あっせんの方法で商品の購入をした消費者の支払いが遅延した場合、信販会社は、割賦販売法所定の期間（20日）を定めてその支払いを書面で催告します。

その期間内に賦払金の支払いが履行されなければ、その遅滞を理由として、支払時期の到来していない賦払金について消費者の有する「期限の利益★」を喪失させ、売買代金の残金を一括して請求することができます。

クーリング・オフ★制度

(1) クーリング・オフ★制度の概要

個別クレジットを利用した契約が訪問販売や電話勧誘販売等に該当する場合、申込者または契約の相手方は、原則として、一定期間内に個別クレジット契約の申込みを撤回し、または個別クレジット契約を解除することができます。これが「**クーリング・オフ★**」です。

(2) クーリング・オフの行使期間

クーリング・オフを行使するには、契約書面または申込書面を受領した日のいずれか早い日から起算して、販売契約が

①**訪問販売、電話勧誘販売、特定継続的役務提供の場合は8日以内に**

②**連鎖販売取引や業務提供誘引取引の場合は20日以内に**

申込みの撤回または契約の解除をする旨を記載した書面を発信します。

➡クーリング・オフの行使期間については本章Theme6(8)の下の表を参照

この通知は(現行民法の発信主義にもとづき)**発信した時点で効力が発生**します。

(3) クーリング・オフの効果

割賦販売法では、個別クレジット契約の立替払契約のみをクーリング・オフした場合でも、売買契約が解除されたと見なされています。

信販会社は消費者に対して、契約解除に伴う損害賠償や違約金を請求することはできません。

- 包括&個別信用購入あっせん契約の設問の前文は、2級の設問の中でも特に長いです。前文では関係者の紐付け(ひもづけ)を把握できればよいので、直ちに本文の問題文に取りかかることをお勧めします。要は、設問の前文は関係契約の存在を正確に叙述しているだけです。時間の節約になります。
- 割賦販売とクーリング・オフの関係を問う問題がよく出題されています。ポイントは「その取引がどこで行われたか」に着目することです。お店であればクーリング・オフの適用はなく、訪問販売・訪問購入とか電話勧誘販売であればクーリング・オフは適用されます。
- 支払遅延のケースもよく出題されます。支払期限から20日間のクレジットカード会社などからの催告期限を過ぎた場合は、分割払いおよび期限の利益の特典を失い、残額をすべて支払わなければなりません。

Theme 8

景品表示法（含む食品関係法）

重要度：★★★

景品表示法は名前のとおり、景品の提供や虚偽・誇大な表示を規制し、一般消費者の利益を保護するための法律です。

●景品表示法は法律の名前のとおり、景品と商品・サービスの表示に関して規制をする法律です。優良誤認表示や有利誤認表示により消費者が損害を被らないよう、違反事業者に対して消費者庁は内閣総理大臣名で勧告し、勧告に従わない場合は、事業者名と違反内容の公表などを行います。

●場合によってはペナルティとして課徴金を科します。

3-8-1　景品表示法による規制

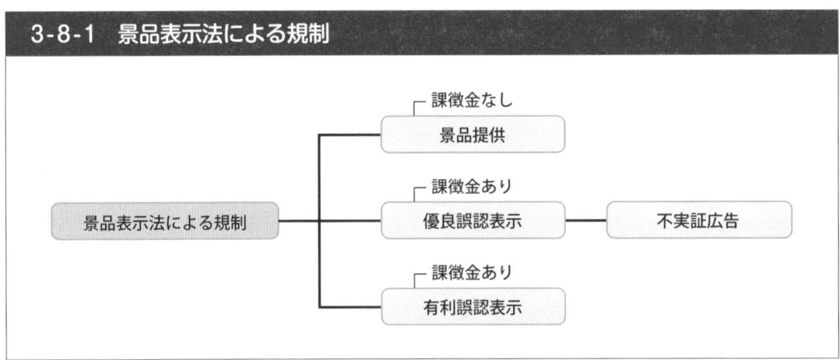

景品提供の規制、不当表示の規制

(1) 過大な景品提供の規制

購入者全員についてくる総付け（そうづけ）（ベタ付け）景品にも、購入者のうちから抽選で当

● 景品表示法は毎回出題される頻出分野です。
独占禁止法と同じく違反企業には課徴金が科せられますが、景品などに関する景品表示法違反には科せられず、優良誤認表示と有利誤認表示をした企業に科せられます。この“ひっかけ問題”が過去に出題されています。

たる懸賞商品にも、景品表示法により上限金額が設定されています。

総付景品の場合、個々の商品の金額の制限はありますが、総額の制限はありません。

他方、**懸賞については個々の商品の金額と総額の両方に制限があります**。

また、各商品に適用される**“キャッシュバック”は、景品表示法では**“その他の経済上の利益”にはあたらないとし、**景品に該当しません**。

(2) 不当表示の規制

虚偽または誇大な表示で不当に顧客を誘引し、消費者による自主的かつ合理的な選択を阻害するおそれがあると認められるものは、不当表示として禁止されています。

ア) 優良誤認表示

優良誤認表示は、商品または役務の品質、規格その他の内容について、一般消費者に対し、実際のものより著しく優良であると示し、または事実に相違して商品または役務が当該事業者の競合事業者の当該商品または役務より著しく優良であることを示す不当表示をいいます。

「優良誤認表示」については、合理的な根拠がなく優良性を強調する表示はいわゆる「不実証広告★」として禁止されています。

イ) 有利誤認表示

有利誤認表示は、商品または役務の価格その他取引条件が、実際のものより取引の相手方に著しく有利であると一般消費者に誤認される表示をいいます。

ウ) 内閣総理大臣が指定する表示

内閣総理大臣（消費者庁長官）は、ある会社が競合他社の製品より商品内容について著しく優良であることを示す表示について、期間を定めて当該事業者にその裏付けとなる合理的な根拠を示す資料の提出を求めることができます。

この場合において、当該会社が当該期間内に合理的な根拠を示す資料を内閣総理大臣（消費者庁長官）に提出しないときには、この表示は内閣総理大臣（消費者庁長官）の行う措置命令については、不当表示、「優良誤認表示」と見なされます。

(3) 違反が行われた場合の措置

ア) 措置命令

内閣総理大臣（消費者庁長官）は、事業者による景品表示法に違反する不当表示があるときは、当該事業者に対し、その行為の差止めまたはその行為が再び行われることを防止するために必要な事項を命じることができます。

事業者が正当な理由なく、景品表示法の規定にもとづき事業者が講ずべき措置を講じていないと認めるときは、内閣総理大臣（消費者庁長官）は当該事業者に対し、当該措置を講ずべき旨の**勧告**をすることができます。

内閣総理大臣（消費者庁長官）は、勧告を行ったにもかかわらず当該事業者が勧告に従わないときは、その旨を**公表**することができます。

イ）適格消費者団体★の差止請求権

ある会社が自社の製品の広告において、当該製品の性能について実際よりも著しく優良または有利であると誤認される表示を行った場合、消費者契約法の規定する適格消費者団体は、当該会社に対して当該表示をやめる（停止する）よう請求することができます。

ウ）課徴金と減免制度

内閣総理大臣（消費者庁長官）は、優良誤認表示または有利誤認表示を行った事業者に対して、これらの行為をやめた日から6か月以内に、当該商品あるいは役務の売上の3%相当分の**課徴金の納付を命じる**ことができます。

事業者が課徴金対象行為に該当する事実を所定の方法により内閣総理大臣（消費者庁長官）に報告したときは、原則として課徴金の額の2分の1が減額される――という旨の課徴金の減額制度が設けられています。

- **「不実証広告」として内閣総理大臣（消費者庁長官）から関連資料、データの提出を求められるのは「優良誤認表示」の広告の場合だけであり、「有利誤認表示」の広告の場合は求められないので、注意が必要です。**
- **景品の規制の中で、購入者全員がもらえる総付（ベタ付け）景品の場合は、個々の景品金額の制限はありますが、総額の規制はありません。これに対し、懸賞の場合は個々の景品金額と総額の両方の規制があるので、注意が必要です。**

食品の安全および表示に関する法規制

- **食品表示に関する法律には、食品表示法、JAS法、食品衛生法、健康増進法、医薬品医療機器等法（旧薬事法）などがあります。いずれも違反者に対しては個人・法人への両罰規定があります。さらに、食品表示法以外では、違反者には刑事罰が科せられます。**

- 健康増進法が定める特定保健用食品（いわゆる“特保”）や受動喫煙に関する出題が、食品表示に関する他の法律より多く見られます。
- とはいえ、食品表示に関する他の法律からも満遍なく出題されています。

(1) 食品表示法

食品表示法は、食品の表示について包括的かつ一元的な規制を定める法律です。

ア）適格消費者団体★の差止請求権

消費者契約法上の適格消費者団体は、食品表示法上、食品関連事業者が不特定多数の者に対し、食品表示法に違反して、販売用に供する食品の栄養成分の量について著しく事実に相違する表示をするおそれがあるときは、当該食品関連事業者に対し、当該行為の予防に必要な措置をとることを請求することができます。

イ）罰則

食品関連事業者個人の罰則に加え、法人をも罰する**両罰規定**があります。

(2) JAS法

正確な法律名は「日本農林規格等に関する法律」です。

事業者から農林水産大臣に対し、新たな規格化の申出があった場合、農林水産大臣は速やかにその申出について検討を加え、その申出にかかる日本農林規格を制定すべきものと認められるときは、JAS規格案を出すことになっています。

JAS規格でないものに、JAS規格あるいはJAS規格と紛らわしい名称を付けた者（含む法人）に対しては、**刑事罰が科せられます**。

(3) 食品衛生法

ア）義務違反に対する措置

食品衛生法にもとづき都道府県知事の営業許可を受けて飲食店を営む者が、その提供する食品に人の健康を損なう異物が混入する事故をしばしば起こしていた場合、当該飲食店は都道府県知事から営業停止命令や営業許可の取消しを受けることがあります。

イ）罰則

食品衛生法違反者には罰則規定があります。また、厚生労働大臣、都道府県知事からの命令に従わなかった者に対しては、**刑事罰が科せられます**。
また**法人に対する両罰規定**もあります。

(4) 健康増進法

ア）特別用途表示

販売に供する食品につき、特別用途表示をしようとする者は、特別用途食品として、内閣総理大臣（消費者庁長官）の許可を受けなければなりません。
特別用途食品には、乳児用、幼児用、妊産婦用、病者用、授乳婦用、嚥下（えんげ）困難者用の食品および特定保健用食品（いわゆる特保）があります。
この許可を受けないで特別用途表示をした者（含む法人）には**刑事罰が科せられます**。

イ）保健機能食品制度

保健機能食品は、①特定保健用食品、②栄養機能食品、③機能性表示食品の3つからなります。
販売に供する食品につき、**特定保健用食品として**特別の用途に適する旨の表示をしようとする者は、食品ごとに健康増進法の規定にもとづく**内閣総理大臣（消費者庁長官）の許可を受ける必要があります**（個別許可制）。この許可を受けないで当該表示をした者には**刑事罰が科せられます**。

ウ）誇大表示の禁止

食品として販売に供する物に関して広告その他の表示をする場合には、健康の保持増進の効果などについて、著しく相違する表示をし、または著しく人を誤認させるような表示（虚偽・誇大表示）をしてはなりません。
内閣総理大臣（消費者庁長官）または都道府県知事は、正当な理由がなく、是正勧告を受けた者がかかる措置をとらなかった場合は、命令違反として**刑事罰が科せられます**。

エ）受動喫煙の禁止のさらなる徹底

改正健康増進法では、受動喫煙の禁止のため次の改正がなされました。

①多数の者が利用する**公共の施設**＊内と当該施設の敷地および旅客運送事業自動車**（バス・タクシーなど）と飛行機の公共交通機関においては禁煙**とする。

②上記①以外の**多数の者が利用する施設内と船舶および鉄道の公共交通機関においては原則、禁煙**とする。ただし、ホテルや旅館の客室、喫煙専用室がある場合はここでのみ喫煙可とする。
さらに②の経過措置として**個人・中小企業でかつ客席面積100㎡以下の既存飲**

＊**公共の施設**　学校、病院、児童福祉施設、行政機関など。

食店は引き続き喫煙可とする。

(5) 医薬品医療機器等法

医薬品医療機器等法上、ある食品が医薬品として使用される成分本質を含まない場合であっても、その容器に疾病の治療または予防を目的とする旨の医薬品的な効能効果を標榜（ひょうぼう）しているときは、当該食品は医薬品と判断され、当該食品を無許可で製造・販売した者は**刑事罰を科されることがあります**。

- 食品関連法規には、「違反者は個人・法人の両方が罰せられる」という両罰規定があります。このような罰則規定がまったくないのは、栄養機能食品と機能性表示食品だけです。
- 上記2食品と特定保健用食品（特保）の合計3つを保健機能食品といいますが、特保は国が審査を行い、食品ごとに消費者庁長官が認可しています。特保の無許可表示、表示違反には罰則があります。
- 2020年4月施行の改正健康増進法で、多数の者が利用する施設における受動喫煙の禁止の努力条項が喫煙禁止へと厳しくなったので、注意が必要です。
  多数の者が利用する施設の中でも公共の施設とそれ以外、公共交通機関の中でもバス・タクシー・飛行機とそれ以外では、「全面禁煙」と「一部喫煙可の禁煙」に分かれるので、同じく注意が必要です。

製品の安全に関する法律

重要度：★★★

PL法（製造物責任法）は、製造物の欠陥により生命・身体・財産に被害が及ぶ場合に適用される法律です。

●PL法（製造物責任法）のポイントは、「製造物の欠陥により、消費者の身体、生命または財産が被害を受けたかどうか」です。これらに何も損害がなければPL法の賠償対象外です。
また、農林水産物はPL法の適用対象外ですが、これらが加工された食品となるとPL法の適用対象となります。

消費者安全法

消費者の消費生活における被害を防止し、その安全を確保するため、内閣総理大臣（消費者庁長官）による基本方針の策定について定めるとともに、消費者の被害発生または被害の拡大防止のための措置その他を講ずることにより、消費者が安心かつ安全な消費生活を営める社会の実現に寄与することを目的とする法律が、**消費者安全法**です。

内閣総理大臣（消費者庁長官）は、急迫した危険があるときには、商品の譲渡などを禁止・制限し、回収命令を出すことができます。

製造物責任法（PL法）

(1) 製造物責任法（PL法）の目的

PL法とは、**Product Liability法**の頭文字をとった略称です。

製造物の欠陥により、**人の生命、身体または財産にかかる被害が生じた場合**にお

●毎回出題される頻出分野です。PL法上の「製造物」、「欠陥」、「製造業者等」の定義・範囲を問う設問が多く出題されます。

ける製造業者等の損害賠償責任を定めることによって、被害者の保護を図り、もって国民生活の安定向上と国民経済の健全な発展に寄与することを目的としています。

ＰＬ法は、**製造業者が善意・無過失でも責任を負う"無過失責任"を定めています。**

(2) PL法の内容

ア) 製造物の意味

PL法で**製造物**とは「**製造または加工された動産**」のことを意味します。

農林水産物はそのままでは「製造物」ではありませんが、**加工されると「製造物」になります。**

土地や建物などの不動産、サービスはPL法の対象外です。

イ) PL法上の「欠陥」★の意味

PL法上の欠陥★とは、当該**製造物が通常有すべき安全性を欠いていること**を意味します。

製造物の「欠陥」には、**①設計上の欠陥、②製造上の欠陥、③指示・警告上の欠陥**の3つがあります。③の具体例としては家電製品の取扱説明書が挙げられます。

ウ) 責任を負う「製造業者等」の範囲

製造業者等は製造物を業として**製造、加工、輸入した者**を指します。

OEM契約の委任者のように、製造物の製造業者と誤認させるような表示を行った者も、PL法の「**製造業者等**」となります。

図3-9-1　PL法上の製造業者等の分類

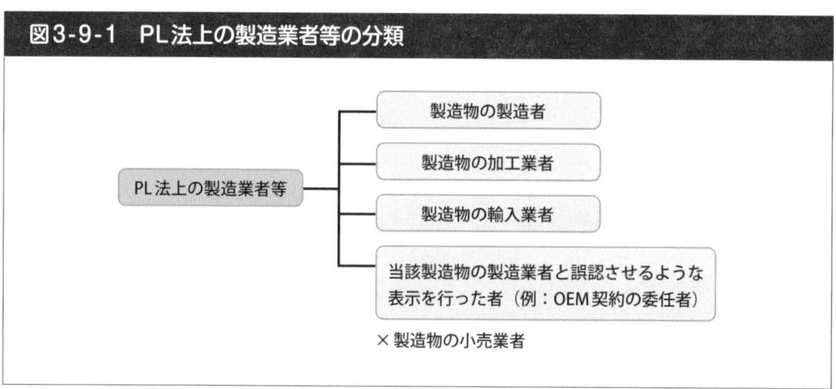

エ) PL法の対象となる「損害」

PL法では、**製造物の欠陥によって人の生命、身体または財産に被害が生じた場合に、製造業者等はその損害に責任を負う**とされています。したがって、例えば購入した家電製品から発火して当該家電製品が使い物にならなくなっても、消費者の身体や命や家財に影響がなければ、PL法上の**損害**とはなりません。

オ）損害賠償の責任追及期間

民法改正に伴いPL法も改正され、人の生命または身体を侵害した場合の損害賠償の責任追及期間は3年から5年に延長され、あるいは製造業者が当該製造物を引渡ししたときから10年となっています。

●**過去問で「注文した住宅の施工不備で購入者が怪我をしたケースがPL法の適用になるかどうか」を問う設問がありました。住宅など不動産はPL法上の“製造物”の範疇（はんちゅう）に入らないため、適用となりません。“ひっかけ問題”の1つです。**

消費生活用製品安全法

(1) 消費生活用製品安全法とは

消費生活用製品による一般消費者の生命または身体に対する危害の防止を図るため、特定製品の製造や販売を規制するとともに、製品事故に関する情報の収集や提供などの措置を講じて、一般消費者の利益を保護することを目的として制定された法律が、**消費生活用製品安全法**です。

(2) 消費生活用製品とは

主として一般消費者の生活に供される商品のうち、食品衛生法や消防法その他の法令で個別に安全規制が図られているもの以外をいいます。

具体的には、**家庭用電気製品やレジャー用品が該当**します。さらにいえば、製品ごとに主務省令で定めた基準を満たし、**PS＊マークが付いている乗車用ヘルメットや山岳用ロープも該当**します。

(3) 製品事故情報の報告

消費生活用製品の製造業者または輸入業者は、重大製品事故が発生したことを知ったときから10日以内に、内閣総理大臣（消費者庁長官）に報告しなければなりません。

＊**PS**　Product Safetyの略称。製品が安全であること。

Question

問題を解いてみよう

問1　建設会社であるX社の入札担当者Aは、自己の直属の上司の了解を得て、Y市における公共工事の指名競争入札において、同業他社の各担当者と協議して受注調整をしていた。その後、このようなAの行為がX社内で露呈した。次の①～④の記述は、この問題に関するX社内の発言である。これらのうち、その内容が最も適切なものを1つだけ選びなさい。

① 「本件において、Aらの行為が独占禁止法上の『不当な取引制限』に該当するか否かが問題となります。この『不当な取引制限』に該当するのは、複数の事業者が「相互に事業活動を拘束する」場合です。本件Aらの行った協議は、それに違反しても何ら罰則がない、いわゆる紳士協定に過ぎません。相互に事業活動を拘束したとはいえないため、Aらの行為が独占禁止法に違反することはありません。」

② 「公正取引委員会は、独占禁止法上の犯罪捜査の目的で行われる犯則調査を行う権限を付与されており、公正取引委員会の指定を受けた委員会職員は、犯則嫌疑者に対して出頭を求め、質問をし、その所持する物件を検査することができます。本件のAらの行為も、この犯則調査の対象である犯則事件に該当する可能性があります。」

③ 「本件のAらの行為に関する公正取引委員会の調査が開始される前はもちろん、調査開始後であっても、当社が他社に先んじて最も早く公正取引委員会調査に協力して情報を提供すれば、当社が納付を命じられる課徴金の全額が免除されます。」

④ 「本件においては、確かに当社の従業員であるAが受注調整に関与していましたが、Y市における公共工事の指名競争入札において、当社は一度も落札者になったことはありません。したがって、A個人が独占禁止法違反の責任を問われることはあっても、当社が独占禁止法違反の責任を問われることはありません。」

問 2　英語学習教室を経営するＸ社は、テレビコマーシャル等を利用し、自社教室の広告を行っている。今般、Ｙは、Ｘ社との間で、受講期間を１年間、代金を 30 万円とする英語学習講座の受講契約を締結した。その内容が適切なものの組み合わせを①～⑥の中から１つだけ選びなさい。

ア．Ｘ社がＹとの間で本件受講契約を締結する前に契約内容の概要を記載した書面をＹに交付していたとしても、Ｘ社は、契約締結時には改めて契約内容を明らかにした書面をＹに交付しなければならない。

イ．Ｙは、Ｘ社から本件受講契約につきクーリング・オフを行使することができる旨が記載された書面を受領した。Ｙは、その日から所定の期間が経過した後であったので、特定商取引法にもとづき、本件受講契約を将来に向かって解除することはできない。

ウ．Ｘ社は、本件受講契約の締結時にクーリング・オフに関する書面をＹに交付しその書面の内容を説明するに際し、Ｙのクーリング・オフを妨害する目的で、本件受講契約は特別価格で提供されるものであり、クーリング・オフを行使できない旨の不実の告知をしたため、Ｙはこの告知の内容を真実であると誤認した。この場合、ＹはＸ社から本件受講契約につきクーリング・オフを行使できる旨の書面を新たに受領してから所定の期間が経過するまでは、本件受講契約につきクーリング・オフを行使することができる。

エ．Ｙは、Ｘ社の従業員Ｚに街頭で呼び止められて、ＺとともにＸ社の教室に赴き、その事務所において、Ｘ社との間で本件受講契約を締結したものである。この場合、本件受講契約は特定商取引法の特定継続的役務提供には該当せず、Ｙは本件受講契約につきクーリング・オフを行使することができない。

①ア－○　イ－○　ウ－○　エ－○
②ア－○　イ－×　ウ－×　エ－×
③ア－×　イ－○　ウ－○　エ－○
④ア－×　イ－×　ウ－×　エ－○
⑤ア－○　イ－×　ウ－○　エ－×
⑥ア－×　イ－×　ウ－×　エ－×

問3 製造物責任法（PL法）に関する次のア～エの記述のうち、その内容が適切なものの組み合わせを①～⑥の中から１つだけ選びなさい。

ア．製造物責任法上の製造物とは、製造または加工された動産をいうため、不動産や、収穫・漁獲・採取されただけの未加工の農林水産物は、製造物責任法上の製造物には該当しない。

イ．外国から輸入された製造物の欠陥によって損害を被った者は、当該製造物の輸入業者に対して製造物責任法にもとづく損害賠償責任を追及することができない。

ウ．製造物の欠陥により製造物そのものが毀損したが、人の生命、身体または財産に損害が生じなかった場合、その製造物の製造業者等は製造物責任法上の責任を負わない。

エ．製造物の欠陥により損害を被った者は、製造物の欠陥により損害を被ったことだけでなく、当該製造物の製造業者等に故意または過失があったことを証明しなければ、製造業者等に製造物責任法上の責任を追及することはできない。

①アイ　②アウ　③アエ　④イウ　⑤イエ　⑥ウエ

問 4 景品表示法に関する次のア～エの記述のうち、その内容が適切なものの組み合わせとして最も妥当なものを①～⑥の中から１つだけ選びなさい。

ア. 景品表示法上、内閣総理大臣（消費者庁長官）は、事業者による景品表示法に違反する不当行為があるときは、当該事業者に対し、その行為の差止めまたはその行為が再び行われることを防止するために必要な事項を命ずることができる。

イ. A 社は、自社製造の脱臭剤に「他社の同サイズの製品より効果が３倍長持ちする」旨を記載して販売しているが、実際の効果持続期間は他社の同サイズ製品と同程度であった。この場合、A 社の当該記載は、景品表示法の不当な表示に該当しない。

ウ. A 社は販売促進のためのキャンペーンの一環として、自社の製品甲のすべてに、景品としてミニタオルを付けて販売することとした。当該ミニタオルの価額については、法令上、制限は定められていない。

エ. 景品表示法上、事業者が課徴金対象行為に該当する事実を所定の方法により内閣総理大臣（消費者庁長官）に報告したときは、原則として、課徴金の額の２分の１が減額される旨の課徴金の減額制度がもうけられている。

①アイ　②アウ　③イウ　④イエ　⑤アエ　⑥ウエ

問5 食品の安全および表示に関する次のア〜エの記述のうち、その内容が適切なものの組み合わせを①〜⑥の中から1つだけ選びなさい。

ア．A社は、健康増進法上、自社が製造する食品甲が特定保健用食品としての要件を満たしている場合、内閣総理大臣（消費者庁長官）の許可を受けることができれば、特定保健用食品としての特別用途表示をして食品甲を販売することができる。

イ．健康増進法上、多数の者が利用するすべての施設において、正当な理由なく、各施設の区分に応じた一定の場所を除いた喫煙禁止場所において、喫煙することが禁止されている。

ウ．消費者契約法上の適格消費者団体は、食品表示法上、食品関連事業者が、不特定多数の者に対して、食品表示基準に違反して、販売の用に供する食品の栄養成分の量について著しく事実に相違する表示をする行為を現に行っているときは、当該食品関連事業者に対し、当該行為の予防に必要な措置をとることを請求することができるが、行うおそれがあるだけでは請求することができない。

エ．食品衛生法にもとづき都道府県知事の営業許可を受けて飲食店を営むB社は、その提供する食品に人の健康を損なうおそれのある異物が混入するという事故をしばしば起こしていた。この場合、同法上、B社は、都道府県知事から営業停止命令や営業許可の取消しを受けることがある。

①ア－○　イ－○　ウ－○　エ－○
②ア－○　イ－×　ウ－×　エ－×
③ア－×　イ－○　ウ－○　エ－○
④ア－○　イ－×　ウ－×　エ－○
⑤ア－○　イ－×　ウ－○　エ－×
⑥ア－×　イ－×　ウ－×　エ－×

問6 下請代金支払遅延等防止法（下請法）に関する次のア～エの記述のうち、その内容が適切なものの組み合わせを①～⑥の中から１つだけ選びなさい。

ア．親事業者は、下請事業者に部品の製造業務を委託する場合、下請代金の支払期日を、親事業者が下請事業者から部品を受領した日からできる限り短い期間内において定めなければならないが、下請法上、具体的な日数の制限は定められていない。

イ．親事業者は、下請事業者に部品の製造業務を委託し、約定の期日に下請事業者から部品の納品を受けた。この場合、下請法上、親事業者は、親事業者の業務遂行上必要のあるときは、下請事業者の責めに帰すべき理由の有無を問わず、下請事業者に対し、仕様の変更を指示するとともに、変更した仕様に従った部品の製造のやり直しを下請事業者の費用負担によってさせることができる。

ウ．親事業者は、下請事業者に部品の製造業務を委託した場合、下請事業者の給付の内容に下請事業者の責めに帰すべき理由にもとづく欠陥があったときは、下請法上、親事業者は、下請事業者の給付を受領した後であっても、下請事業者に該当給付のかかる物を引き取らせることができる。

エ．下請法上、親事業者は、下請事業者に部品の製造委託をした場合、原則として、直ちに、下請事業者の給付の内容、下請代金の額、支払期日および支払方法等を記載した書面を下請事業者に交付しなければならない。

①ア－○　イ－○　ウ－○　エ－○
②ア－○　イ－×　ウ－×　エ－×
③ア－×　イ－×　ウ－○　エ－○
④ア－×　イ－×　ウ－×　エ－○
⑤ア－○　イ－×　ウ－○　エ－×
⑥ア－×　イ－×　ウ－×　エ－×

Answer 答え合わせ

問1　正解：②

解説（テキストp86〜92参照）

①は適切でない。罰則の規定がない**紳士協定でも、不当な取引制限に該当**し、独占禁止法違反と見なされます。

②は適切である。**公正取引委員会**は、独占禁止法上の**犯罪捜査の目的で行われる犯則調査を行う権限を付与されており**、違反事件について委員会職員は被疑者に出頭を求め、必要な調査を行います。

③は適切でない。**犯則調査開始日以降は**、課徴金は減免されるものの、全額ではありません。**最大30%までの減免です**。

④は適切でない。**落札実績がなくても、当該入札価格を談合して決定したことは、不当な取引制限に該当**し、独占禁止法違反となります。

問2　正解：⑤

解説（テキストp104〜106参照）

アは適切である。問題文は**特定商取引法の特定継続的役務提供に該当**します。受講契約締結にあたっては**書面交付が義務付けられています**。

イは適切でない。問題文のように**クーリング・オフ期間を超えていても**、特定商取引法にもとづき、**将来に向かって契約を解除することができます**。ただし、解約費用や違約金をX社から請求されることがあります。

ウは適切である。契約の重要事項に関する**不実の告知があったときは、消費者契約法にもとづきクーリング・オフを行使することができます**。

エは適切でない。特定商取引法では問題文の**“キャッチセールス”は訪問販売に該当し、クーリング・オフを行使することができます**。

問3　正解：②

解説（テキストp117～119参照）

アは適切である。問題文のとおりです。

イは適切でない。**輸入業者もPL法では“製造事業者等”に該当**し、損害賠償請求を追求することができます。

ウは適切である。**人の生命、身体または財産に損害が生じなかった場合は、PL法の適用はありません**。

エは適切でない。**PL法は製造業者に対し、“無過失責任”を定めています**。

問4　正解：⑤

解説（テキストp111～113参照）

アは適切である。**景品表示法に違反する不当表示があるときは、内閣総理大臣（消費者庁長官）はその行為の差止めまたはその行為が再び行われることを防止するために必要な事項を命ずることができます**。

イは適切でない。問題文は景品表示法で**不当表示（有利誤認表示）に該当**します。

ウは適切でない。問題文は**総付（ベタ付け）景品**に該当し、個々の商品に関する景品の**金額の制限はあります**。

エは適切である。問題文は**事業者が課徴金対象行為に該当する事実を内閣総理大臣（消費者庁長官）に報告した際の、課徴金減免制度**を述べています。

問5　正解：④

解説（テキストp113～116参照）

アは適切である。問題文は**特定保健用食品の内閣総理大臣（消費者庁長官）による個別許可制**について述べています。

イは適切でない。**健康増進法では学校、病院、児童福祉施設、行政機関は全面禁煙ですが、他の施設では各施設の区分に応じた一定の場所は喫煙可能となっています**。

ウは適切でない。食品表示法では、表示内容が著しく**事実と相違するおそれがある場合でも、適格消費者団体は差止請求をすることができます**。

エは適切である。問題文のとおりです。

問6　正解：③

解説（テキストp93～95参照）

アは適切でない。下請代金の支払いはできるだけ早いだけでなく、**給付を受領した日から60日以内**という縛りがあります。

イは適切でない。**親事業者の都合による部品の製造のやり直しの費用**は、下請事業者でなく、**親事業者の負担です**。

ウは適切である。**下請事業者の責に帰すべき給付の欠陥は、たとえ給付を受けた後でも、下請事業者に引き取らせることができます**。**下請法の適用外の事例**です。

エは適切である。下請法にもとづく**書面の交付は親事業者の義務**です。

第4章

企業活動に関する法規制（2）

Theme 1 個人情報保護法

個人情報保護法はプライバシー保護強化の風潮を受け、改正のたびに法的規制が強化され、規制内容も細分化されています。

重要度：★★★

●個人情報保護法は2020年に再度改正されました。「利用停止・消去の個人の請求権の拡大」、「個人データの第三者への提供記録についての本人の開示請求」、「6か月以内の短期保存データを開示・利用停止の対象に加える」、「違法あるいは不当な行為を助長する不適正な方法による個人情報の利用」、「“仮名加工情報”の新設」、「虚偽報告などの法定刑の引き上げ」、「法人に対する罰金刑の最高額の引き上げ」など、改定点・新設点が多いので、各事項の内容をよく理解・把握しておくことが大事です。

図4-1-1　個人情報の分類

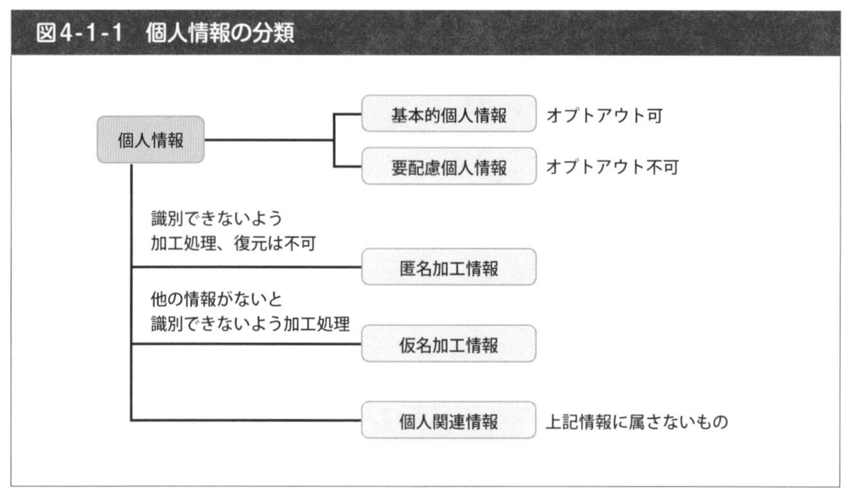

●毎回出題される頻出の分野です。特に2020年および2015年の改正個人情報保護法の改正点と新設条項を問う設問が多く出題されています。

要配慮個人情報、匿名加工情報、個人情報保護委員会ほか

(1) 個人情報保護法の基礎概念

ア) 個人情報、要配慮個人情報

個人情報保護法における**個人情報**とは、**生存する個人に関する情報**であって、法律には規定がないものの**日本人、外国人の区別はありません**。

以下①②のいずれかが含まれるものを**個人情報**といいます。

①当該情報に含まれる氏名、生年月日その他の記述により特定の個人を識別できるもの、

または

②**個人識別符号**★が含まれるもの

を**個人情報**といいます。

【個人識別符号★】

以下(ⅰ)(ⅱ)のいずれかで対象者個人を識別できる符号を**個人識別符号**★といいます。

(ⅰ)特定の個人の身体の一部の特徴を電子計算機のために変換した符号、

または

(ⅱ)対象者毎に異なるものとなるように役務の利用、商品の購入または書類に付される符号で対象者個人を識別できる符号

を**個人識別符号**★といいます。

(ⅰ)では**DNA、指紋、顔、声紋、歩行の態様**、(ⅱ)では**パスポート番号、自動車運転免許証番号、住民票コード、マイナンバー**

などが代表的なものです。個人情報の定義の明確化を図るために設けられた定義です。

【要配慮個人情報★】

本人の人種、信条・宗教、社会的身分、病歴、犯罪歴、犯罪や不法行為により被害を受けた事実など、不当な差別、偏見その不利益が生じないよう配慮を要し、**プライバシー度がより高い個人情報**を、**要配慮個人情報**★といいます。いわゆる、**機微情報**です。

「要配慮個人情報★」は原則、後述の**「オプトアウト」の対象外**ですが、**あらかじめ本人の同意を得た場合に限り、第三者に提供できます**。

イ) 個人データ

個人情報データベースを構成する個人情報のことをいいます。

ウ）保有個人データ

個人情報取扱事業者が修正・削除などの権限を有する個人データであって、次に示す例外に該当しないものを、「保有個人データ」といいます。

【その個人情報の存否が明らかになることによって、公益その他の利益が害されるものとして政令で定めるもの】

➡2020年の個人情報保護法の改正により、6か月以内に消去する短期保存データも保有個人データに含まれることになりました。

(2) 個人情報取扱事業者の義務

ア）個人情報に関する義務

①利用目的の特定およびその変更の制限

②あらかじめ本人の同意を得ずに利用目的の達成に必要な範囲を超えて個人情報を取り扱うことの制限

③適正な手段による取得

④利用目的の通知・公表

⑤苦情の適切かつ迅速な処理および体制の整備

➡特に①の利用目的の特定ならびに④の利用目的の個人への通知・公表が重要です。

イ）個人データに関する義務

・第三者*への個人データ提供の制限の例外

①**オプトアウト★**

本人の求めに応じて個人情報の第三者提供を停止することとしている場合で、

I. 第三者に提供される個人データの項目など、一定の法定の事項をあらかじめ本人に通知し、または

II. 個人情報の提供を本人が容易に知り得る状態に置くとともに、

III. 個人情報保護管理委員会に届け出たとき、

本人の同意がなくても個人情報を第三者に提供できる制度を**オプトアウト★**といいます。

②a）外部委託先：個人情報取扱事業者が外部の業者に個人情報のインプットを委託する場合の外部の業者

b）合併や事業の譲渡に伴って譲受会社に当該事業に関する個人データを提供する場合の合併先や譲受会社など

＊**第三者**　個人本人と個人情報取扱事業者以外の者を指す。

a)b)いずれの場合も“第三者”に該当しませんが、子会社やグループ会社は“第三者”に該当します（したがって個人データ提供の制限を受けます）。

なお、第三者への提供に際し、個人データの受領者である個人情報取扱事業者は提供者の氏名やデータ取得経緯などを、また、個人データの提供者である個人情報取扱事業者は受領者の氏名などを、それぞれ一定期間保存しなければなりません。

ウ）保有個人データに関する義務

個人情報取扱事業者は、保有する個人データに関して以下の義務を負います。

①保有個人データに関する事項について本人の知り得る状態に置き、本人から利用目的の通知を求められた場合に、直ちに通知する義務
②本人から開示を請求されたときに遅滞なく開示する義務
③本人から内容が事実でないとの理由により訂正などの請求を受けた場合の訂正等の義務（ただし、本人確認など必要な調査を行わなければならない）
④本人から「通知・公表された目的に反して個人情報が利用されている」との理由により利用停止の請求を受けた場合の利用停止義務

(3) 匿名加工情報★

特定の個人を識別できないように、個人情報を加工したものを「**匿名加工情報★**」といいます。匿名加工情報★は、復元ができないように加工しなければなりません。

2015年の改正個人情報保護法で、個人情報が入ったビッグデータをビジネスで利用できるように法整備が行われました。

「匿名加工情報」を取り扱う事業者＝**「匿名加工情報取扱事業者」**には、加工方法についての制限、「匿名加工情報」を作成・提供した際の公表義務など、個人情報取扱事業者の義務に加えて新たな義務が課されています。

(4) 仮名加工情報★

他の情報と照合しないと特定の個人を識別できないように個人情報を加工した、個人に関する情報を**仮名加工情報★**といいます。

仮名加工情報にすることにより、個人情報取扱事業者の開示・利用停止請求への対応などの義務は緩和あるいは変更されます。

(5) 個人情報取扱事業者等に対する監督

ア) 個人情報保護委員会★の設置

個人情報取扱事業者が個人情報を取り扱うにあたっては、「個人情報保護委員会★」の監督を受けます。

「**個人情報保護委員会**★」は改正個人情報保護法で**新設された行政委員会であり、内閣総理大臣の所管に属します**。

個人情報取扱事業者が個人情報保護法の定める義務に違反したり、不正行為を行った場合、個人情報保護委員会は違反行為の中止とその他違反を是正するための必要な措置を講ずるよう**勧告**することができます。

この勧告に従わないときは、当該措置をとるよう**命令**することができます。命令違反者には罰則が適用されます。

イ) 個人情報データベース提供罪

2015年の改正個人情報保護法で**新設された刑事責任です**。例として、「個人情報取扱事業者の従業員が、その業務に関して取り扱った個人情報データベース等の全部を複製し、自己の不正な利益を図る目的で提供した場合」が挙げられます。

違反者は、1年以下の懲役または50万円以下の罰金です。

個人情報データベース提供罪、個人情報保護委員会命令違反の罰金について、法人と個人の資力の格差を勘案し、法人に対する罰金刑の最高額は行為者よりも高額の1億円に引き上げられています(2020年の改正個人情報保護法)。

(6) マイナンバー法

「**行政手続における特定の個人を識別するための番号の利用等に関する法律**」、通称**マイナンバー法**は、個人番号や法人番号を活用した行政事務の効率的な情報管理・利用や迅速な情報の授受などを目的に制定された法律です。

- **個人情報保護法では、個人情報取扱事業者の子会社やグループ会社も第三者に該当し、個人情報の提供には本人の同意が必要です。一方、業務委託先、合併先や事業の譲受先は第三者に該当せず、本人の同意は必要ありません。**
  これに関連した“ひっかけ問題”が何度となく出題されているので、注意が必要です。
- **個人情報取扱事業者間で個人情報の授受を行うに際し、受領事業者と提供事業者とでは、一定期間保存しておく情報の種類が異なるので注意が必要です。**

Theme 2 インターネット関連法規

重要度：★★★

IT技術の急激な発達・進歩を受けて、インターネット関連法規は"後追い"ながらも日々見直され、必要な改正が行われています。

●インターネット関連法規は数多くあります。したがって、様々な法規の特徴と違いをざっと把握しておきましょう。

電子署名法、不正アクセス禁止法、プロバイダ責任制限法ほか

(1) e-文書法

書面による保存が義務付けられているものについて、当該書面を電磁的方法で保存することを認めた上で共通事項を定めた法律が、**e-文書法**です。

(2) 電子署名法

電子署名法上、電磁的に記録された情報について本人による電子署名が行われているときは、当該情報は真正に成立したものと推定されます。

(3) 不正アクセス禁止法★

①なりすまし行為の禁止：

何者かがアクセス制御機能を特定のコンピュータに付加した**アクセス管理者になりすまし**、当該アクセス管理者の承諾を得ずに、当該アクセス制御機能に関わる識別符号（ID・パスワード）を付された利用者に対し、**当該識別符号を特定のコンピュータに入力することを求める旨の情報を、電子メールにより当該利用者に送信する行為は禁止されています**。

●インターネット関連法規は、単独での出題はありません。いずれも複合（共存）問題です。面倒ですが、各IT関連法規のポイントを把握しておいてください。

②他人のIDやパスワードの不正取得によるコンピュータの利用禁止：
コンピュータのアクセス管理者が特定のコンピュータにアクセス制御機能を付加して第三者の不正な利用を制限している場合、当該コンピュータの正当な管理・利用権限を有しない者が、当該アクセス管理者の承諾を得ずに、インターネットを通じて利用権者のIDやパスワードを利用権者に無断で当該コンピュータに入力して利用制限を解除し、当該コンピュータを利用できるようにする行為は禁止されています。

③**都道府県公安委員会は**、不正アクセス行為にかかるアクセス管理者からの申出に応じ、コンピュータ（特定電子計算機）を不正アクセスから防御するために必要な応急の措置が的確に講じられるよう、**必要な援助を行うものとされています**。

(4) プロバイダ責任制限法★

特定電気通信による情報の流通により他人の権利が侵害されたとき、プロバイダなどの特定電気通信役務提供者はこれによって生じた災害については、「権利を侵害した情報の不特定の者に対する送信を防止する措置が技術的に可能な場合であって、かつ、他人の権利が侵害されていることを知っていたとき、または他人の権利が侵害されていることを知ることができたと認めるに足りる相当の理由があるとき」でなければ、賠償の責任を負いません。

特定電気通信役務提供者には、特定電気通信設備を用いて他人の通信を媒介するプロバイダに加え、電子掲示板を設置するウェブサイトの運営者なども含まれます。

図4-2-1　プロバイダが損害賠償責任を負う場合の要件

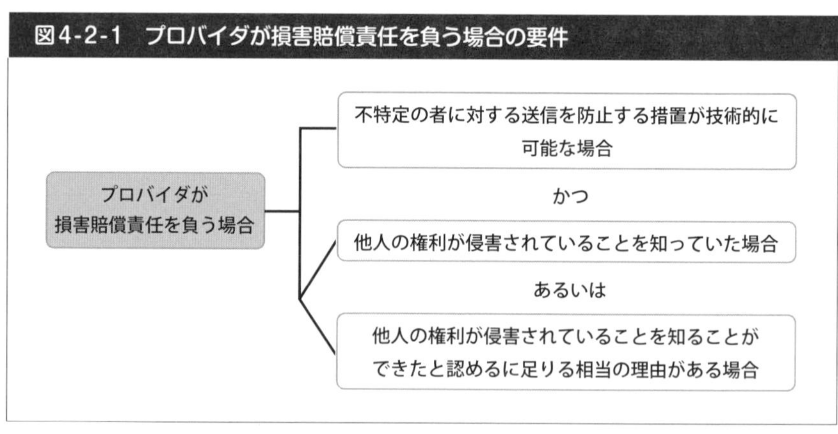

・**発信者情報の開示請求等**

ウェブページや電子掲示板で権利侵害を受けた者は、その権利侵害を行った発信者の情報をプロバイダに請求することができます。

この開示請求を受けたプロバイダは、一定の場合を除き、開示するか否かについて発信者の意見聴取を行わなければなりません。ただし、プロバイダは故意または重過失がない限り、原則として損害賠償の責任は負いません。

(5) 迷惑メール防止法★

電子メールの送信者が広告・宣伝を行うための手段として送信する電子メールを「**特定電子メール★**」といいます。

特定電子メールの送信ができる場合であっても、送信者の氏名または名称その他の所定の事項を特定電子メールに表示しなければなりません。

特定電子メールの送信ができる場合であっても、送信者は特定電子メールの送信に用いた電子メールのアドレスを偽って特定電子メールの送信をしてはなりません。

特定電子メールを送信するにあたり、あらかじめ送信を拒否している者に加え、あらかじめ当該電子メールの送信に対する同意を得ていない者に対しても送信はできません。

- **プロバイダ責任制限法で、プロバイダが損害賠償責任を問われるケースは本文で述べたような条件を満たさねばならず、かなり少ないといえます。**
- **特定電子メール（広告・宣伝メール）でも、送信者に関する法的制限が意外に多いので注意が必要です。**
- **過去問によっては「当該アクセス制御機能に関わる識別符号」などと難しく記述されていますが、「ID・パスワード」と読み替えてください。**

金融・証券業に対する規制①：金融業

金融サービス提供法は、金融商品の多様化・高度化に伴い、情報・知識格差の広がった消費者を保護するための法律で、IT関連法規と同様に日々更新・改定されています。

- 次のThemeで説明する金融商品取引法は主に株式市場の規制に関する法律ですが、金融サービス提供法は、金融商品が日々複雑化し、消費者と金融機関との情報の質・量の格差が拡大していることに鑑み、消費者を救済・保護するための法律です。したがって、規制の対象は金融機関であり、金融商品の販売業者だけでなく仲介（媒介）業者も対象となります。
- 金融サービス提供法は以前は「金融商品販売法」といわれていましたが、「金融商品取引法」と混同しやすいため、「金融サービス提供法」に名称変更となりました。

金融サービス提供法における規制対象業種・規制内容

(1) 金融サービス提供法の規制対象業種

金融サービス提供法上の「金融商品販売業者等」に該当するのは、預金、信託、保険、有価証券などの**金融商品の販売を業として行う者**であり、銀行や信託銀行、保険会社、証券会社などはこれに該当しますが、これらの金融商品の**販売の仲介を業として行う者もこれに該当**します。

- 過去に金融商品取引法との混合問題が出題されています。
- 「断定的判断の提供の禁止」と、これに加え重要事項の説明懈怠（けたい）による「顧客の損害額の算定」に関わる設問が、過去に出題されています。

(2) 金融サービス提供法の規制内容

金融商品販売業者等が金融商品の販売を業として行おうとするときには、当該金融商品の販売にかかる金融商品の販売が行われるまでの間に、顧客に対し、当該金融商品の販売にかかる事項について、**不確実な事項につき断定的判断を提供し、また確実であると誤認させるおそれのあることを告げてはなりません**。

金融サービス提供法上、顧客は、金融商品販売業者等が**重要事項の説明を怠ったことによって損害を被った場合**、当該金融商品販売業者等に対し、顧客は重要事項の説明がなかったこと、および元本欠損額*★を主張証明すれば、損害賠償を請求することができます。この場合、金融サービス提供法上、**元本欠損額★が顧客に生じた損害の額と推定**されます。

(3) 金融サービス仲介業

オンラインまたは対面で、①預金等媒介*業務、②保険媒介*業務、③有価証券等仲介業務、④貸金業貸付媒介*業務――といった金融サービスをワンストップで提供する仲介業を**金融サービス仲介業**といいます。

金融サービス仲介業は、1つの登録を金融庁から受けることによって、銀行・証券・保険のすべての金融分野のサービスの仲介を業として行うことができます。

＊**元本欠損額（がんぽんけっそんがく）**　払い込んだ金額より受け取った金額が少ない場合の、その差額のこと。例えば、100万円払い込んだが80万円しか戻ってこなかったという場合は、20万円が元本欠損額となる。

＊**媒介（ばいかい）**　今まで交渉のなかった2者の間に立って、何らかの関係を付けること。

Theme

4 金融・証券業に対する規制②：証券業

重要度：★★★

金融商品取引法、いわゆる金商法は、証券市場の拡大や上場企業数の増加により、インサイダー取引等で日々話題となっています。

●金融商品取引法（金商法）のポイントは、公開買付制度とインサイダー取引です。公開買付制度のポイントとなる数字は5%の株式保有比率です。5%を超える、または超えるおそれがある場合は、公開買付制度で株式を取得しなければなりません。インサイダー取引は株式市場でのルール違反を定めたものです。単に情報提供をしただけであって株式等に関する利得を得ていなくても、インサイダー取引で金商法違反になります。

情報開示制度、公開買付制度、インサイダー取引ほか

(1) 金融商品取引法の規制対象

規制対象となるのは、有価証券やみなし有価証券です。預金や保険は銀行法や保険業法によって規制されているので、金商法の規制対象外です。

対象組織・団体は、金融商品取引法にもとづく有価証券報告書の提出を義務付けられている株式会社と、金融商品取引の主体となる取引所や証券会社などです。

- 公開買付制度が適用となるケースに関する出題が何回か見られます。
またインサイダー取引の対象者、対象となる事由などもよく出題されます。
- 金融・証券業に対する規制に関する出題の中で、金融商品取引法関連が一番多いといえます。

(2) 情報開示（ディスクロージャー）制度

有価証券は基本的に情報開示の義務を課す規制（開示規制）が適用されますが、**例外的に適用されないもの**があり、**国債はその1つ**です。

会社法上の情報開示に加え、金融商品取引法も金融取引に関し投資家への十分な情報開示を求め、また金融商品取引の主体となる取引所や証券会社等および取引行為について規制しています。

上場会社などはその業務に関し、取引関係者に対して公表されていない重要情報の伝達を行う場合には、原則としてその伝達と同時に、その重要情報をウェブサイトなどを通じて公表しなければなりません。

(3) 公開買付制度★

公開買付制度★とは、会社経営権の取得などを目的とし、買付期間や買付数量を公告して、取引所金融商品市場外の場において、不特定多数の者から株券などを買い付ける制度のことをいいます。

市場外で**株式の5%を超える株式所有割合を計画している者**は、原則として公開買付けを行わなければなりません。

公開買付けによる場合、**買付価格は、すべての応募株主について均一**でなければなりません。

(4) 不公正取引の禁止＝インサイダー取引★の禁止

「会社の重要な情報に容易に接近し得る者が、重要事実を知って、それがいまだ公表されていない段階で、当該会社の株式の売買を行う」という**インサイダー取引★**は、金融市場の公平性と透明性を害するため、**金融商品取引法で禁止**されています。

インサイダー取引の主体には、上場会社の役職員だけでなく、当該上場会社と契約を締結している者あるいは締結の交渉をしている者も含まれます。

また、**株式の売買を行わず、単にインサイダー情報を第三者に漏えいした者も、金融商品取引法による処罰の対象**となります。

ただし、当該上場会社の従業員であっても、重要事実を知らずに自社の株式を購入した者は、金融商品取引法の適用外です。

(5) 有価証券売買の勧誘に対する規制

代表的なのは、顧客に対する金融商品取引業者（代表例が証券会社）による損失補てんの事前約束です。この行為は、投資者保護の観点から金融商品取引法で規制（禁止）されています。また、虚偽告知や断定的判断の提供なども、金融商品取引法で規制（禁止）されています。

(6) 課徴金制度

①インサイダー取引規制に違反した者
②虚偽記載のある有価証券報告書を金融庁に提出した発行者
③風説の流布により有価証券などの価格に影響を与えた者
④公開買付開始公告を行わずに株式の買付けをした者
などは、課徴金納付命令の対象となります。

(7) 刑事上の制裁

金融商品市場の信用を維持するため、
①情報開示（ディスクロージャー）違反にかかる犯罪
②インサイダー取引をはじめとする不公正取引規制にかかる犯罪
③監督当局（金融庁）の検査・監督にかかる犯罪
について、ルール違反者には**刑事罰が科せられます**。

いずれの犯罪も、**懲役と罰金が併科される場合**があります（両罰規定）。

● **インサイダー取引は、会社の重要事実が公表される前に上場会社の株式を売買することですが、売買で利得を得た場合だけでなく、損失を軽減した場合でも処罰の対象となります。また、株式の売買を行わなくても、重要事実の情報を漏えいした会社関係者（社外の人間を含む）、証券会社の社員なども処罰の対象となります。**

Theme 5

重要度：★★★

金融・証券業に対する規制③：貸金業

貸金業関係法が関係するサラ金問題は、一時期、大きな社会問題となりました。現在は関係する３法の整合性が図られ、過剰貸付に関する規制も強化されました。

●貸金業を規制する法律には、利息制限法、貸金業法、出資法の３つがあります。ポイントは、金利（利息）の制限および貸付金額の制限（過剰貸付の禁止）です。他の金融関係の法律にも共通していることですが、事業者が絡む金銭などの取引はすべて書面による交付が必要となります。

貸金業への法規制、過剰貸付と金利に関する規制

(1) 貸金業の適正化に関する法規制

貸金業者は、消費者との間で貸付けの契約を締結しようとする場合において、所定の事項を記載した書面を当該消費者に交付しなければなりません。また、契約締結前だけでなく、貸付けにかかる契約を締結したときも、貸金業者には書面を交付する義務が課せられています。

貸金業者を営もうとする者は、内閣総理大臣（金融庁長官）または都道府県知事の登録を受けなければなりません。この登録は3年ごとの更新が必要です。

さらに、貸金業者は各営業所ごとに、一定数の貸金業務取扱主任者を置かなければなりません。

●単独での出題はなく、金融商品取引法との混合問題形式をとります。「利息制限法の法定利息を超える利息の定めをした場合、金銭消費貸借契約自体は無効でなく、法定利息を超えた部分のみ無効になるか否か」を問う出題が多いです。

(2) 過剰貸付の禁止

貸金業者は、消費者との間で貸付けの契約を締結しようとする場合において、消費者の収入または収益その他の資力、信用、借入れの状況、返済計画その他の返済能力に関する事項の調査により、当該貸付けの契約が消費者の返済能力を超えるものと認められるときは、当該貸付けの契約を締結してはなりません。

➡要は、消費者である顧客の返済能力の事前調査を貸金業者に義務付けている、ということです。

貸金業法上、貸金業者は、消費者との間で貸付けの契約を締結しようとする場合において、当該**消費者の借入残高が年収などの3分の1を超えるときは、原則として当該契約を締結してはなりません(総量規制)**。

(3) 金利に関する規制

貸金業者が金銭貸借消費契約を締結したところ、当該契約における利息の定めは利息制限法の規定する利率の上限を超えるものでした。この場合は**利息制限法上、当該上限を超える部分の利息(超過利息)は無効**ですが、**当該上限を超えない利息の定めと金銭貸借消費契約は有効です**。

貸金業者が消費者との間で、出資法所定である上限金利の年20%を超える利息の約定をして、金銭貸借消費契約を締結した場合、**出資法により懲役を含む刑事罰が科せられます**。

【利息・利率・貸付けに関する規制】

法律名	規制内容
利息制限法★	・約定利率の**上限を超えた部分の利息は無効**
貸金業法★	・貸金業者が業として年109.5%を超える金銭消費貸借契約を締結した場合は、**契約自体が無効** ・相手方の年収の3分の1を超える貸付けは不可 ➡総量規制(ただし、銀行は対象外)
出資法★	・年利率の最高限度の20%を超える貸付契約をしたり金利を受け取った場合は**刑事罰が科される**

【マネー・ロンダリング★の防止】

マネー・ロンダリング★とは、犯罪などで得た「汚れた資金」を、あたかも正当な取引で得た「きれいな資金」であるかのようにして、捜査機関等による検挙などを逃れようとする行為をいいます。日本語名は「資金洗浄」。**犯罪収益移転防止法**でマネー・ロンダリングは禁止されており、金融機関のほか、ファイナンス・リース業者、クレジットカード事業者などに、一定の場合に顧客との記録を保存し、疑義のある取引については行政庁に届け出ることが義務付けられています。

- 利息制限法➡貸金業法➡出資法の順に、金利に対する規制が厳しくなっていくことに注意してください。
- 利息制限法は約定利率を超えた部分の利息だけが無効となりますが、出資法では違反した業者に対し刑事罰が科されます。
- 銀行・信用金庫は個人・法人にお金を貸し付けますが、貸金業法の規制対象となっていないので注意が必要です。
- 金銭消費貸借契約の締結に係る書類ですが、締結前に一定の事項を記載した書類を貸金業者が交付していれば、締結後、特段の書類を交付する必要はないとする“ひっかけ問題”が過去出題されていますが、誤りです。契約締結後、契約書を交付しなければなりません。

環境保全関連法

環境保全関連法は、公害問題が一段落しても産業廃棄物の無断投棄やリサイクルをはじめとする3Rで、引き続き国民の関心が高い法律です。

重要度：★★☆

- 昨今の環境に対する関心のより一層の高まりから、法律の制定や改定の動きが盛んです。
- 出題頻度は増える傾向にあるので、各法についてざっと学習しておくことをお勧めします。

環境保全関連法

(1) 資源有効利用促進法

循環型社会形成推進基本法にもとづき、一定の業種に属する事業者に対し、廃棄物の発生抑制（リデュース）、部品等の再利用（リユース）、再生利用（リサイクル）というわゆる3R（スリーアール）への取組みを求める「**資源有効利用促進法**」が定められています。

この法律は **“個別リサイクル法” と位置付け**られます。

(2) 廃棄物処理法

いかなる人もみだりに廃棄物を捨ててはならないとし、「事業者は、その事業活動に伴って生じた廃棄物については、自らの責任において適正に処理しなければならない」と定められています。

建設工事が数次の請負によって行われる場合、当該建設工事に伴い生じる廃棄物については、原則として、当該建設工事の注文者から直接工事を請け負った**元請業者が、自らの責任において適正に処理しなければならない**と定められています。

➡元請業者が排出事業者になるということです。

- たまにしか出題されませんが、昨今の環境に対する関心の高まりから、今後、出題頻度が増える可能性があります。
- 社会福祉関連法との混合問題として出題されるケースが多いです。

(3) 大気汚染防止法・水質汚濁防止法

民法上の不法行為にもとづく損害賠償請求では、原則として、加害者に故意または過失がなければ加害者は損害賠償責任を負わないのに対し、**両法では加害者に過失がなくても損害賠償責任を負わせる「無過失損害賠償責任」**が定められています。

大気汚染防止法では、地方公共団体は、一定の要件を満たす場合には、条例によって同法の許容限度より厳しい排出基準を定めることができるとされています。

(4) 人の健康に係る公害犯罪の処罰に関する法律

企業がその事業活動に伴って人の健康を害する物質を排出し、公衆の生命・身体に危険を生じさせたときは、同法の規定により、故意または過失により人の健康を害する物質を排出した場合に**刑事罰が科せられます**。

また、この行為が法人の業務に関して行われた場合は、行為者に加え当該法人も罰金に処せられます。**➡両罰規定**

(5) 再生可能エネルギー特別措置法

再生可能エネルギー源を用いて発電された電気を、国が定める一定の期間、所定の価格により買い取ることを電気事業者に義務付ける制度が設けられています。

Theme

社会福祉関連法

社会福祉関連法も、バリアフリー、身体障害者補助犬、障害者差別解消などで日々関心が高まっています。

重要度：★★☆

●昨今の障害者に対する関心のより一層の高まりから、法律の制定や改定の動きが盛んです。

●出題頻度は以前より上がっています。各法についてざっと学習をしておくことをお勧めします。

社会福祉関連法

(1) バリアフリー法

正式名称は「高齢者、障害者等の移動等の円滑化の推進に関する法律」です。

公共交通事業者等が旅客施設を新たに建設する場合は、当該旅客施設を**高齢者や障害者の移動円滑化のために必要な一定の基準に適合させる**ことが**義務付けられています**。

既存の施設については、上記の基準に適合させる努力義務が課せられています。

【ほかに移動等円滑化基準への適合が義務付けられている施設】

・旅客施設および車両

・一定の道路、路外駐車場、都市公園

・百貨店、病院

●たまにしか出題されませんが、昨今の社会福祉に対する関心の高まりから今後出題が増える可能性があります。

●環境保全関連法との混合問題として出題されるケースが多いです。

(2) 身体障害者補助犬法

不特定多数の者が利用する施設の管理者は、原則として、当該施設を身体障害者が利用する場合において、**身体障害者補助犬の同伴を拒んではなりません**。

公共交通事業者等は、その管理する公共交通機関を身体障害者が利用する場合、原則として、**身体障害者補助犬の同伴を拒んではなりません**。

(3) 障害者差別解消法

正式名称は「障害を理由とする差別の解消の推進に関する法律」です。

障害を理由とする差別の解消推進に関する基本的な事項や、障害を理由とする差別の解消のために行政機関および事業者が実施すべき措置などを定めることにより、障害を理由とする差別の解消の推進を図っている法律が、**障害者差別解消法**です。

行政機関も事業者も、社会的障壁の除去の実施について、必要かつ合理的な配慮をしなければなりません。

(4) 高齢者居住安定法

正式名称は「高齢者の居住の安定確保に関する法律」です。当該法律の目的は、高齢者の居住を安定的に確保し、その福祉の増進に寄与することです。高齢者が日常生活を営むための良好な居住環境を備えた高齢者向け賃貸住宅の登録制度の創設、当該賃貸住宅の供給を促進するための措置や終身建物賃貸借制度の創設の措置などを定めています。

Theme 8

行政手続法と条例

重要度：★★★

法律が全国一律に規制する趣旨でなく、国家の最低基準に過ぎない場合は、条例でより厳しい規制を定めることができます。一方、法律の趣旨として全国一律の規制を目指している場合は、条例でより厳しい規制を定めることができません。

●規制目的が異なる場合は、法律と同じ事項の規制が条例でも認められます。一方、規制目的が同じ場合は、規制が法律より厳しい「上乗せ条例」や、法律と類似・隣接する規制内容の「横出し条例」は認められません。

●行政指導により事業者が不利益処分を受けた場合、行政庁は書面でも口頭でもその理由を説明することができますが、事業者から書面交付の申出があった場合は書面で示す必要がある、という違いに注意が必要です。

行政手続法の特徴、上乗せ条例と横出し条例

(1) 行政手続法の特徴

ア) 許可・認可・免許等の申請の迅速・公正な処理

行政庁は、許認可などの申請に対する審査基準をできる限り具体的に定め、特別の支障があるときを除き、これを公表しなければなりません。

行政庁は、許認可などの申請に対し、申請を受け取ったら迅速かつ公正な処理をしなければなりません。

イ) 不利益処分時における企業・国民の権利保護

行政庁は、不利益処分時にかかる処分基準を定め、かつこれを公表するよう努めなければならないとされています。

行政庁は、不利益処分を科す前に、原則として、相手方に意見陳述の機会を与えなければなりません。

- 事業者が行政指導に従わなかった場合の、あるいは不利益処分を受ける場合の行政の対応がよく出題されています。
- 環境保全関連法の設問の中で、上乗せ条例との関係を問う問題が過去に出ています。

行政庁は、不利益処分を科す場合には、その相手方に対し、原則として処分と同時に、当該不利益処分の理由を示さなければなりません。ただし、当該理由を示さないで処分すべき差し迫った必要がある場合は、この限りではありません。

ウ）行政指導の透明化・文書化

行政指導に従わなかったことを理由として、相手方に不利益な取扱いをしてはなりません。

申請者が行政指導に従う意思がないことを表明した場合は、行政指導を継続すること等により、当該申請者の権利行使を妨げるようなことをしてはなりません。

行政指導は書面によるほか口頭で行うこともでき、その相手方から行政指導の内容を記載した書面の交付を求められた場合、書面で示さなければなりません。

(2) 行政手続法と地方公共団体

地方公共団体の条例・規制を根拠として、**地方公共団体の機関が行う処分や地方公共団体の機関に対してなされる届出には、行政手続法は適用されません**。

また、**地方公共団体の機関が行う行政指導も、行政手続法の適用対象外です**。

(3) 条例と法律の関係

地方公共団体は、国家からの自治権を認められた団体として、独自に自主法を制定することができます。この自主法を憲法では「**条例**」と呼んでいます。

「条例」は、法律と矛盾しない限り、規制目的が異なれば、法律が定めるものと同一の事項について制定することができます。

また、規制目的が同じであっても、法律が全国一律に規制する趣旨でなく、国家の**最低基準（ナショナル・ミニマム）を定めたに過ぎない場合**には、条例でより厳しい規制を課すこと＝**上乗せ条例★も認められています**。逆にいえば、**法律が全国一律に規制することを目指している場合には、上乗せ条例★、横出し条例★は認められません**。

上乗せ条例★：法律で規制されている事項について、それより厳格な規制を定めている条例。

横出し条例★：法律が規制対象を一定の事項に限定している場合に、それと類似・隣接する事項について規制している条例。

Question

問題を解いてみよう

問1　金融商品取引法に関する次のア～エの記述のうち、その内容が適切なものの組み合わせを①～⑥の中から１つだけ選びなさい。

ア．Ｘ社の取締役Ａは、上場会社であるＹ社との契約締結交渉の過程で、Ｙ社が数千億円規模の開発プロジェクトを国内で検討しており、まもなくその計画が公表されることを知った。この場合において、ＡはＹ社の役職員でなくても、当該計画が公表される前にＡがＹ社の株式を取得すると、金融商品取引法違反となる。

イ．有価証券の発行者であるＺ社が、重要事項に虚偽記載のある有価証券報告書等を監督当局に提出した場合であっても、Ｚ社に対し刑事罰が科されることはない。

ウ．有価証券の取引について、金融商品取扱業者等が、顧客に対し、損失が発生した場合は補てんする旨を事前に約束することは、投資家保護の観点から規制されていない。

エ．上場会社等はその業務に関し、取引関係者に対して公表されていない重要情報を伝達する場合には、原則としてその伝達と同時に、その重要情報を公表しなければならない。

①アイ　②アウ　③アエ　④イウ　⑤イエ　⑥ウエ

問 2　個人情報保護法に関する次の①～④の記述のうち、その内容が最も適切なものを１つだけ選びなさい。

①パスポート番号や自動車運転免許証番号については、その番号単体のみでは個人情報保護法上の個人識別符号には該当せず、同時に含まれる他の情報と組み合わせて特定の個人の氏名を識別することができる場合に個人識別符号に該当する。
②本人の求めに応じて個人データの第三者への提供を停止すること（オプトアウト）としている場合であって、法定の事項を本人に通知しまたは本人が容易に知り得る状態に置くとともに個人情報保護委員会に届け出たときは、本人の同意がなくても、要配慮個人情報を含めた個人情報を第三者に提供できる。
③個人情報取扱事業者が、事業の譲渡に伴って譲受会社に当該事業に関する個人データを提供しようとする場合には、当該個人データにより識別される個人から事前に同意を得なければ、提供することができない。
④個人情報保護法上、匿名加工情報取扱事業者には、匿名加工情報の加工方法についての制限や、匿名加工情報を作成、提供した際の公表義務が課せられている。

問 3　IT 関連法に関する次のア～エの記述のうち、その内容が適切なものの組み合わせを①～⑥の中から 1 つだけ選びなさい。

ア. 小売業を営む A 社は、自社の営業についての広告を行うための手段として電子メールを送信する場合、「特定電子メールの送信の適正化等に関する法律」（迷惑メール防止法）上、A 社の名前または名称その他の所定の事項を表示しさえすれば、あらかじめ当該電子メールの送信をすることに同意する旨を A 社に送信した者に限らず、誰に対しても当該電子メールを送信することができる。

イ. 個人事業主 B が、取引先との間で行ったインターネット上の取引に関する情報を表すために電磁的記録を作成した。当該電磁的記録に記録された情報について B による電子署名が行われているときは、「電子署名及び認証業務に関する法律」（電子署名法）上、当該電磁的記録は、真正に成立したものと推定される。

ウ. C は、インターネットを通じて不特定の者が利用できるウェブサイト上で、自己の名誉を棄損する情報が流通し、C に損害が生じたため、当該情報の流通に使用された特定電気通信設備を他人の通信の利用に供するプロバイダである D 社に対して、プロバイダ責任制限法にもとづく発信者情報の開示を請求したが、D 社が当該請求に応じなかったことにより、C に損害が生じた。この場合、D 社は、プロバイダ責任制限法上、故意または過失の有無を問わず、C に対し、D 社が当該請求に応じないことにより C に生じた損害を賠償する責任を負う。

エ. E 社の従業員 F は、業務その他正当な理由がないのに、E 社の同僚 G が使用している識別符号を「不正アクセス行為の禁止等に関する法律」（不正アクセス禁止法）上のアクセス制御機能にかかるアクセス管理者および G 以外の第三者に提供した。F の行為は、不正アクセス禁止法上、刑事罰の対象となる。

①ア－○　イ－○　ウ－○　エ－○
②ア－○　イ－×　ウ－×　エ－×
③ア－×　イ－○　ウ－×　エ－○
④ア－×　イ－×　ウ－×　エ－○
⑤ア－○　イ－×　ウ－○　エ－×
⑥ア－×　イ－×　ウ－×　エ－×

問4 行政手続法に関する次のア～エの記述のうち、その内容が適切なものの組み合わせを①～⑥の中から１つだけ選びなさい。

ア．地方公共団体の機関がする行政指導は、行政手続法の適用対象であり、地方公共団体の機関は、行政手続法の定めにもとづき、行政指導を行わなければならない。

イ．行政庁は、行政指導に従わない者に対しては、行政指導に従わないことを理由として、不利益な取扱いをすることができる。

ウ．行政庁は、国民に不利益処分をしようとする場合、当該不利益処分の名あて人となるべき者に対し、原則として、不利益処分の理由を示さなければならないが、当該不利益処分の名あて人となるべき者について、意見陳述のための手続を取る必要はない。

エ．行政庁は、許認可等の申請に対する処分について、その審査基準をできる限り具体的なものとしなければならないが、その審査基準を公にすることまでは、義務付けられていない。

①ア－○　イ－○　ウ－○　エ－○
②ア－○　イ－×　ウ－×　エ－×
③ア－×　イ－○　ウ－○　エ－×
④ア－×　イ－×　ウ－×　エ－○
⑤ア－○　イ－×　ウ－○　エ－×
⑥ア－×　イ－×　ウ－×　エ－×

Answer

答え合わせ

問1　正解：③

解説（テキストp140～142参照）

アは適切である。当該**上場会社の役職員でなくても、公表前の重要事実にもとづき株式を売買した者は、金融商品取引法違反＝インサイダー取引と見なされます**。

イは適切でない。**重要事項に虚偽記載のある有価証券報告書の金融当局への提出は金融商品取引法違反**となり、課徴金とともに刑事罰も科されます。

ウは適切でない。問題文はいわゆる証券会社による**"損失補てん"の事前約束で、（他の）投資家保護の観点より金融商品取引法違反**となります。

エは適切である。問題文は**情報開示（ディスクロージャー）制度**を記述しています。

問2　正解：④

解説（テキストp130～134参照）

①は適切でない。**パスポート番号や自動車運転免許証番号は**、他の情報と組み合わせなくても、**単独で個人識別符号となります**。

②は適切でない。**要配慮個人情報は、あらかじめ本人の同意を得た場合に限り第三者に提供できます**。

③は適切でない。**個人情報取扱事業者が事業の譲渡に伴い譲受会社が個人データを扱うことに関しては**、あらかじめ当該個人データにより識別される個人から**事前に同意を得る必要はありません**。第三者への個人データの提供制限の例外の１つです。

④は適切である。問題文のとおりです。本来の個人情報取扱事業者の義務に加えて、**匿名加工情報取扱事業者に追加で課せられる義務が述べられています**。

問3　正解：③

解説（テキストp135～137参照）

アは適切でない。**特定電子メールは**あらかじめ送信を拒否している者に加え、**あらかじめ特定電子メールの送信に対する同意を得ていない者に対しても、送信することができません**。

イは適切である。**電子署名法**に関する記述です。

ウは適切でない。**プロバイダは故意または重大な過失がない限り、原則として損害賠償責任は負いません**。ただし、発信者情報の開示請求を受けたプロバイダは、発信者に開示するか否かについて発信者の意見を聞かなければなりません。さらに、開示請求が裁判所の手続を経由して行われる場合は、裁判所による開示命令が出るまで当該通信記録を提供しなければならず、また消去も禁止されています。

エは適切である。アクセス制御機能にかかる**アクセス管理者および関係社員以外の第三者に識別符号を提供することは、不正アクセス禁止法で禁止**されており、**刑事罰の対象**となります。

問4　正解：⑥

解説（テキストp150～151参照）

アは適切でない。**地方公共団体の機関が行う行政指導は、行政手続法の対象外**です。

イは適切でない。**行政指導に従わなかったことを理由として、相手方に不利益な取扱いをしてはなりません**。

ウは適切でない。**行政庁は不利益処分にあたって、その理由を示すとともに、相手方に陳述の機会を与えなければなりません**。

エは適切でない。**行政庁は不利益処分時に、処分基準を公表するよう努めなければなりません**。

MEMO

第5章

債権の管理と回収

Theme

物的担保①：抵当権と法定地上権

重要度：★★★

抵当権は優先弁済的効力を有し、破産や民事再生に関しては別除権が与えられるなど、強力な物的担保権です。

●抵当権が持つ担保物権の特徴である、「随伴性」、「物上代位」の具体的内容を把握しておきましょう。2級では不動産に設定された抵当権に関する法定地上権や共同抵当も出題されます。

抵当権の特徴と法定地上権

(1) 抵当権★の物上代位★

債務者が自己の所有する建物の抵当権の登記を経た後、第三者との間で当該建物を賃貸する旨の賃貸借契約を締結したケースが考えられます。この場合、当該債権者は当該抵当権にもとづき、物上代位★権を行使して、当該**建物の賃料が債務者に支払われる前**に賃料債権を差し押さえ、**優先的に自己の債権の弁済にあてることができます**。

(2) 抵当権の随伴性

抵当権を設定した土地の所有者が第三者にその**土地を売却するには**、**抵当権者の同意を得る必要はありません**。なぜなら、**抵当権は物権であり随伴性を伴い、土地の所有権と一緒に移転していく**ためです。

(3) 抵当権物権の明渡猶予

債務者が自己の所有する建物の抵当権の登記を経た後、第三者との間で当該建物を賃貸する旨の賃貸借契約を締結し、当該建物を引き渡したケースが考えられます。

●抵当権が持つ物上代位性、随伴性、別除権、共同抵当、法定地上権などが多岐にわたって出題されています。単独のみならず、根(ね)抵当権との混合問題も出題されています。

その後、抵当権が実行され、当該建物の買受人が当該建物を所有するときであっても、民法上、当該第三者は、当該建物の競売における**買受けのときから6か月が経過するまで、当該買受人に対し、当該建物を明け渡すことが猶予されます**。

(4) 抵当権の実行としての不動産競売

登記済の抵当権を実行し、債権を回収するには、裁判所に担保不動産競売の申立てをすることになります。

競売を申し立てるには、抵当権が現に存在し、被担保債権が履行遅滞に陥っていることが必要です。

ただし、民事訴訟を起こして**債務名義★を取得する必要はなく、担保権の登記に関する「登記事項証明書」などの担保権を証明する書類を、管轄の地方裁判所に提出するだけで十分**です。

(5) 抵当権消滅請求

抵当不動産の第三取得者が抵当権者に対して、抵当権の消滅を請求する制度を、「**抵当権消滅請求**」といいます。

「抵当権消滅請求」には図5-1-1の2つのパターンがあります。抵当権者は同時に債権者でもあります。

図5-1-1　抵当権消滅請求の2パターン

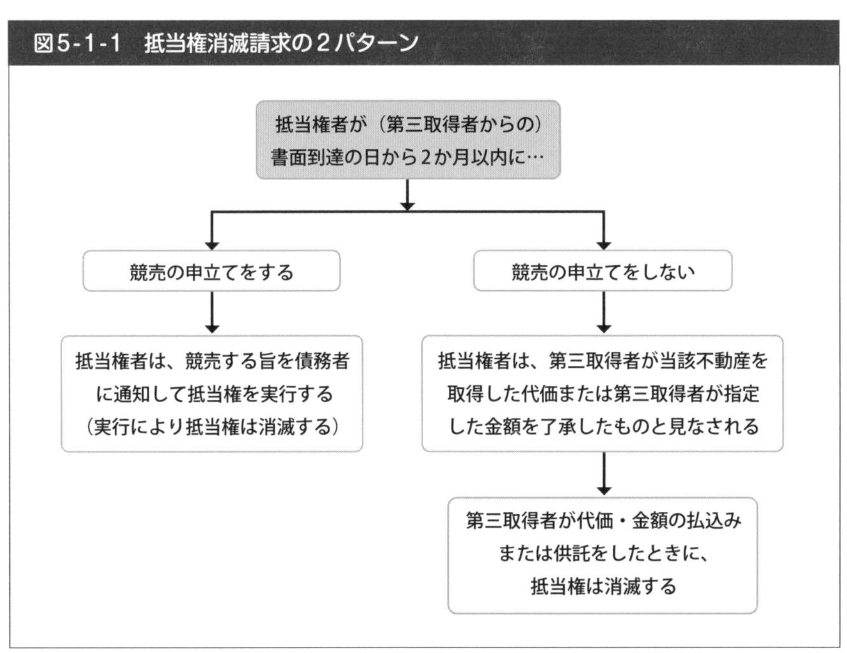

(6) 共同抵当★

「**共同抵当★**」とは、複数の不動産の上に1つの抵当権を設定することをいいます。「共同抵当」の不動産は、同時に競売を申し立てて配当を受ける「**同時配当**」と、1つの不動産を競売にかけても担保債権金額に満たない場合に続けて競売をかける「**異時配当**」という2つのパターンがあります。

(7) 抵当権の別除権的機能

債務者が自己の所有する建物の抵当権の登記を経た後、当該債務者について破産手続開始の決定がなされたケースが考えられます。この場合、当該債権者は破産法上、当該抵当権を行使して債権の回収を図ることができます。このような、**破産時における優先的権利を「別除権★」といいます**。

(8) 法定地上権★の成立要件

「土地およびその上に存在する建物が同一の所有者に属する場合に、土地もしくは建物またはその双方に抵当権が設定され、抵当権の実行の結果、土地と建物が別人の所有に属することとなったときは、法律上当然に地上権を成立させる」制度を、「**法定地上権★**」といいます。

法定地上権成立の要件は次の3つです。

①抵当権設定当時、土地の上に建物が存在していたこと。
②抵当権設定当時、同一人が土地と建物を所有していたこと。
③両者の一方または双方に抵当権が設定され、競売の結果、別々の者がそれぞれ所有するに至ったこと。

(9) 法定地上権の対抗要件と範囲

法定地上権の第三者への対抗要件は、**建物の登記**、**または土地の地上権の登記**です。

法定地上権が成立する範囲は、建物の敷地だけでなく、建物の利用に必要な土地の範囲も含みます。

●法定地上権が成立するには、抵当権設定当時に土地と建物が同時に存在し、同一の人が所有しているなど、3つの要件の充足がポイントです。一方、第三者への対抗要件は「建物の登記」または「土地の地上権の登記」のどちらか一方だけでよいので、注意が必要です。

Theme

物的担保②：根抵当権

重要度：★★★

抵当権のうち、設定契約で定める極度額の範囲内で担保する抵当権です。継続的な融資契約や継続的な商品取引契約で利用されます。

●根抵当権は、一定の範囲に属する不特定の債権を、設定契約の中で定める極度額の範囲内で担保する抵当権です。根抵当権を実施するには、被担保債権の元本の確定が必要となります。また、極度額の変更には利害関係者全員の承諾が必要となります。

根抵当権の実施要件、範囲、極度額、消滅

(1) 根抵当権★

「**根抵当権★**」は、債務者との特定の**継続的取引契約によって生ずる不特定の債権**、その他の債務者との一定の種類の取引によって生ずる不特定の債権**を担保するもの**です。債務者との間に現在または将来生じ得るすべての債権を、根抵当権の担保すべき債権と定めて根抵当権を設定することはできません。

範囲の定め方は次の3つです。

①債務者との特定の継続的取引によって生ずるもの、そのほか債務者との一定の種類の取引によって生ずるもの
②特定の原因（民法398条の二）にもとづき、債務者と継続的に生じる債権
③手形もしくは小切手の請求権、電子記録債権

(2) 根抵当権の実施要件

根抵当権を実行するには、**被担保債権の元本が確定していることが必要**です。確定後、普通の抵当権とほぼ同様の効力が認められます。

●根抵当権の定義、実施の条件、根抵当権者の権利、極度額変更の要件などが過去に出題されています。単独のみならず、抵当権との混合問題も出題されています。

図5-2-1　根抵当権者の元本確定事由

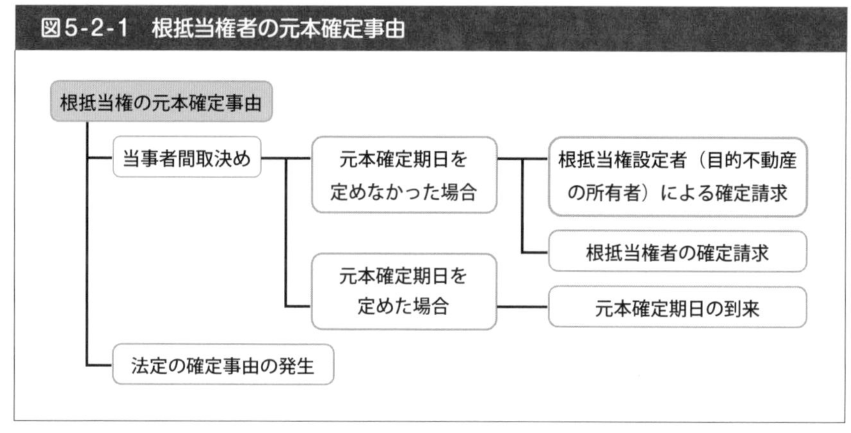

(3) 根抵当権の範囲

根抵当権者は、確定した元本ならびに利息その他の定期金および債務の不履行によって生じた損害の賠償の全部について、**根抵当の極度額を限度としてその抵当権を実施する**ことができます。

(4) 根抵当権の極度額

根抵当権の被担保債権金額が極度額を上回っていても、超えた金額については競売の際、ほかに配当を受ける債権者*がいなくても配当を受けられません。

極度額の変更については、後順位抵当権者等の**利害関係者全員の承諾が必要**です。

(5) 根抵当権の消滅

根抵当権は、その元本が確定するまでは、たとえ被担保債権の残高がゼロになっても消滅しません。抵当権と同様に、①売却により消滅した権利の抹消登記、②代価弁済、③根抵当権消滅請求などがなされないと、根抵当権は消滅しません。

- 根抵当権は、その性格上、その元本が確定するまで実施できません。
根抵当権者は極度額までしか配当を受けられませんが、極度額の範囲内であれば利息やそのほかの定期金（地代など）、遅延損害金などを含む金額を受領できます。
- 第三者による担保物権の取得に伴う根抵当権の消滅請求についての設問で、「債権額の全額を払い渡しあるいは供託することによって根抵当権の消滅請求をすることができる」という“ひっかけ問題”が出題されています。
正しくは“極度額に相当する額を～”です。

＊ほかに配当を受ける債権者　例えば、後順位抵当権者が挙げられる。

Theme 3 物的担保③：譲渡担保

重要度：★★★

譲渡担保は、民法などに明文の規定のない、判例上認められた非典型担保です。対象は譲渡可能なものであればよく、広範囲です。

●譲渡担保は非典型担保ですが、抵当権とは異なり、特定性・継続性を有するものであれば何にでも担保が設定できます。
譲渡担保のメリットは、競売手続を回避できること、そして債務者が引き続き担保の目的物を使用できることです。

譲渡担保のメリット、目的物、対抗要件ほか

(1) 譲渡担保契約

譲渡担保★は諾成契約、不要式契約なので、債権者と債務者の間で譲渡担保契約書を作成することは必須ではありません。したがって、当事者として第三者は関与しません。また、**譲渡担保は必ずしも目的物等の引渡しを成立要件とするものではありません**。

(2) 譲渡担保のメリット

①抵当権とは異なり、およそ**譲渡可能な物であればあらゆる物に設定**できる

②**競売手続を回避**でき、迅速かつ高額の弁済を受けられることが多い

裁判所の手続を経ずに譲渡担保を自ら私的に実行し、当該目的物の所有権を取得できます。

- 他の非典型担保である仮登記担保、所有権留保と一緒に出題されるケースが過去にあります。したがって、個々でなくまとめて（一気に）学習することが大事です。
- 譲渡担保の当事者を問う問題がよく出題されます。

③**債務者が担保目的物を継続使用**できる

債務者は、自己が所有し使用している不動産を譲渡担保にする場合、譲渡担保権者と合意することにより、引き続き当該不動産を使用することができます。

(3) 譲渡担保の目的物

譲渡担保の目的物は、基本的に**特定性・譲渡性を有していなければなりません。**

動産の集合体については、構成部分の変動する集合動産であっても、その種類、所在場所および量的範囲を指定するなどの方法で目的物の範囲が特定される場合は、一個の集合物として譲渡担保の目的物とすることができます。

また、譲渡担保権の設定時に倉庫内に存在しなかった目的物については、譲渡担保の実行時に債務者が保有していれば譲渡担保権の効力は及びます。

(4) 譲渡担保の第三者への対抗要件

	民　法	動産・債権譲渡特例法
不動産	**不動産登記**	
動産	**引渡し・占有改定でよい**	**動産譲渡登記**
債権	**通知・承諾**	**債権譲渡登記**

ただし、**動産譲渡登記と債権譲渡登記は、譲渡人が法人の場合のみ適用**されます。

(5) 譲渡担保の実行と清算業務

譲渡担保権者は、債務者が債務の支払いを実行しない場合に、目的物を売却、あるいは自らが取得する形で、譲渡担保の実行ができます。

ただし、目的物の売却価格あるいはその適正評価額と債権額との間に差額が生じた場合、その差額分を債務者に支払わなければなりません。　➡清算義務

- **動産・債権譲渡特例法にもとづく動産譲渡登記や債権譲渡登記をしなくても、民法に記載の要件を充足していれば、第三者に対抗できます。**
- **譲渡担保契約の当事者は債権者と債務者のみであり、債務者が有する債権の債務者(第三債務者)は当事者でないことに注意が必要です。**
- **本章Theme1～3の物的担保の「設定権者」は“担保権を設定された者”、「担保権者」は“担保権の権利を有する者”と読み替えてください。**

Theme 4

人的担保①：連帯保証・共同保証

重要度：★★★

保証には「分別の利益」を得られる共同保証がありますが、ビジネスの世界では商法の商人規定が適用されるので、多くが「分別の利益」を得られない連帯保証となります。

学習アドバイス

●連帯保証の特徴＝「催告と検索の抗弁権がないこと」に着目してください。また連帯保証は共同保証と違い、"分別の利益"を享受できないことも特徴です。

連帯保証と共同保証、連帯保証の特徴

(1) 保証契約の要式

保証契約は書面あるいは電磁的記録によらなければ効力を生じません。

また、保証契約は主たる債務者の承諾は不要であり、あくまで**債権者と保証人との契約**です。さらに、主たる債務者が保証契約に反対しても、保証契約は有効です。

(2) 共同保証と連帯保証

「**共同保証**」では、保証人が複数いる場合の保証債務の額は、保証人の人数に応じて分割されるのが原則です。これを「**分別の利益**」といいます。

他方、「**連帯保証**」の場合は、別段の意思表示がない限り、各連帯保証人はいずれも主たる債務者の**全額につき保証債務を負います**。

(3) 保証人の求償権★

保証人は、**主たる債務者から委託を受けた場合に限り**、一定の要件を満たすときは、主たる債務者に対し、**あらかじめ求償権★を行使**できます。

●通常保証と連帯保証は毎回出題される分野です。これのみの設問もあれば、根保証との混合問題もあります。特に保証契約の要式、保証人の求償権、連帯保証人に催告の抗弁権がないことなどがよく出題されます。

通常の保証人も連帯保証人も、保証人が主たる債務者から委任を受けない場合でも、「主たる債務者に代わって、債権者に対し民法の規定に従って債務を弁済したとき」は、主たる債務者に求償することができます。

ただ、その場合は保証人が弁済した額のみであり、法定利息や不可避の費用、その他の賠償額は求償できません。

(4) 催告と検索の抗弁権★の有無

保証人は催告と検索の抗弁権を有しますが、**連帯保証人**は**催告と検索の抗弁権を有しません**。

【催告の抗弁権★】

債権者に対して、主たる債務者に先に請求することを求める権利をいいます。

【検索の抗弁権★】

主たる債務者に請求したが弁済を受けられなかったとして、債権者が保証人に請求してきても、執行が容易な主たる債務者の財産からまず弁済を受けることを求める権利をいいます。

(5) 債権者の連帯保証人への情報提供義務

改正民法では、保証人が主たる債務者から委託を受けて保証した場合、債権者に対し、主たる債務に関する保証人への情報提供義務を課す規定を新設しました。

(6) 主たる債務者が連帯保証の依頼をする際の情報提供義務

改正民法では、事業のために負担する債務について保証人になることを他人に依頼する場合には、主たる債務者（以下主債務者）は、保証人になるかどうかの判断に役立つ情報として

①主債務者の財産や収支の状況

②主たる債務以外の債務の金額や履行状況等に関する情報を提供しなければなりません。

➡主たる債務者の連帯保証人（候補）への情報提供義務

●**連帯保証人の求償権と求償範囲：連帯保証人は主たる債務者の同意や反対があってもなれますが、主たる債務者から委任を受けない場合は、前もって求償権を主たる債務者に実施できず、弁済のみ求償できるという多少不利な面があることに注意が必要です。**

(7) 主たる債務者の有する抗弁

改正民法では、主たる債務者の有する抗弁全般について保証人が主張し得る旨が明文化されました。

(8) 保証人の債務履行拒否

改正民法では、「主たる債務者が債権者に対して相殺権、取消権または解除権を有するときは、これらの権利の行使によって主たる債務者がその債務を免れる限度において、保証人は債権者に対して債務の履行を拒むことができる」旨が明文化されました。

改正民法（2020年4月施行）

①主たる債務者の依頼を受けて保証をした場合、債権者に対し、主たる債務についての支払状況に関する情報を保証人に提供する義務が課せられました。

②主たる債務者が他人に保証の依頼をする場合、主たる債務者は、保証人の依頼候補者に保証人になるかどうかの判断に資する情報を提供する義務が課せられました。

③経営者でない個人がする保証契約は、保証契約の1か月前の公証人による保証意思の確認を経なければならない、とされました。この意思確認の手続を経ずに保証契約を締結しても、その契約は無効となります。

Theme 5

人的担保②：根保証

根保証のキーワードは継続性です。したがって、雇用契約に関連する「身元保証」も根保証の一種です。「信用保証」に関するキーワードは極度額です。

重要度：★☆☆

●「根保証」とは、一定期間、継続的に発生する債務を担保する保証のことをいいます。

貸金等根保証、主たる債務の元本

(1) 貸金等根保証の範囲

民法上、貸金等根保証契約における保証人が引き受ける債務には、

①主たる債務の元本

②主たる債務に関する利息

③主たる債務に関する違約金

④その債務に約定された損害賠償債務

があります。

(2) 貸金等根保証契約

極度額を決めない貸金等根保証契約は無効です。

根保証契約は、債権者と保証人の契約であって、主たる債務者の意思に反しても締結することができます。

(3) 主たる債務の元本

貸金等根保証契約において元本確定期日の定めがない場合、その元本確定期日は貸金等根保証契約の締結日から3年が経過した日です。

貸金等根保証契約における主たる**債務の元本は、元本確定期日の到来または法定**

●単独で出題されることは少なく、保証一般や連帯保証との混合問題で過去に出題されています。根保証のカバーする範囲や、極度額の定めがない契約は無効となることを問う問題などが出題されています。

（締結日から3年）の確定事由が発生したときに確定します。

貸金等根保証契約における主たる債務の元本は、債権者と保証人で定めた元本確定日が到来する前であっても、「主たる債務者または保証人が死亡したとき」あるいは「主たる債務者が破産手続開始の決定を受けたとき」に確定します。

(4) 極度額に関する規定の適用範囲

改正民法では、貸金等根保証契約における極度額および元本確定事由に関する規定の適用範囲を、根保証契約であって保証人が法人でない**「個人根保証契約」へと拡大**しました。したがって、**極度額を定めない個人根保証契約は無効**となります。

- **根保証契約で極度額の定めのないものは無効ですが、「貸付金の限度額が定められていれば有効」という“ひっかけ問題”が過去に出題されています。極度額と限度額はまったく違うものなので、注意が必要です。**

改正民法（2020年4月施行）

①極度額（上限額）の定めのない個人根保証契約は無効となりました。

②個人根保証契約では、保証人が破産したときや、主たる債務者または保証人が亡くなったときは、その後に発生する主たる債務は保証の対象外となりました。

Theme 6 その他担保的機能を有するもの

重要度：★★★

仮登記担保、買戻特約、所有権留保などは法定担保でも典型担保でもありませんが、担保的機能を有します。

●仮登記担保、買戻特約、所有権留保などは、厳密な意味での担保制度ではないものの（非典型担保です）、実質的に担保と同じ機能を有します。仮登記担保や買戻特約の対象となるのは主に不動産ですが、所有権留保の場合は動産にも適用されます。そのため、即時取得に対抗するにはネームプレートなどの対応が必要となります。

仮登記担保、買戻特約、所有権留保ほか

(1) 仮登記担保

仮登記★は、本登記に必要な要件が備わっておらず、将来の本登記の順位を確保する目的で行われる登記です。仮登記にもとづき本登記をすると、仮登記の順位にもとづき権利主張ができます。

債務者に対して破産手続開始決定がなされた場合、債権者は該当不動産につき、**破産手続に参加し優先的な配当を受けることができます**。土地などの**強制競売においても、他の債権者に優先して弁済を受けることができます**。

目的物の価額が被担保債権額を上回っている場合、仮登記担保権者は、債務者または第三者に対して清算金の支払義務を負います。

(2) 買戻特約

売主がその所有物件を買主に売却するにあたって結んだ、「売主が将来、買主の支払った代金を返却し、この売買契約を解除する」旨の特約を「**買戻(かいもどし)特約**★」といいます。買戻特約は民法上、不動産にのみ規定されていますが、動産の買戻特約も有効です。

●仮登記担保と所有権留保の効力、仮登記担保の実行内容、所有権留保の要式、受戻権の内容、買戻特約の内容などを問う設問が出題されています。

(3) 所有権留保

売買において、買主が代金金額を支払う前に売買目的物を買主に引き渡す場合、その目的物の所有権を代金の支払いまで売主に留保する旨を当事者間で取り決めることがあります。これを「**所有権留保★**」といいます。

所有権留保は、実務上、書面でするのが望ましいのですが、要物契約でなく、口頭の合意でも成立し得る**諾成契約**です。

買主が代金完済の前に売買目的物を第三者に売却する旨の売買契約を締結した場合、所有権留保の約定があっても、当該売買契約が無効になるわけではありません。

(4) 所有権留保の効力

買主が売買代金を支払う前に、第三者に対して目的物を売却した場合は、当該第三者に即時取得が成立します。

当該第三者に即時取得が成立する場合、売主は **「所有権留保」ができなくなります**。これを防ぐには、実務上は所有権留保目的物にネームプレート等を設置するなどして、「所有権留保」の目的物であることを示し、第三者が即時取得することを阻止する措置をとる必要があります。

また、所有権留保の実行の際、売主が有する残債権額と目的物の価額との間に差がある場合は、その差額を買主に対して支払う清算義務があります。

(5) 同時履行の抗弁権★

同時履行の抗弁権は、双務契約の一方の当事者が、他方の当事者の債務履行があるまで自らの債務履行を拒否できるのにとどまります。留置権とは異なり、誰にでも行使できるものではありません。

例えば、売買契約の買主から目的物を譲り受けた第三者に対しては、**「同時履行の抗弁権★」は行使できません**。

- 「所有権留保」も「同時履行の抗弁権」も売買契約の当事者だけを拘束する約定であり、たとえ特約があっても第三者に法的効力は生じません。

Theme

7 債権譲渡ほか、緊急時の債権回収

重要度：★★☆

債務者の協力を得て行う緊急時の債権回収の代表的なものは「債権譲渡★」です。当事者は債権者（譲渡人）、債務者、譲受人の３者です。

●緊急時の債権回収には、債権譲渡、代物弁済、準消費貸借契約、所有権留保、代理受領などがありますが、主たる手段は債権譲渡です。債権譲渡に関しては、債務者への対抗要件、債権が二重に譲渡された場合の第三者への対抗要件をよく把握しておきましょう。

また、債権譲渡は譲渡人と譲受人の合意だけで成立し、債務者の合意は不要です。

債権譲渡の対抗要件、緊急時の他の債権回収

(1) 代物弁済

債権者が、債務者との間で売掛金の現金による支払いを受けるべきところ、債務者から相当金額の有価証券のような代替物を譲り受けることにより、本件**売掛金債権を消滅させる旨の、代物弁済契約を締結**することができます。

(2) 準消費貸借契約

代金債権の残債務相当額を、「債務者が債権者から借りた」という形にする契約のことを、「準消費貸借契約」といいます。実質的には支払期限の延長という意味合いがあります。

●債権譲渡の出題がほとんどで、一部、代物弁済との混合問題が出題されています。債権譲渡に際しての、債務者への対抗要件、譲受人など第三者への対抗要件がよく出題されています。

(3) 債権譲渡（譲受人）の債務者への対抗要件

民法では、

①**譲渡人から債務者への通知**

または

②**債務者から譲渡人あるいは譲受人に対する承諾**

➡両方の要件を満たす必要はありません。

改正民法において、「当事者が譲渡制限の意思表示をした債権譲渡制限付き契約の場合でも、債権の譲渡は有効（効力を妨げられない）である」との原則が明文化されました。

ただし、「譲受人などの第三者が譲渡制限の意思表示に対し悪意である場合のほか、重過失により債務者が知らなかった場合でも、債務者は、原則として当該第三者に対して債務の履行を拒むことができ、かつ、譲渡人に対する弁済その他の債務を消滅させる事由をもって当該第三者に対抗することができる」という旨が規定されました。

(4) 債務者以外の第三者への対抗要件

動産・債権譲渡特例法により、債権譲渡登記ファイルへの登記をもって債務者以外の第三者への対抗要件となります。

この登記をもって、債務者以外の第三者に対し、確定日付のある証書による通知があったものと見なされます。したがって、登記の日付が確定日付となります。

(5) 債権が二重に譲渡された場合の第三者への対抗要件

①**譲渡人から債務者への、確定日付のある証書による通知**

または

②**債務者から譲渡人あるいは譲受人への、確定日付のある証書による承諾**

➡債権が二重に譲渡された場合の確定日付のある証書の日付で、優劣が判断されます。

(6) 代理受領

債務者が第三者に対して有している債権の回収を債権者に依頼し、自分が債権者に対し負っている債務の支払いにあてることを「**代理受領**」といいます。

代理受領は、**債権譲渡禁止の特約が契約条項に入っている場合の“迂回手段”**として活用されています。

5 債権の管理と回収

- 債権譲渡の場合、「債務者に対する対抗要件」と「第三者に対する対抗要件」が異なることに注意が必要です。第三者への場合は、譲渡人から債務者への“確定日付のある証書”による通知、あるいは債務者の譲渡人あるいは譲受人に対する“確定日付のある証書”による承諾です。これは債権が二重に譲渡された場合でも同様で、“確定日付のある証書”による通知なのか、承諾なのかということです。
  もちろん、この確定日付の早い方が優先します。
- 債権譲渡の債務者への対抗要件の1つは債務者への通知ですが、これは債権者（譲渡人）からの通知のみが有効で、譲受人からの通知は有効ではないことに注意が必要です。過去に、「譲受人からの通知は有効」という“ひっかけ問題”が出題されています。
- 誰が本来の債権者であり債務者であるかを、問題文を読んで紐付け（特定）することが大事です。他の当事者は第三者（第一譲受人、第二譲受人）となります。また、債権者は譲渡人でもあります。

Theme

8 相殺

債務者の協力を得られない場合で、両当事者がお互い同種の債権債務を有している場合は、債権者が債権債務を同額で消滅させることができる——というのが相殺です。

重要度：★★★

●相殺は相手方への一方的な通知で成立しますが、相殺成立の要件を満たさなければなりません（相殺適状）。さらに、同時履行の抗弁権が付いた受働債権のように相殺できないものがあったり、不法行為の受働債権のように相殺が法的に禁止されているものがあり、それぞれの内容（事項）を把握しておくことが大事です。

相殺適状、相殺の禁止、他の債権消滅事由

(1) 相殺の要件——相殺適状

相殺成立の要件は次のとおりです。

①債権が対立していること

②双方の債権が同種の目的を有する債権であること

③双方の債務が弁済期にあること

④双方の債権が性質上相殺を許すものであること

相殺は、**相手に相殺の意思を伝えるだけで成立し、相手方の承諾は不要**です。ただし、相手方が反対の意思表示をした場合は、成立しません。この民法の趣旨に則り、相殺禁止特約条項の付いた契約は有効です。

➡例えば、X社がY社に対して有する100万円の貸金債権およびY社がX社に対して有する部品の引渡債権のいずれもが弁済期にあるとします。

この場合は民法上、当該商品の引渡債権と本件貸金債権は②に該当せず、相殺はできません。

➡③については、**一方がまだ弁済期に到達していなくても、債権者の「期限の利益★」の放棄により相殺が可能な場合があります**。

●相殺については、毎回出題される頻出分野です。

●「同時履行の抗弁権が付いている債権を受働債権として相殺することができるかどうか」を問う設問もよく出題されます（正しくは「相殺できない」）。

ただし、**同時履行の抗弁権が付いている債権を受働債権として相殺することはできません**。

(2) 相殺の禁止

法的に禁じられているケースは次の4つです。

①受働債権が不法行為によって生じたとき
②受働債権が差押え禁止の債権であること
③受働債権が差押えを受けたとき
④受働債権が株式払込（出資の履行）請求権であること

そのほかにも、相殺禁止特約が付いている契約は相殺ができません。

(3) 相殺以外の債権消滅事由

ア）更改★

債務の要素*を変更することによって、新債務を成立させるとともに、旧債務を消滅させる契約を、「更改」といいます。

イ）免除★

債権を無償で消滅させる行為です。言い換えれば「債権の放棄」です。
債権者の一方的な意思表示で行うことができます。

ウ）混同★

債務者が債権者を相続するなど、債権および債務が同一人に帰属することです。その結果、債権は原則として消滅します。債権債務関係にある会社間で事業譲渡を行った場合も該当します。

- **相殺の要件は単に一方的な連絡でよいにもかかわらず、“相手方の承諾が必要”という“ひっかけ問題”もよく出されます。**
- **相殺適状になっており、相手方の子会社の債権を受働債権として相殺できるとする過去問がありましたが、子会社でも別法人格なので相殺適状には該当しません。これも“ひっかけ問題”です。**
- **相殺も免除も債権者の一方的な意思表示で成立しますが、相殺の場合は相手方が反対した場合は成立しません。他方、免除は相手方にとって一方的に有利ということもあって、反対の場合の規定は民法にはないので、注意が必要です。**

＊**債務の要素**　債務の同一性を決定する重要な客観的部分のことをいう。

債権者代位権と詐害行為取消権

重要度：★★★

債務者が有する別の債権の権利行使をしないときに起こすアクションが債権者代位権です。また、債務者が無資力または悪意を持っているときに起こすアクションが詐害行為取消権です。

- 債権者代位権は、債権者が自分の債権を保全するため、債務者が第三者に対し有している債権の消滅時効が迫っているときなど、強制執行手続によらずに簡便に行使できる有効な法的手段です。
- 他方、詐害行為取消権は、自己の債権保持のために行う法律行為という点では債権者代位権と一緒ですが、詐害行為の取消しを裁判所に請求するので時間と手間がかかります。

債権者代位権と詐害行為取消権

(1) 債権者代位権★

債務者が第三者に対して有する債権の履行請求を怠っているとき、債権者が債務者に代わってその権利を行使することによって、**債務者の責任財産を維持する制度**を、「**債権者代位権★**」といいます。

(2) 債権者代位権の成立要件

①**債権者が自己の債権を保全する必要があること**。

②**債務者が権利の行使をしようとしないこと**。

③**債権の弁済期が到来していること**。

- 債権者代位権と詐害行為取消権については、混合、単独のいずれでも出題されています。債権者が権利を行使できる条件や、両者の違い（債権者代位権の長所）などが過去に出題されています。

(3) 債権者代位権の行使

債権者代位権の行使は**裁判外でも裁判上でも可能**です。

債権者代位権の行使の結果、目的物は債務者に引き渡されます。ただし**金銭の場合は、債権者は当該金銭を直接、自己に引き渡すことを第三債務者に請求できます**。

この場合、債権者は回収した当該金銭を債務者に返還する義務を負いますが、債権者が債務者に対して有する債権とこの返還請求権とを相当額で相殺することができます。

(4) 詐害行為取消権★

債権者を害する目的で、債務者が財産を減少させる行為を行った場合に、当該行為の取消しを債権者が裁判所に請求する制度を**詐害行為取消権**★といいます。

(5) 詐害行為取消権の成立要件

①**債務者が債権者を害する行為をしたこと**。

“債権者を害する”とは、債務者が無資力（債務超過）であることを意味します。より具体的にいえば、債務者の資力が不十分であり、債権者が債務者の行為を取り消さなければ、自己の債権の満足を得られないことを意味します。

②**債務者の悪意**……債務者が詐害の事実を知っていること。

③**受益者・転得者の悪意**……詐害行為によって利益を受けた者（受益者）あるいは受益者からさらに利益を転得した者（転得者）が詐害の事実を知っていること。

詐害行為取消権を行使するには、裁判所に訴訟を提起する必要があります。

また、詐害行為取消権を認容する確定判決は、債務者だけでなく債務者に対するすべての債権者に適用されます。

- **債権者代位権は裁判でも裁判外でもできますが、詐害行為取消権は裁判所に訴訟を提起しなければなりません。債権保全を目的とする点では同じでも、裁判所の関与の仕方に違いがあるので、注意が必要です。**
- **他の分野でもいえることですが、誰が債権者、債務者、受益者、転得者なのか、問題文をよく読んで紐付け、把握することが大事です。**

Theme

10 仮差押え

仮差押えは債務者の財産の散逸・隠匿を防ぎ、将来の債権を強制的に回収するための事前措置といえます。

重要度：★★☆

●仮差押命令は、裁判所が関与しているとはいえ、あくまで債権（相手方財産）の確保が目的であって、当該財産から他の債権者に優先して弁済を受けることはできません。「当該財産から配当を受けられる強制執行の申立てをしている債権者」や「債務名義を有する債権者」より弱い立場といえます。

仮差押えの効果・対象、民事保全ほか

(1) 仮差押え

金銭債権について、債務者の財産の現状を維持しておかないと、後日行う強制執行が不能あるいは著しく困難となる懸念がある場合、その執行保全の目的で、債務者による財産の処分を裁判所により禁止する暫定的措置を「仮差押え」といいます。

(2) 仮差押えの効果

仮差押命令が裁判所から第三債務者に送達されても、**あくまで財産（債権）の保全のための措置であって、この命令にもとづき第三債務者から債務を直接取り立てることはできません**。➡ “自力救済の禁止★”

また、**ほかの債権者に優先して当該目的物から弁済を受けることもできません**。

(3) 仮差押えの対象

原則として、**動産・不動産・債権などすべてが対象**となります。

●この分野も毎年出題されます。仮差押えの効果がある部分と効果が及ばない部分の違いがよく出題されます。

●単独出題よりも、債権者代位権、詐害行為取消権、強制執行など他の債権保全手段との混合問題が多く出題されています。

(4) 民事保全の審理

民事保全の審理では、保全すべき権利または権利関係および保全の必要性を**疎明★*しなければなりません**。ただし、**疎明すれば十分であり、客観的な証拠にもとづく証明まで行う必要はありません**。

(5) 保全命令の申立て

保全命令の申立ては、民事執行の申立てと異なり、確定判決などの**債務名義★を有している必要はありません**。

仮差押えは、当事者からの申立てにより裁判所が発令し、執行も裁判所あるいは執行官が行います。

強制執行も、同じく当事者からの申立てにより裁判所が行いますが、債務名義の取得が必要で手続に時間がかかるため、緊急性を要する場合は簡便な手続の仮差押えを選択します。また、債権の弁済時期が到来していない場合でも、仮差押えを申し立てることができます。

(6) 売掛金債権との関係

債権者は、仮差押えの申立ての有無にかかわらず、 売掛金債権の支払いを求める売掛金請求訴訟を提起することができます。

- **仮差押えは、メリット（①即効性、②対象がすべて、③裁判所では疎明のみ、④債務名義不要、⑤弁済時期前でも行使可能）もありますが、①優先的弁済権がない、②自力救済の禁止などのデメリットもあります。**

*疎明（そめい）「いちおう確からしい」との心証を抱かせること。

Theme

11 強制執行

自力救済が禁止されている近代社会において、債権の回収を国家権力の関与により強制的に行うのが「強制執行」です。

重要度：★★★

●債権回収の最終的手段として「強制執行」があります。確定判決などの債務名義だけでは強制執行はできません。執行力の存在を証明する文書としての執行文も必要になります。

強制執行の要件、対象、手続ほか

(1) 強制執行の要件

債務名義★と**執行文**が必要となります。

このうち**債務名義★**は、強制執行を正当化する文書のことをいいます。代表的なものは次のとおりです。

①確定判決、**②仮執行宣言付判決**、**③和解調書**、**④調停調書**
⑤仮執行宣言付支払督促、**⑥強制執行認諾（にんだく）*文言付公正証書**

(2) 強制執行の対象

原則として、**動産・不動産・債権などすべてが対象**となります。

債務者の生活保障や生業維持の観点から、一定範囲の動産や債権などについては差押えが法律上、禁止されています。

- 強制執行の要件、他の債務名義を保有する者や抵当権設定者との関係を問う問題が過去に出題されています。
- 単独出題よりも債権者代位権、詐害行為取消権、仮差押命令といったほかの債権保全手段との混合問題が多く出題されています。
- 公証人が作成した公正証書が債務名義に含まれるかどうかを問う問題が最近よく出題されています。

***認諾（にんだく）**　承認し承諾すること。

(3) 強制執行の手続

民事執行法上、債権者は、債務者が第三債務者に対して有する金銭債権を差し押さえた場合、**債務者に差押命令が送達された日から1週間を経過したときは当該金銭債権を取り立てることができます**。

(4) 強制執行の際の他の債権者

強制執行が行われた場合、

ア) 強制執行の申立てをしていない他の債権者は、当該債務者に対する債務名義を有しているときは、二重差押えまたは配当請求をすることにより、当該目的物から配当を受けることができます。

イ) 他の債権者が、当該差押えの登記がなされる前に、当該目的物に抵当権の設定を受けてその設定登記を経ていたときは、当該他の債権者は、二重差押え等の特段の手続を経なくても、当該目的物から配当を受けることができます。

強制執行の申立ては、不動産・債権の場合は裁判所、動産の場合は執行官に対して行います。

▼裁判所の債権回収関与の度合と取得できる債務名義

	裁判所の関与	当事者の関与	債務名義
民事訴訟手続	○	両者	確定判決
	○	両者	仮執行宣言付判決
支払督促	○	原告のみ	仮執行宣言付支払督促
	△	両者	強制執行認諾文言付公正証書
即決和解	△	両者	和解調書
調停	○	両者	調停調書

- **一見すると効力が弱いように見える差押命令ですが、仮差押命令（保全命令）と大きく異なり、命令の送達日から一定の期間を経過した場合、当該金銭債権を債務者から取り立てることができます。過去問では「一定の期間」を「直ちに」とするとか、「差押命令では第三債務者から取り立てることができず、『債権（財産）の保全』の効果しかない」といった“ひっかけ問題”が出題されています。また、対象が動産債権でなく金銭債権であることにも注意が必要です。**
- **債務名義の1つ、公正証書の正式名称は「強制執行認諾文言付公正証書」ですが、試験ではフルネームではなく、単なる「公正証書」の名称で出題されるので、同じく注意が必要です。**

Theme

12 破産手続

自然人・法人とも破産手続の対象となります。

重要度：★★★

●破産は民事再生手続と異なり、既存経営陣は裁判所による破産管財人の決定後に会社の経営から外れ、多くの権限を有する破産管財人が破産整理を行います。なお、個人の場合は債務超過による破産はなく、また「同時破産廃止」（破産手続開始と同時に破産手続を終了させる事件）となるケースがほとんどです。

破産手続の開始、破産管財人、破産債権と財団債権

(1) 破産原因と破産申立て

破産の原因としては次の3つが考えられます。

①**支払不能**
②**支払停止**（例：約束手形の不渡り、夜逃げ）
③**債務超過**★（**法人特有の破産原因**）

裁判所への破産の申立ては、債権者がその有する債権の存在と破産手続開始の原因となる事実を裁判所に疎明（そめい）★*すれば足ります。これを証明する必要はありません。

(2) 破産手続開始の決定

裁判所は、破産財団をもって破産手続費用を支弁する（賄う）のに不足すると認めるときは、破産手続開始の決定をすることができません。

● 破産法は毎回幅広い観点から出題される頻出分野です。
● 特に「債務名義による強制執行等の禁止」、「双方未履行の双務契約の対応」、「別除権」、「破産債権と財団債権の分類（帰属）」はよく出題されます。

＊**疎明（そめい）** 裁判官が一応の推測を得た状態。

この場合、「**同時破産廃止★**」(破産手続開始と同時に破産手続を終了させること)となり、**破産管財人は選任されません。**

➡**個人破産**の場合は、残余財産が乏しいので、この「**同時破産廃止★**」になるケースがほとんどです。

(3) 包括的禁止命令★

破産手続の開始決定前に確定判決を得ていても、**破産手続の開始決定後は、強制執行、仮差押え、仮処分の申立てをすることはできません。**

これを**包括的禁止命令★**といいます。

(4) 破産管財人の選定

破産手続開始の決定がなされた後、債務者の財産の管理処分権など**すべての業務は破産管財人が行います。代表取締役をはじめ既存経営陣は退任**します。

(5) 破産管財人の否認権

破産者が、経済的破綻に瀕(ひん)しているとき、本来破産財団に属すべき財産に関して、売却や贈与、担保権の設定などの処分を行った場合は、破産財団の財産を減少させ、破産債権者を害することになります。そのため**破産管財人**には、当該行為について破産財団との関係でその効力を否認する**否認権が認められています。**

(6) 破産債権と財団債権

破産債権★：破産法上、破産者に対し破産手続開始前の原因にもとづいて生じた財産上の請求権をいいます。

財団債権★：破産手続によらないで破産財団から随時弁済を受けることができる債権です。

破産手続開始の決定後に発生した債権は「財団債権」となります。

例1) 破産者の取引先が破産管財人との間で取引を行ったことにより当該取引先が取得した債権は、「財団債権」となります。

例2) 破産手続開始の決定がなされた後、本社社屋からの退去作業に着手したが、最終的に本件賃貸借契約を解消し明け渡すまで1か月を要した――とすると、この期間の賃貸人の賃料債権については「財団債権」となります。

(7) 双方未履行の双務契約の取扱い

双方未履行の双務契約については、破産管財人に**契約を履行するか解除するかの選択権が与えられます**。

しかし、破産管財人がこれを行使しない場合、取引の相手方は不安定な立場に置かれるため、履行と解除のいずれを選択するか、破産管財人に確答を求めることができます。

相当期間内に**確答がない場合には、契約は解除されたものと見なされます**。もちろん、相手方は解除による損害の賠償について**破産債権者として**その権利を行使します。したがって、当該損害賠償権は「破産債権」となります。

また、反対給付が破産財団の中に現存しない場合は、反対給付したものの価額につき「財団債権者」として権利行使が可能です。

双務契約といっても、相手方が解除権を発生させる旨の規定は破産法にはありません。

他方、破産管財人が履行を選択した場合は、相手方の反対債権も「財団債権」として存続します。

図5-12-1　破産手続における関係者の相関図

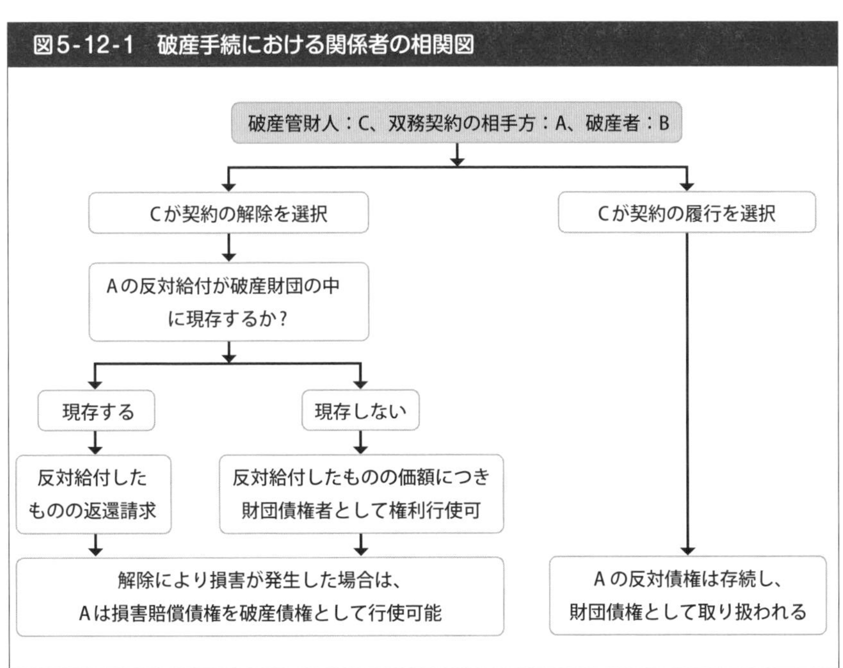

(8) 別除権★

破産者の特定の財産に抵当権などの担保権を有する債権者は、破産手続に関係なくこれを実行して債権の回収を図ることができます。これを「**別除権**」といいます。**「別除権」には**、先取特権などの法定担保、抵当権などの典型担保、譲渡担保などの非典型担保というように、ほとんどの**担保権が含まれます**。

(9) 破産者の債権者による相殺権の行使と制限

破産者の債権者が、他方で破産者に対し債務を負っており、**その債務が破産手続開始の決定前であれば、破産手続によらずに原則として相殺できます**。相殺の担保的機能の現れです。

とはいえ、この相殺を無条件に認めると、債権者間の公平を害するおそれが出てくる場合があるので、破産管財人が相殺の無効を主張できる場合があります。

- 双方未履行の双務契約はどういった選択により、またどの段階において、「財団債権」となるのか「破産債権」となるのか、よく把握しておいてください。
- 破産ならではの専門用語が多く出てくるので、各用語の意味・内容をよく把握・理解しておいてください。

Theme

13 民事再生手続

自然人・法人とも、民事再生法による民事再生手続の対象となります。再生手続の開始後も、債務者あるいは現経営陣が引き続き業務を行います。

重要度：★★★

●破産手続や会社更生法のように管財人が選任されることは少なく、破産手続で別除権とされた抵当権についても民事再生手続では担保権実行中止命令制度や担保権消滅制度などがあり、会社の再生に対し速やかにまた円滑に法的対応ができる仕組みとなっています。

再生債権と共益債権、別除権の制限、再生債権者表ほか

(1) 破産手続や会社更生法との違い

民事再生手続が開始された後も、従前の経営陣らが、当該会社の業務を執行し、当該会社の財産を管理し処分する権利を有します。

(2) 再生手続の申立て

原則として債務者自身が行いますが、債権者も、破産手続開始の原因となるような事実が生じるおそれがあることを理由とする場合は、再生手続の申立てを行うことができます。

再生手続の申立てをしても**裁判所が棄却した場合、裁判所の職権により破産手続開始の決定がなされることがあります**。

(3) 再生債権者

再生手続に参加しようとする再生債権者は、原則として、裁判所が再生手続開始の決定と同時に定めた債権届出期間内に、その債権について一定の事項を裁判所に届け出なければなりません。

●民事再生法も毎回幅広い観点から出題される頻出分野です。

(4) 管財人が選任される場合

公正性の確保あるいは債権者の保護といった観点から、債務者あるいは現経営陣に引き続き事業経営権や財産の管理処分権を与えることが**適当でないと認められる場合には、例外的に裁判所によって管財人が選任**され、事業経営権や財産の管理処分権は管財人に移行します。

(5) 再生債権と共益債権

再生債権★：再生手続開始前の原因にもとづいて生じた請求権をいいます。

共益債権★：再生手続によらないで随時弁済され、「再生債権」に先立って弁済される請求権をいいます。民事再生手続開始の後に行われた取引で生じた債権は、原則として「共益債権」となります。

(6) 債権者集会での決議

再生計画案の決議については、債権者集会を開催して議決権の行使を求めるほか、**書面による決議も認められています**。

(7) 別除権（担保権）の取扱い

民事再生法においても、担保権は別除権として扱われ、原則として担保権者は再生手続に関係なく、これを実行して自らの債権の回収を図ることができます。

ただし、担保権を設定した動産・不動産が当該会社の事業継続に欠くことのできないものである場合、当該会社は裁判所の許可を得て、当該動産・不動産の価額に相当する金銭を裁判所に納付し、当該担保権を消滅させることができます。これを「**担保権消滅制度**」といいます。あるいは、担保権の実行を一定期間禁止する「**担保権実行中止命令制度**」も利用できます。

(8) 再生債権の届出

再生手続に参加しようとする再生債権者は、原則として裁判所が再生手続開始の決定と同時に定めた債権届出期間内に、その債権について一定の事項を裁判所に届け出なければなりません。

(9) 再生手続開始決定後の強制執行、仮差押え、仮処分

再生手続開始の決定がなされると、これらの手続の新たな申立ては禁止され、進行中の手続は中止となります。

(10) 債権者の相殺の時期および相殺の制限

再生債権者が、再生債務者に対して債務を負担している場合には、一定の要件を満たしている限り、その債務と再生債権とを相殺することが認められています。

ただし、**相殺を行う場合は、再生債権届出期間末日までに**しなければなりません。

(11) 再生債権者表の記載

再生計画認可の決定がなされた後、債務者が、再生計画にもとづく弁済を怠ったとします。

この場合、債権者は、訴訟などを経ることなく、再生計画の条項が記載された**再生債権者表★の記載を債権名義として、債務者の財産に対し強制執行を行うことができます。**

(12) 破産手続への移行

民事再生手続において、当該会社の事業の状態が想定よりも悪化し、再生計画の認可の見込みがない状況になったとします。この場合、**裁判所は再生手続廃止の決定をする**とともに、その決定が確定した場合において、当該会社に破産手続開始の原因の事実があると認めるときは、当該会社からの申立てがなくても、裁判所の職権で当該会社の破産手続開始の決定をすることができます。

(13) 個人再生手続

個人事業主を対象：小規模個人再生手続

給与所得者（サラリーマン）を対象：給与所得者等再生手続

【利用要件】

①住宅ローンを除く借金の合計が5,000万円以下であること。

②将来にわたり継続的に収入が得られる見込みがあること。

- **破産手続も民事再生手続も担保権（別除権）の実行ができます。ただし、民事再生手続の場合は「会社を再生させる」という積極的な使命があるため、「担保権消滅制度」や「担保権実行中止命令制度」などが設けられており、担保権の実行に制限があります。**
- **「再生債権者表」への記載は債務名義と同じ効果があり、債務の履行が遅れた場合には強制執行ができます。**

Question

問題を解いてみよう

問1 根抵当権に関する次のア～エの記述のうち、その内容が適切なものの組み合わせを①～⑥の中から１つだけ選びなさい。

ア．元本の確定後において現に存する債務の額が根抵当権の極度額を超えるときは、当該根抵当権の目的物である不動産について所有権を取得した第三者は、その債務の全額に相当する金額を払い渡しまたは供託して、当該根抵当権の消滅請求をすることができる。

イ．根抵当権の極度額を変更するために、後順位抵当権者等の利害関係人の承諾を得る必要はない。

ウ．根抵当権につき元本確定期日の定めがない場合、根抵当権者は、いつでも、担保すべき元本の確定を請求することができる。この場合、担保すべき元本は、その請求のときに確定する。

エ．根抵当権者は、債務者との特定の継続的取引契約によって生じる不特定の債権、その他債務者との一定の種類の取引によって生じる不特定の債権を担保するものであるが、手形上または小切手上の債権を根抵当権の担保すべき債権とすることはできない。

①ア－○　イ－○　ウ－○　エ－○
②ア－○　イ－×　ウ－×　エ－×
③ア－×　イ－○　ウ－×　エ－○
④ア－×　イ－×　ウ－○　エ－×
⑤ア－○　イ－×　ウ－○　エ－×
⑥ア－×　イ－×　ウ－×　エ－×

問 2　X 社は、Y 社に対して、商品代金 1,000 万円の売掛金債権を有しているが、弁済期を経過しても、Y 社からいまだに弁済を受けていない。この場合に関する次の①～④の記述のうち、その内容が**最も適切でない**ものを 1 つだけ選びなさい。

① X 社は、本件売掛金債権を第三者である Z 社に譲渡した。X 社が本件売掛金債権の譲渡を Y 社に通知した場合、民法上、Z 社は Y 社に対し、本件売掛金債権を X 社から譲り受けた旨を対抗することができる。
② X 社は、本件売掛金債権を第三者である Z 社に譲渡した。Y 社は、本件売掛金債権の譲渡につき異議をとどめない承諾をした場合、X 社に対抗することができる同時履行の抗弁権を有していれば、当該本件売掛金債権を Z 社に対抗することができる。
③ X 社は、Y 社との間で、Y 社から売掛金 1,000 万円の支払いを受ける代わりに、時価 1,000 万円の Y 社所有の有価証券を譲り受けることにより、本件売掛金債権を消滅させる旨の代物弁済契約を締結することができる。
④ X 社と Y 社との間で債権譲渡禁止の特約が締結されている場合、Y 社は、当該特約のあることを知らずに債権を譲り受けた Z 社に対して、債権譲渡の無効を主張することはできない。

問 3　抵当権に関する次のア〜エの記述についての①〜⑥のうち、その内容が最も適切なものの組み合わせを１つだけ選びなさい。

ア. 債権者は、債務者に融資をするにあたり、当該債務者所有の土地と建物を共同抵当として抵当権の設定を受け、その旨の登記を経た。この場合、民法上、当該債権者は、抵当権を実行するに際し、当該土地と当該建物の両方について同時に競売の申立てをしなければならない。

イ. 債権者は、債務者に融資をするにあたり、当該債務者所有の土地に抵当権の設定を受け、その旨の登記を経た。その後、当該債務者は、当該土地上に建物を建築した。この場合、当該債権者は、民法上、当該抵当権を実行するに際し、当該土地とともに当該建物も競売に付すことができるが、当該土地の代価のみ、担保権を有しない一般債権者に優先して弁済を受けることができる。

ウ. 債務者は、自己の債権者のために自己の所有する建物に抵当権を設定し、その旨の登記を経た後、第三者との間で、当該第三者に当該建物を賃貸する旨の賃貸借契約を締結した。この場合、当該債権者は、民法上、当該抵当権にもとづく物上代位権を行使して、当該建物の賃料が当該第三者から当該債務者に支払われる前に賃料債権を差し押さえ、優先的に自己の債権の弁済を受けることができる。

エ. 債権者は、債務者に融資をするにあたり、当該債務者所有の土地に抵当権の設定を受け、その旨の登記を経た。この場合、当該債務者が当該土地を第三者に売却するためには、民法上、当該債権者の同意を得なければならない。

①アイ　②アウ　③アエ　④イウ　⑤イエ　⑥ウエ

問4 建設会社であるＸ社は、受注不足により業績が悪化し、資材の販売業者などへの代金の支払いが困難な状況である。Ｘ社は、手形の決済資金が不足するおそれが生じたことから、民事再生手続開始の申立てを行うことを検討している。次のア～エの記述のうち、その内容が適切なものの組み合わせを①～⑥の中から１つだけ選びなさい。

ア. 民事再生手続には管財人の制度が設けられておらず、民事再生手続開始の決定がなされた後も、Ｘ社の事業経営権や財産の管理処分権は、当然にＸ社の従前の経営者に帰属する。

イ. 民事再生手続開始の申立て後、民事再生手続開始の決定前に、Ｘ社は、その事業に欠くことのできない資材を業者から購入した。この場合、その代金債権は、再生計画に従って弁済される再生債権となり、共益債権となることはない。

ウ. Ｘ社の取引先が、民事再生手続開始の決定後にＸ社と行った取引にもとづいて生じた債権は、原則として共益債権となり、民事再生手続によらずに随時弁済される。

エ. Ｘ社の再生債権者がＸ社に対して債務を負担している場合、その再生債権者は、一定の要件を満たしていれば、再生債権届出期間内において再生債権とＸ社に対して負う債務とを相殺することができる。

①アイ　②アウ　③アエ　④イウ　⑤イエ　⑥ウエ

問5　X社は、Y社に1,000万円の融資をし、その際、Y社を主たる債務者としてAおよびBとの間で連帯保証契約を締結した。なお、AはY社の委託を受けてその借入金債務につき連帯保証をし、BはY社の委託を受けずにその借入金債務に連帯保証をしたものである。この場合に関する次の①〜④の記述のうち、その内容が最も適切なものを選びなさい。

①X社がBとの間で連帯保証契約を締結した後、Y社がX社に対しBを連帯保証人とすることに反対する旨の意思表示をしたときは、X社とBとの間の連帯保証契約は無効となる。
②Aは一定の場合には、X社に保証債務を履行する前にY社に対して求償権を行使することができる。
③X社がAおよびBとの間でそれぞれ締結する連帯保証契約は、書面または電磁的記録でしなくても、その効力は生じる。
④同一の債権を担保するため複数の保証人が保証債務を負担する共同保証においては、保証人の頭数に応じて保証債務は分割されるため、AおよびBは、それぞれX社に対して500万円の限度で保証債務を弁済すれば、それぞれの保証債務は消滅する。

問6 債権者代位権および詐害行為取消権に関する次のア～エの記述のうち、その内容が適切なものの組み合わせを①～⑥の中から１つだけ選びなさい。

ア．債務者の有する金銭債権につき詐害行為取消権を行使した債権者は、債務者に引き渡されるべき金銭について、自己に引き渡すことを請求することができる。これに対し、債務者の有する金銭債権につき債権者代位権を行使した債権者は、債務者に引き渡されるべき金銭について、自己に引き渡すことを請求することはできない。

イ．債権者が債権者代位権を行使し、第三債務者に対し、当該第三債務者が債務者に対して負う債務の履行を請求するために、債務者が債権者に対して負う債務の弁済期が到来していることが要件である。

ウ．詐害行為取消権については、債権者が裁判所に訴訟を提起して裁判上で行使しなければならない。これに対し、債権者代位権については、必ずしも債権者が裁判所に訴訟を提起して裁判上で行使する必要はなく、裁判外で行使することが認められている。

エ．債権者が債権者代位権を行使するには、債務者の資力が不十分であり、債権者が債務者の有する債権を行使しなければ自己の債権の完全な満足を得られないこと、すなわち債務者が無資力であることが必要である。したがって、債権者が、債務者に対して有する登記請求権を被保全債権として債務者が第三債務者に対して有する登記請求権を代位行使する場合にも、債務者が無資力であることが必要である。

①ア－○　イ－○　ウ－○　エ－○
②ア－○　イ－×　ウ－×　エ－×
③ア－○　イ－○　ウ－○　エ－×
④ア－×　イ－○　ウ－×　エ－○
⑤ア－×　イ－○　ウ－○　エ－×
⑥ア－×　イ－×　ウ－×　エ－×

Answer 答え合わせ

問1　正解：④

解説（テキストp163～164、p170～171参照）

アは適切でない。「債務の全額に相当する金額」でなく、**「極度額に相当する金額」が正しい**。

イは適切でない。**極度額の変更については利害関係者全員の承諾が必要**です。

ウは適切である。**元本確定期日を定めなかった場合、根抵当権者による確定請求でいつでも確定することができます**。

エは適切でない。**根抵当権の範囲には、手形もしくは小切手の請求権（債権）も含まれます**。

問2　正解：②

解説（テキストp174～176参照）

①は適切である。**譲受人の債務者への対抗要件は、債権者（譲渡人）から債務者への通知**です。

②は適切でない。**債務者が同時履行の抗弁権を有していても、債権譲渡につき異議をとどめない場合は対抗することはできません**。

③は適切である。問題文のように、債務者から相当金額の有価証券のような代替物を譲り受ける**代物弁済契約により、売掛金債権は消滅**します。

④は適切である。**債権譲渡禁止特約があっても、第三者には債権譲渡の無効を主張できません**。

問3　正解：④

解説（テキストp160～162参照）

アは適切でない。問題文は複数の不動産に抵当権を設定する**"共同抵当"**について述べています。問題文のような**共同抵当でも**、配当時期を2回以上に分ける**異時配当でもどちらでも可能**です。

イは適切である。問題文では法定地上権は成立しません。建物の前に抵当権を設定した土地の代価のみ、他債権者に優先して弁済を受けることができます。

ウは適切である。問題文は**抵当権の物上代位性**について述べています。

エは適切でない。抵当物権の売却には、抵当権者の同意は不要です。**抵当権は物権であり、随伴性を伴います**。

問4　正解：⑥

解説（テキストp189～191参照）

アは適切でない。**民事再生法では**、基本は更生手続の申立て後も、債務者が事業経営権や財産の管理処分権を有しますが、**不適切な場合には裁判所より管財人が選任される旨規定**されています。

イは適切でない。問題文の資材の代金債務は**事業の継続上必要な債権であり、共益債権となります**。

ウは適切である。問題文のとおりです。

エは適切である。問題文のとおり、**一定の要件を満たしている場合、再生債権者の債務と再生債権とを相殺することができます。ただし、相殺を行う場合は再生債権届出期間の末日まで**となります。

問5　正解：②

解説（テキストp167～169参照）

①は適切でない。**主たる債務者が反対しても、連帯保証契約は債権者と保証人との間で成立**します。

②は適切である。**債務者の委託を受けて保証人になったＡは、保証債務の履行の前に求償権を行使することができます**。

③は適切でない。**連帯保証契約は、書面または電磁的記録によらなければなりません**。

④は適切でない。**連帯保証には**、保証人の数に応じて保証債務が分割される**「分別の利益」はありません**。主たる**債務者の債務額の全額について保証債務を負います**。

問6　正解：⑤

解説（テキストp179～180参照）

アは適切でない。**債権者代位権も詐害行為取消権も、債権者は、債務者に引き渡されるべき金銭について、自己に引き渡すことを請求することができます**。

イは適切である。**債権の弁済期が到来していることは、債権者代位権の行使の成立要件の１つ**です。

ウは適切である。**債権者代位権の行使は裁判外でも裁判上でも可能**です。

エは適切でない。詐害行為取消権とは異なり、**債権者代位権の成立要件には、債務者が“無資力”であることは入っていません**。

MEMO

第6章

株式会社の組織と運営

Theme

株式会社の設立

商号の登録、資本金の払込み、会社法に則した定款の作成・認証、設立登記などを経て初めて株式会社となります。

重要度：★★★

- 株式会社の設立方法には発起設立と募集設立があります。それぞれの内容とどこが違うのかを把握しておいてください。
- 会社の設立には、会社の"憲法"となる定款の作成と公証人による認証、および本店所在地にある法務局での設立登記が必要となります。
- 会社法で定款の絶対的記載事項が定められており、その内容を把握しておくことも大事です。

株式会社の設立手続、設立に関する責任

(1) 株式会社の設立

株式会社は、**営利社団法人**としての実体が形成され、その本店所在地で設立登記をすることにより成立し、設立手続が完了します。

(2) 株式会社の設立手続

ア) 発起設立と募集設立

・発起設立

各発起人は、株式会社の設立に際し、設立時発行株式を1株以上引き受けなければなりません。

- 「株式会社の設立にあたっての必要事項」、「発起設立と募集設立」、「擬似発起人」、「定款の効力発生時期」、「現物出資の場合の（会社法の）要求事項」、「定款の絶対的記載事項」、「会社不成立の場合の発起人の責任」などが過去に出題されています。

・**募集設立**

発起人が会社の設立に際して発行する株式の一部を引き受け、残りの株式については株主となる者を募集して会社を設立する方法です。

イ）定款

①**会社法で定められた事項の記載**、②（発起設立の場合）**発起人全員の記名押印**、③**公証人によるその内容の認証**がなされた時点で、定款はその効力を生じます。原始定款*には、絶対的記載事項として図6-1-1に示す事項の記載が必要です。

図6-1-1　定款の絶対的記載事項

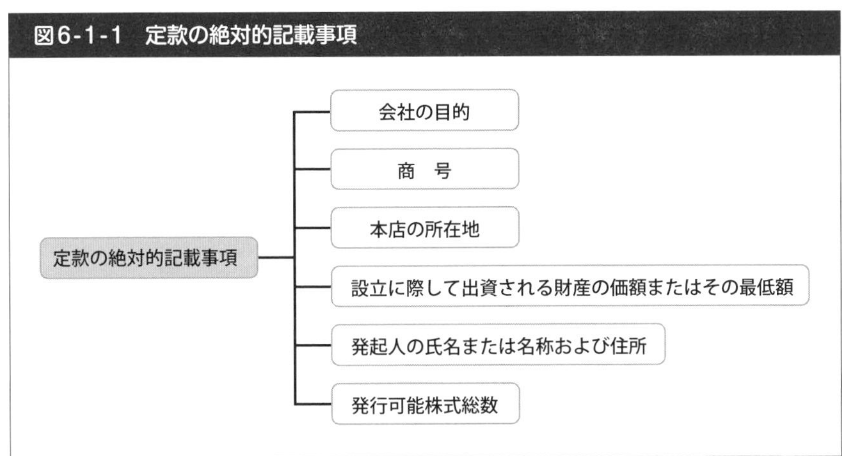

絶対的記載事項に加え、株式の名義変更手続、定時株主総会の招集時期、株主総会の議長、役員の定員その他の任意的記載事項も定款には記載可能であり、強行法規や公序良俗★に反しない限り、記載どおりの効力が認められます。

ウ）設立登記

会社は本店所在地にある法務局で設立登記を行わなければなりません。

(3) 設立に関する責任

ア）資本充実に関する責任

金銭以外の財産を出資の対象とする現物出資をする場合には、定款に会社法で定められた事項を記載し、原則として、裁判所が選任する検査役の調査を受けなければなりません。

＊**原始定款**　会社設立時の定款をいう。

イ）任務懈怠責任

発起人、設立時の取締役・監査役は、設立に関する会社の監督機関として任務を負います。発起人、設立時取締役・設立時監査役は、会社の設立についてその任務を怠ったときは、当該会社に対し、これによって生じた損害を賠償する責任を負います。

ウ）会社不成立の場合の発起人の責任

会社が成立しなかったときは、発起人は連帯して、会社の設立に関してした行為についてその責任を負い、会社の設立に関して支出した費用を負担します。

エ）疑似発起人★の責任

設立時発行株式を引き受ける者を**募集する広告に、自己の氏名または名称および設立を賛助する旨を記載した者は、会社法上、発起人と見なされ**、一定の責任を負います。この者を「**擬似発起人★**」といいます。

- 定款の効力の発生時期について、「発起人全員が定款に署名したときに効力が発生する」という、一見正しいような"ひっかけ問題"が過去に出題されています。正しくは「公証人により定款の内容が認証されたとき」です。
- 「発起設立で会社不成立の場合、当該設立手続を行った発起人のみがその責任を負い、当該設立手続に関与しなかった発起人は責任を負わない」という一見正しいような"ひっかけ問題"が最近出題されています。設立手続の関与の有無にかかわらず、会社不成立の場合、発起人は連帯して責任を負います。

株式と株主名簿

株主が株主名簿に載る基準日はおおむね決算期の末日となります。したがって極端な場合、基準日の数日前に株式を購入し、基準日の翌日に売却しても、株主の権利を行使できます。

重要度：★★★

- 株式に関して会社法は、一定の範囲内で異なる種類の株式、いわゆる種類株式（例えば議決権制限株式）の発行を定款で定めることを認めています。
- 株式の譲渡は原則自由ですが、会社法、独禁法や金融商品取引法などの法律による制限ならびに譲渡制限付株式があります。譲渡制限付株式の譲渡手続、自己株式の取得手続などは重要なので、よく把握しておきましょう。

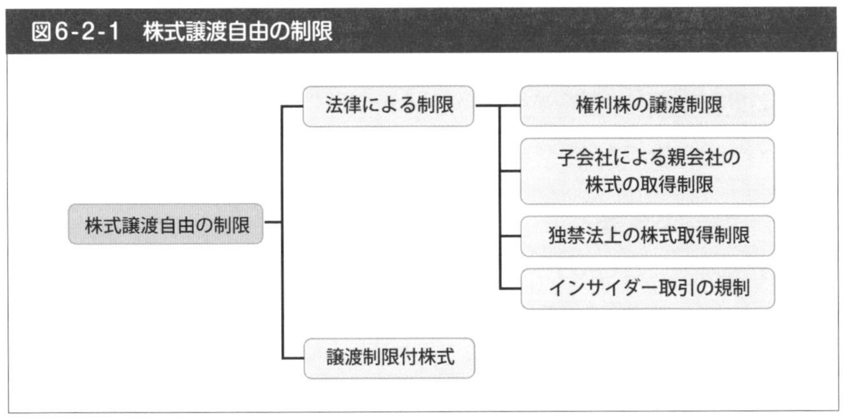

図6-2-1　株式譲渡自由の制限

議決権制限株式、株式の譲渡、自己株式の取得と保有

(1) 異なる種類の株式

会社法上、株式会社は、一定の範囲内で異なる種類の株式（種類株式）の発行を定款で定めることが認められています。種類株式を発行しようとする会社は、定款に

- 株式と株主名簿は毎回出題される頻出分野です。特に「譲渡制限付株式」の譲渡手続に関する設問がよく出題されます。
- 株式会社の自己株式取得に関する手続の設問もよく出題されます。

種類株式を発行すること、およびその株式の内容・数などを定めなければなりません。種類株式の代表例は、次に示す議決権制限株式です。

・**議決権制限株式**

株主総会において議決権を行使できる事項について、一定の制限が課されている株式をいいます。

公開会社★において、議決権制限株式の数が発行済株式総数の2分の1を超えた場合、会社は直ちにこれを2分の1以下にするための必要な措置をとらなければなりません。

(2) 単元株制度

株式会社は、その発行する株式について、一定の数（単元株式数）の株式をもって株主が株主総会で1個の議決権を行使することができる1単元の株式とする旨を定めることができます。

1単元の株式の数については定款で自由に定めることができますが、**単元株式数の上限については、法務省令で規定する数**（1000および発行済株式総数の200分の1）**を超えることはできません**。

(3) 株券と株主名簿

株券は原則として発行しません。例外的に、株券を発行する旨を定款で定めた場合に、株券を発行することができます。

株式会社は、一定の日（**基準日**）を定めて、基準日において株主名簿に記載されている株主を、「株主として当該基準日から一定の期間内に開催する株主総会で権利を行使することができる者」と定めることができます。

(4) 株式の譲渡

ア）株式譲渡自由の原則とその制限

原則として株式は自由に他人に譲渡することができます。

ただし譲渡制限付株式については、譲渡に際してウ）の手続が必要です。また、子会社は原則として親会社の株式を取得してはなりません。

➡株式譲渡自由の制限の内容に関しては図6-2-1を参照してください。原始定款で株式譲渡制限について定めていない場合でも、会社設立後に定款を変更して株式の譲渡制限に関する規定を設ければ、株式の譲渡制限を行うことができます。

イ）株式譲渡の方法

株式の譲渡は、株券が発行されていない場合、**譲渡の意思表示のみで効力が発生**します。**第三者への対抗要件は株主名簿への記載または記録です**。

ウ）譲渡制限付株式の譲渡手続

譲渡制限付株式を譲渡しようとする株主は、会社に対し、「譲渡を承認するか否かの決定」、そして会社が承認しない場合は「会社または会社の指定する者が当該株式を買い取ること」を**譲受人と共同で請求**できます。

譲渡制限付株式の譲渡を承認する機関は、株主総会（取締役会設置会社は取締役会）です。

会社が「譲渡を承認しない」と決定したときは、会社自ら譲渡制限付株式を買い取るか、譲渡の相手先を指定しなければなりません。

図6-2-2　譲渡制限付株式の譲渡手続

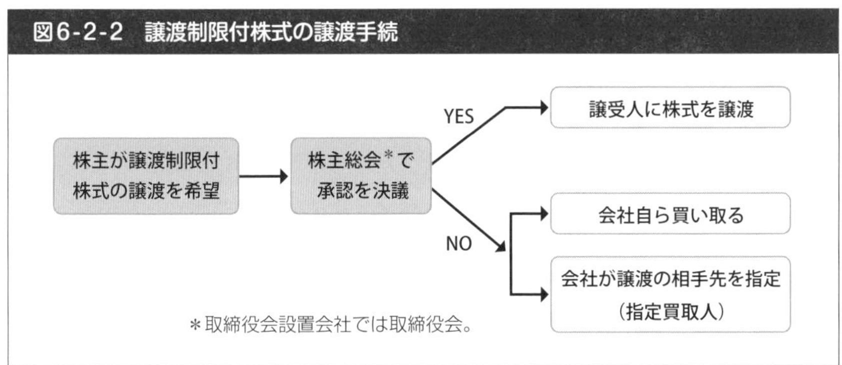

(5) 自己株式の取得と保有

自己株式は一般的に議決権がありません。

非公開会社＊★が自己株式を取得する場合、株主による売主追加請求権が認められています。ただし、相続人その他の一般承継人から自己株式を取得する場合は、原則として、株主による売主追加請求権は認められていません。

株式会社が、自社と株主の合意により、有償で自己株式を取得する場合、株主総会の普通決議や取締役会決議による授権決議を経て自己株式を取得できます。

自己株式の取得にあたっては財源規制や取得手続が設けられています。自己株式取得にあたり株主に対して交付する金額の帳簿価額の総額は、取得の効力が発生する日における分配可能額を超えてはいけません。

＊**非公開会社**　すべての株式が譲渡制限付株式の会社。

株式会社は、自己株式を取得する場合、発行済株式総数に対する割合の規制はありません。したがって会社は、いかなる方法による取得であれ、適法に取得した自己株式を保有し続けることができます。

- 「譲渡制限付株式」と「議決権制限株式」に対応する会社を覚えておきましょう。すべての株式が「譲渡制限付株式」の会社は非公開会社で、「議決権制限株式」の株式数が半数を超える会社も非公開会社です。逆にいえば、株式のごく一部でも譲渡制限がない会社が公開会社であり、公開会社を維持するためには、「議決権制限株式」の株式数を半分以下にすることが必要です。
- 「株式会社の自己株式取得には株主総会の特別決議が必要か否か」という問題がよく出題されます。自己株式が議決権を持たないので経営上それほど重要でないことから、株主総会の普通決議か、取締役会設置会社では取締役会の決議でできることが導き出されます。
- 株式の譲渡は株主（譲渡人）の意思表示だけで成立しますが、これは株券不発行会社の場合であって、株券発行会社には適用されません（株券の実際の譲渡が必要です）。この“ひっかけ問題”が最近出題されました。

Theme

3 株主と株主総会

株主が出資者として会社から経済的利益を受ける権利（自益権）と、会社の管理運営に参加できる権利（共益権）とを主張できる公的な場が株主総会です。

重要度：★★★

●株式会社にとって株主総会は、取締役会と並んで大変重要な機関です。ただし、会社法と定款で定められた事項だけを決議するという役割に加え、招集に手間と時間がかかるので、日頃の会社の運営に関わる事項の決定・決議は取締役会あるいは代表取締役が行います。

●他方、会社法と定款で定められた事項とはいうものの、株主の権利・利害に関わる事項は、取締役会で発議しても最終的な決定・決議は株主総会で行います。したがって、株主の自益権・共益権はその具体的な内容をよく把握しておいてください。

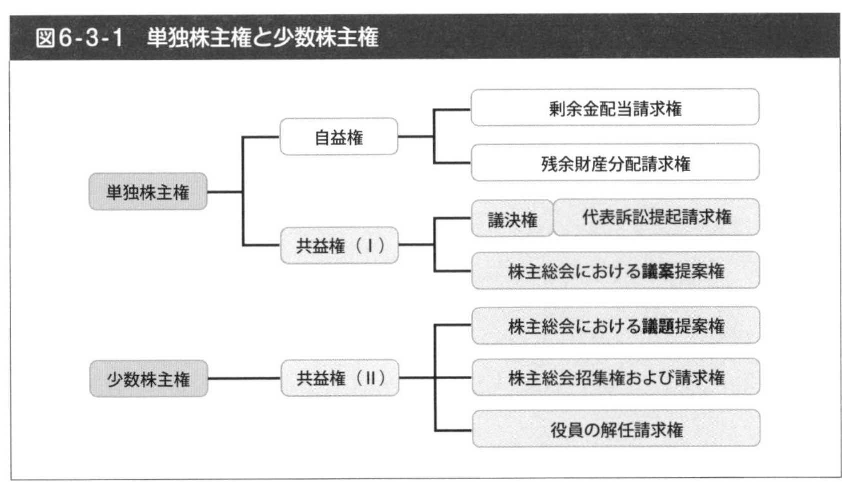

●毎年出題される頻出かつ重要な分野です。

●「株主総会招集の手続および省略ができるケース」、「単独株主権と少数株主権」、「（非公開会社の）株主平等原則の例外」、「株主に限定した議決権の行使」、「書面あるいは電磁的方法による議決権行使の義務付けのケース」、「株主への利益供与の禁止」などが過去に出題されています。

株主の権利と義務、株主の議決権、株主総会の招集と進行

(1) 株主の権利と義務

ア) 自益権★と共益権★

「**自益権★**」とは、株主が出資者として会社から経済的利益を受けることを目的とする権利のことをいいます。代表的なのは、剰余金配当請求権と残余財産分配請求権などです。

定款で「剰余金配当請求権と残余財産分配請求権の全部を株主に与えない」とすることはできません(無効です)。

「**共益権★**」とは、株主が会社の管理運営に参加することを目的とする権利のことをいいます。代表的なのは株主総会での議決権、**議案提案権**や株主代表訴訟提起請求権、取締役の行為差止請求権などです。

イ) 単独株主権と少数株主権

単独株主権は、1株のみを保有する株主でも行使できる権利のことをいいます。上記**「自益権」はすべて「単独株主権」**です。

少数株主権とは、一定割合*または一定数以上の議決権のある株式を有する株主が行使できる権利のことをいいます。代表的なのは、株主総会の議題提案権、株主総会の**招集権**および**招集請求権**、**役員の解任請求権**です。

ウ) 株主平等原則とその例外

株主平等原則は、株主としての地位にもとづく法律関係については、すべての株主を、その有する**株式の内容および数に応じて平等**に取り扱わなければならないとする原則です。

しかしながら、非公開会社においては、定款の定めにより、株主総会における議決権について、株主が所有する株式の数の多寡にかかわらず、株主1人につき1議決権を有する旨を定めることができます。

さらに、同じく定款の定めにより、株主全員への同額配当も定めることができます。

(2) 株主の議決権

ア) 一株一議決権の原則

株主は一株式につき一議決権を有します。ただし、議決権制限株式、会社が取得した自己株式、単元未満株式は、株主が議決権を行使できません。

イ) 代理行使、書面行使、電磁的方法による行使

株主総会において議決権を行使できる株主の代理人は株主に限る、とする旨を定

＊**(議決権の)一定割合**　公開会社においては100分の3以上。

款で定めることができます。

株主総会に出席できない株主が議決権を行使する方法として、代理人により議決権を行使する方法や、書面または電磁的方法によって議決権を行使する方法が可能である旨、定款で定めることができます。

議決権を有する株主が1,000人以上いる場合は、書面または電磁的方法による議決権の行使を可能にすることが、会社法で義務付けられています。

ウ）取締役選任の累積投票★

複数の取締役の選任を目的とする株主総会の招集があったときは、株主は累積投票を求めることができます。この場合、株主は取締役候補の数と同数の議決権を持ち、1人または2人以上の投票ができます。

しかしながら、こうして選任された取締役は会社の業務を阻害する懸念があるため、**多くの会社は定款の定めで累積投票を排除しています**。

(3) 株主総会の招集と進行

ア）株主総会の招集手続

株主総会の招集通知は、株主名簿に記載された株主の住所に宛てて発すれば足ります。当該通知が株主に到達しなかったとしても、当該通知は、通常到達すべきで、発信したときに株主に到達したものと見なされます。

招集通知は、原則として**株主総会期日の2週間前までに発信**しなければなりません。

非公開会社の場合は、この期間を**1週間前までに短縮**することができます。

取締役会設置会社では、招集通知を発する場合、会社法上、その招集通知を書面または電磁的方法により行わなければなりません。

イ）招集手続の省略

株主全員の同意があれば、招集通知の発送等の**手続を省略することができます**。

ウ）株主総会の決議、株主総会への報告の省略

株主全員の書面または電磁的記録による**同意があった場合には、株主総会を開催しなくても、株主総会の決議ないしは株主総会への報告があったものと見なす**ことができます。

エ）株主提案権

株主提案権には**少数株主権としての議題提案権**と、**単独株主権としての議案提案権**があります。ただし、取締役会非設置会社は、単独株主権として議題提案権を有します。改正会社法では、株主が提案できる議案の数の上限を10までとする規定が設けられました。

オ）決議事項と決議方法

【特別決議★を要する決議事項】

①定款の変更　　　②資本の減少　③事業の譲渡（＊1）

④会社の解散・合併　⑤募集株式の第三者への有利発行（＊2）

⑥株式の併合　⑦監査役の解任（＊3）など

➡**議決権の過半数を有する株主が株主総会に出席し、出席株主の議決権の3分の2以上の多数による決議を「特別決議★」**といいます。

上記のように①**定款の変更**は株主総会の特別決議事項ですが、**定款の変更によってこれらの要件を加重することはできるものの、要件の緩和はできません。**

（＊1）Theme9の（1）（2）参照

（＊2）Theme8の（1）参照

（＊3）Theme5の（1）参照

【バーチャルオンリー株主総会★】

物理的な開催場所を設けず、株主がインターネットなどの手段により議案の決議を行う形式の株主総会を**バーチャルオンリー株主総会★**といいます。

産業競争力強化法の改正により、「場所の定めのない株主総会」に関する制度が会社法に特例として盛り込まれ、**バーチャルオンリー株主総会★**の開催が可能となりました。

（4）総会屋への利益供与の禁止

株主の権利の行使に関し、会社の計算において、財産上の利益を供与する**利益供与は会社法上、禁止**されています。利益供与に関与した取締役等は過失があった場合、供与した利益の価額に相当する額を会社に支払う責任を負います。➡第7章Theme6参照

- 単独株主が行使できる「共益権」に株主総会における議案提案権がある一方、少数株主が行使できる「共益権」に株主総会における議題提案権があります。非常に似ていて混乱しやすいですが、「議案」は「議題」の1つであると考えれば、「少数株主」が「単独株主」より広範な権利を付与されているのがわかります。
- 会社法は株主の利益の方を優先しているので、剰余金配当請求権や残余財産分配権などを株主から奪うことを定款で定めることを認めていません。逆に、非公開会社に限りますが、定款で株主全員への同額配当を定めることを認めています。

Theme

4 取締役と取締役会

会社の日々の運営は代表取締役と取締役が行います。また、株主総会決議事項以外の重要な決定・決議は取締役会で行われます。

重要度：★★★

●取締役会は会社法で株主総会と並んで会社の大事な機関であり、日々の会社の運営は取締役と取締役会によってなされています。取締役には会社法で定める3つの義務と1つの制限があります。試験ではそれぞれの具体的事例を挙げて、取締役の責任の有無、適法性を問うています。

取締役と取締役会の役割・責任

(1) 株式会社の機関設計

図6-4-1　取締役会設置会社と大会社で公開会社の３類型

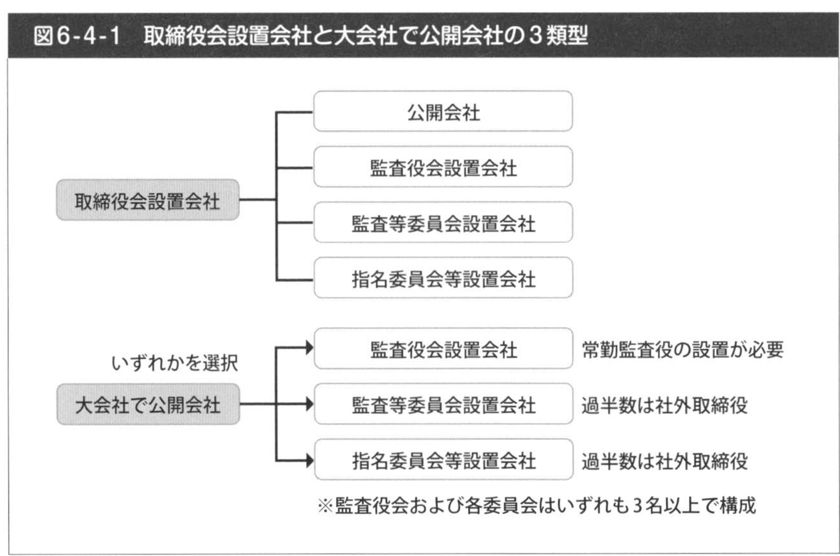

●毎回出題される頻出の分野です。特に、取締役が負う役割・責務に関する出題が多く見られます。

公開会社★とは、「譲渡制限付株式がまったくないか、あっても一部のみ」の株式会社のことをいいます。

また、**大会社**★とは、

①最終事業年度にかかる貸借対照表に資本金として計上した金額が5億円以上

②最終事業年度にかかる貸借対照表に負債として計上した金額が200億円以上

の**いずれかに該当する株式会社**をいいます。

(2) 取締役の役割と責任

ア) 取締役の役割

①**善管注意義務**

善良なる管理者の注意を持って管理する義務です。

②**忠実義務**

法令および定款ならびに株主総会の決議事項を順守し、忠実に職務を行う義務のことです。

③**競業避止義務**

取締役が会社の事業と同種の取引、つまり自分の会社と競合するような取引をするには、株主総会あるいは「取締役会設置会社」では取締役会で、その取引に関する重要な事実を開示し、承認を受けなければなりません。かつ、競業取引を行った取締役は、遅滞なくその取引につき重要な事実を取締役会に報告しなければなりません。

④**利益相反取引の制限**(自己取引の制限)

取締役が自ら会社と取引するには、株主総会あるいは「取締役会設置会社」では取締役会で、その取引に関する重要な事実を開示し、事前承認を受けなければなりません。かつ、利益相反取引を行った取締役は、遅滞なくその取引につき重要な事実を取締役会に報告しなければなりません。

イ) 取締役の責任

取締役は、**その任務を怠ったとき＝任務懈怠**(にんむけたい)は、会社に対して、これによって生じた**損害を賠償する責任**を負います。

ただし、**取締役の**任務懈怠や利益相反取引などにもとづく**会社への損害賠償責任**は、**総株主の同意があるときは、そのすべてを免除することができます。**

取締役が職務を行うについて**悪意または重過失があったときは**、これによって第三者に生じた**損害を賠償する責任を負います**。

取締役が職務を行うについて善意で重過失がない場合、

①株主総会の特別決議　あるいは

②取締役の過半数の同意ないしは取締役会の決議（出席取締役の過半数の賛成）により、一定額を限度として当該取締役の責任を免除することができます。

ウ）社外取締役

社外取締役とは、株式会社の取締役で、当該株式会社またはその子会社の業務執行取締役もしくは執行役または支配人その他の使用人でなく、かつ就任前の過去10年間に当該株式会社またはその子会社において、そのような地位に就いたことのない者をいいます。

社外取締役は、業務執行を直接行うことのできない**非業務執行取締役**であるため、株式会社との間で**責任限定契約**★を締結することが認められています。これにより、社外取締役は社内取締役より損害賠償責任が軽減されます。

(3) 取締役会の役割および手続

ア）取締役会の役割

【取締役会の決議事項】

重要な財産の処分や譲受け、多額の借財、支配人など重要な使用人の選任・解任、支店などの重要な組織の設置・廃止など、会社の業務執行上の重要事項については、「取締役会設置会社」では取締役会が自らこれを決定しなければなりません。

取締役会設置の大会社あるいは委員会設置会社かつ大会社では、内部統制システム構築の基本方針の決定は代表取締役に委任することはできず、**取締役会が自らこれを決定しなければなりません。**

イ）取締役会の招集と運営

取締役会は、取締役および監査役全員の同意があるときは、招集の手続を経ることなく開催することができます。

取締役会の決議要件は、定款の定めにより、会社法所定の割合を上回る割合を加重することができます。

取締役会の決議に参加した取締役で議事録に異議をとどめない者は、決議に賛成したものと推定され、その結果、会社に対する責任を負う場合があります。

取締役会の議事について、法務省令で定めるところにより、書面または電磁的記録によって議事録を作成しなければなりません。当該議事録には取締役会に出席した当該会社の取締役および監査役が署名もしくは記名押印または電子署名をしなければなりません。

さらに当該会社は、当該議事録を、取締役会の日から10年間、その本店に据え置かなければなりません。

(4) 代表取締役の役割と責任

ア) 代表取締役

会社を代表する取締役をいい、会社を代表しかつ会社の業務執行を行う機関です。複数の代表取締役が選定されている場合でも、**原則として各代表取締役は単独で会社を代表します**。

イ) 取締役・取締役会との関係

代表取締役は、業務執行機関であって、取締役または取締役会の決定にもとづき会社の業務を執行します。

また、**株式会社の業務に関する一切の裁判上または裁判外の行為をする権限を有します**。

取締役会設置会社では、取締役会の決議により、取締役の中から代表取締役を選定しなければなりません。したがって、任期満了、辞任などにより取締役の地位を喪失した場合、自動的に代表取締役の地位も喪失します。

ウ) 表見代表取締役

代表取締役の代表権を制限して、例えば複数の代表取締役が共同でなければ会社を代表することができない旨を定めたとしても、**この制限を善意の第三者に対抗することはできません**。

- 取締役の「競業取引」に関しては、事前の取締役会での承認に加え、当該取引後にも取締役会でその報告をしなければならないことに注意が必要です。過去の設問では、どちらか一方のみで問題ないとする“ひっかけ問題”が出題されています。
- 複数の代表取締役を設置している会社に関わる過去問も出ています。「単独での業務執行はできず、共同でないと効力がない」と定款で定めても、善意の第三者には対抗できません。そのような定款がない場合でも、単独で会社を代表することができます。

Theme 5 監査役ほかの役員

監査役、会計参与、および監査等委員会の監査等委員は役員であり、会社の機関です。特に、コンプライアンスの強化が叫ばれ、役員の不祥事が多い昨今では、監査関係の役員の役割が増しています。

重要度：★★★

●監査役も会計参与も、会社法上では「役員」です。監査役は、取締役や取締役会が法令・定款等にもとづいて組織運営をしているかどうか絶えずチェック、モニターする機能を有しており、コーポレートガバナンス上、重要な機関です。

監査役と監査役会、会計参与、会計監査人

取締役、代表取締役に限らず、会社法では監査役、会計参与、執行役も株式会社の「**役員**★」です。

(1) 監査役の義務と権利

①取締役会への出席義務と意見陳述義務

取締役会設置会社では、監査役は原則として当該会社の取締役会に出席し、必要があると認めるときは、意見を述べなければなりません。

②取締役会への報告義務

取締役が不正の行為をし、また当該行為をするおそれがあるとき、または法令もしくは定款に違反する事実もしくは著しく不当な事実が認められるときは、監査役は遅滞なく取締役（取締役会設置会社では取締役会）に報告しなければなりません。

● 「監査役の取締役会での義務」、「監査役の差止請求権」、「監査役の職務権限を会計監査に限定するケース」、「監査役選任議案の監査役会での同意」、「会計参与の役割、設置の任意性」、「会計監査人の設置義務がある会社」などが過去に出題されています。

③差止請求権

取締役が会社の目的外の行為その他法令もしくは定款に違反する行為をし、またこれらの行為をするおそれある場合において、当該行為によって会社に著しい損害を与えるおそれがあるときは、監査役は原則として当該取締役に対し、当該行為をやめることを請求することができます。

④子会社調査権

監査役はその職務を行うため必要があるときは、子会社の財産の状況を調査することができます。

⑤監査役選任議案の同意権

取締役会設置会社で、監査役の選任に関する議案を株主総会に提出するときは、当該会社の取締役は監査役（会）の同意を得なければなりません。

⑥監査役の解任

監査役を解任するには、株主総会の特別決議★（での承認）を経なければなりません。

(2) 監査役と会計監査・業務監査

公開会社でない会社（非公開会社）では、監査役の職務権限を会計監査に限定することができます。公開会社では、監査役は会計監査に加えて業務監査を行います。

ただし、この業務監査は取締役の業務執行の法令・定款違反または著しい不当性の有無をチェックし指摘する**適法性監査のみであって**、取締役の裁量的判断一般の当否をチェックする**妥当性監査ではありません**。

(3) 監査役会

大会社は監査役会を設置しなければなりません。また、監査役の1人以上は常勤監査役であって、監査役会のメンバーは3人以上でなければなりません。そのうち**半数以上は社外監査役でなければなりません**。

改正会社法では、監査役会設置会社において社外取締役の設置が義務付けられました。

(4) 会計参与★

会計参与★は、**会社法上の役員であり、取締役または執行役と共同して、会社の計算書類およびその付属明細書等を作成することをその主たる職責**とします。

会計参与は、その職務を行うため必要があるときは、会計参与設置会社の子会社に対して会計に関する報告を求め、または当該子会社の業務および財産の状況について調査できます。

会計参与は、会計参与設置会社の会計帳簿の閲覧および謄写を行い、執行役および取締役等に対して会計に関する報告を求めることができます。

会計参与は、定款で定めることにより、**すべての株式会社において任意に設置することができます**。また会計参与は監査役との兼任はできません。

会計参与は**公認会計士もしくは監査法人または税理士もしくは税理士法人でなければなりません。**

(5) 会計監査人

会計監査人は、会社法上の役員ではなく、その**主たる職責は会社の計算書類およびその付属明細書等を監査すること**です。

会計監査人には、**公認会計士もしくは監査法人の資格を有するものが就任することができ、株主総会で選任されます**。

会計監査人は、計算書類が法令または定款に適合するかどうかについて、当該会社の監査役会と意見を異にするときは、当該会社の定時株主総会に出席して意見を述べることができます。

指名委員会等設置会社、監査等委員会設置会社、大会社には、会計監査人の設置が会社法上、義務付けられています。これら以外の会社では、会計監査人の設置は任意です。

- "会計"という文字が付いているため混乱しやすいのが会計参与と会計監査人です。
- 会計参与は会社法上の役員ですが、会計監査人は役員ではありません。また、会計参与は税理士または税理士法人でもなれますが、会計監査人は公認会計士または監査法人でなければなれません。両者の違いを把握しておいてください。
- 監査役会、後述の指名委員会等設置会社の監査委員会、監査等委員会設置会社の監査等委員会の構成人数はいずれも3人以上ですが、社外監査役、社外取締役の比率が違うので注意が必要です。監査役会の場合は半数以上ですが、監査委員会と監査等委員会では過半数となっています。

委員会設置会社

重要度：★★☆

委員会設置会社は当初、３委員会の設置が義務付けられていましたが、社外役員の手当が困難であるため、手当が容易な監査等委員会設置会社が新設され、実際にも増加しています。

●当初は「委員会設置会社」だけでしたが、指名・監査・報酬の3つの委員会の社外取締役を調達するのが大変であるため、監査等委員会のみ設置すればよい「監査等委員会設置会社」が新たに認められました。監査委員会の監査委員と、監査等委員会の監査等委員と、公開会社の監査役は、業務と権限・義務がほぼ同じです。

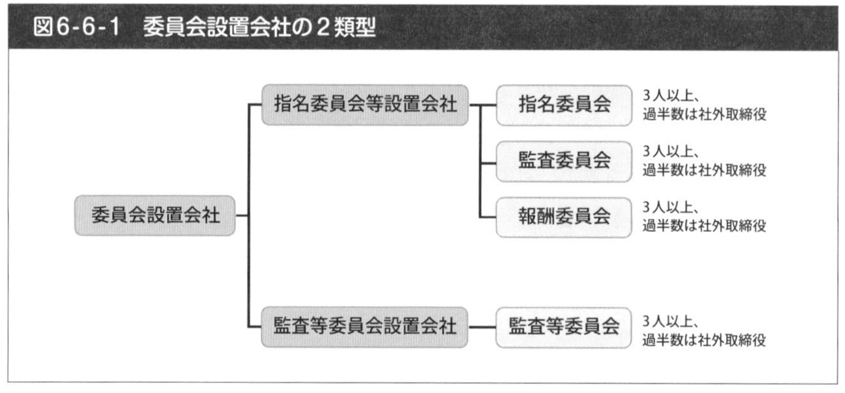

図6-6-1　委員会設置会社の２類型

- 委員会設置会社である、指名委員会等設置会社と監査等委員会設置会社の内容と違いを問う設問が出題されたことがあります。
- 指名委員会等設置会社の報酬委員会は、取締役・執行役の個人別の報酬を決める委員会ですが、「従業員の報酬を決める権限もある」とする設問がよく出題されます。

指名委員会等設置会社、監査等委員会設置会社

(1) 指名委員会等設置会社★

会社法上、指名委員会等を設置する場合、**指名委員会、監査委員会および報酬委員会の3委員会をすべて設置しなければならず**、例えば「報酬委員会は設置せず、指名委員会および監査委員会のみを設置する」といったことはできません。また、**監査役は置けません**が、**取締役会、会計監査人および執行役を設置しなければなりません**。

指名委員会等設置会社では、**取締役は業務執行を行うことはできません**。

報酬委員会は、取締役・執行役の個人別の報酬内容にかかる決定に関する方針を定めなければなりません。

図6-6-2　指名委員会等設置会社

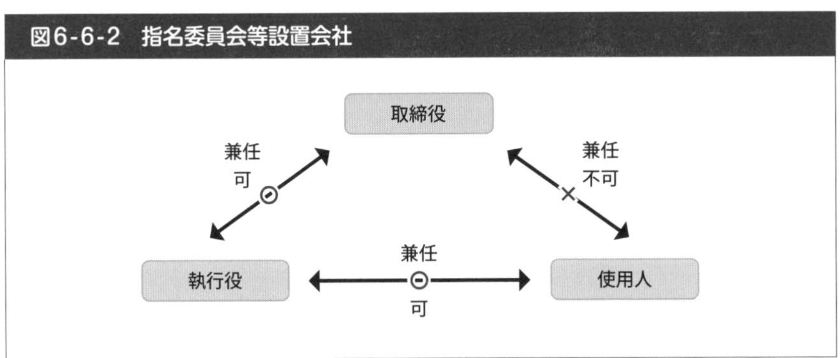

(2) 監査等委員会設置会社

監査等委員会設置会社は、監査等委員会を置く株式会社をいいます。

指名委員会等設置会社の監査委員会とは別のもので、**監査等委員会のみ設置され、監査役会に代わる機関**です。したがって、監査等委員会設置会社においては**監査役はいません**が、**取締役会と会計監査人を設置しなければなりません**。

ある会社が監査等委員会を設置する場合、**監査等委員である取締役は3人以上で、その過半数は社外取締役でなければなりません**。監査等委員会設置会社には、(指名委員会等設置会社と違い) 執行役は設置されません。また、**監査等委員は取締役専任で、使用人兼務取締役であってはなりません**。

監査等委員の有する権限は、上に述べた指名委員会等設置会社の監査委員と同様です。

監査等委員は取締役であり、取締役会で議決権を行使し、業務執行の監査・監督を行います。

- 「監査等委員会設置会社」と「指名委員会等設置会社」の監査委員会とは紛らわしいです。が、後者は“指名委員会等”となっているので、ほかにも委員会があるのだろうと推測できます。前者は本来“監査委員会”としたいところですが、本文にあるとおり監査等委員の身分は取締役であり、監査だけでなく、取締役会での議決権も行使するため、“等”の一文字が入っています。
- 「執行役」と「執行役員」も紛らわしい機関です。「執行役」と「執行役員」はまったく異なる地位と制度です。「執行役」は指名委員会等設置会社で日常の業務執行を行うものと会社法で規定されていますが、「執行役員」の規定は会社法にはありません。「執行役員」については、「支配人その他の重要な支配人」に該当しますので、選任は取締役会の決議事項です。
- 「指名委員会等設置会社」において業務を執行する機関は執行役なので、取締役は設置不可とする過去問が出題されています。取締役会設置会社でも、委員会設置会社でも取締役は不可欠の機関なので、いずれも誤りです。

Theme 7 剰余金の配当

株主が剰余金の配当を受ける権利は、株主の権利のうち最も重要なもので、株主自身の同意がなければ奪うことができない固有権でもあります。

重要度：★★★

●剰余金の配当に関しては、違法配当や剰余金の配分規制の問題がよく出題されているので、内容と関連数字を把握しておいてください。また、違法配当に関与した取締役の責任追及の可否もよく出題されます。

剰余金の配当手続、違法配当ほか

(1) 剰余金の配当手続

株式会社は、原則として株主総会の普通決議により剰余金の配当を行うことができ、また**1事業年度の間に行うことのできる剰余金の配当の回数は1回には限られません**。何回でも剰余金の配当が可能です。

株式会社は、配当財産が金銭以外の財産である場合において、株主に対して当該配当財産に代えて金銭を交付することを株式会社に対して請求する権利**（金銭分配請求権）を与えないときは、株主総会の特別決議★によらなければ剰余金の配当を行うことができません**。

剰余金の配当における株主に対する配当財産の割当てに関する事項についての定めは、株主の有する株式の数に応じて配当財産を割り当てることを内容とするものでなければなりません。

定款に定めを設けることにより、剰余金の配当について、株主の持ち株数の多寡に関わりなく、株主の人数に従い均等に配当することもできます。

(2) 剰余金の配当に関する財源規制

株式会社は、会社法で定める「分配可能額」を超えて剰余金を配当することはできません。株式会社は、その**純資産額が300万円を下回る場合には、剰余金の配当**

●違法配当に関する出題が過去にあります。具体的には、違法配当に関与した取締役・執行役や受領した株主の対応に関する設問が出題されています。

はできません。

(3) 違法配当

株式会社が分配可能額を超える違法配当を行った場合は以下のようになります。

①当該株式会社の**債権者**は、当該違法配当により金銭などの交付を受けた株主に対して、債権者が当該株式会社に対して有する債権額を上限として、**当該株主が交付を受けた金銭等の帳簿価額に相当する金額を自己に支払わせることができます。**

②株主総会で当該違法配当に関する**議案の提案を行った取締役は、当該株式会社に対し**、株主が交付を受けた金銭等の帳簿価額に相当する金額を**支払う義務を負います。**

③取締役など**業務執行者が先に株主に金銭を支払ったときは**、**違法配当であることに善意の株主は**、当該株主が交付を受けた金銭などについて、**業務執行者などからの求償の請求に応じる義務を負いません。**

▼違法配当の責任

主体	違法配当による金銭等の交付を受けた株主	違法配当に関する職務を行った業務執行者（取締役、執行役）	株主総会・取締役会における違法配当に関する議案提案取締役
会社に対する責任の範囲	会社が交付した金銭等の帳簿価額に相当する金額		
責任の性質		過失責任	
免除の要件	違法配当につき善意の株主は、業務執行者や議案提案取締役からの求償に応じる義務を負わない	総株主の同意。ただし、行為時における分配可能額が限度	

●本文にあるとおり、違法配当に関与し過失のある取締役は、会社が交付した違法配当金額を賠償（負担）する義務があります。他方、株主の場合は善意であればたとえ受領しても求償要求に応じる必要はありませんが、債権者から弁済（返却）を求められた場合は弁済しなければならない、という違いに注意が必要です。

Theme 8

会社の資金調達

会社の資金調達は、以前は銀行借入などの間接金融が中心でしたが、株式市場の発展や企業の信用力向上に伴い、募集株式や社債の発行などの直接金融が増えています。

重要度：★★☆

●会社の資金調達の手段は図6-8-1のとおり種々ありますが、試験によく出題されるのは、外部資金の調達の主たる方法である募集株式の発行です。ここでは、発行可能株式数、発行の機関手続、出資未履行者への対応、違法な募集株式発行計画への株主の対応などをよく学習しましょう。

図6-8-1　会社の資金調達方法

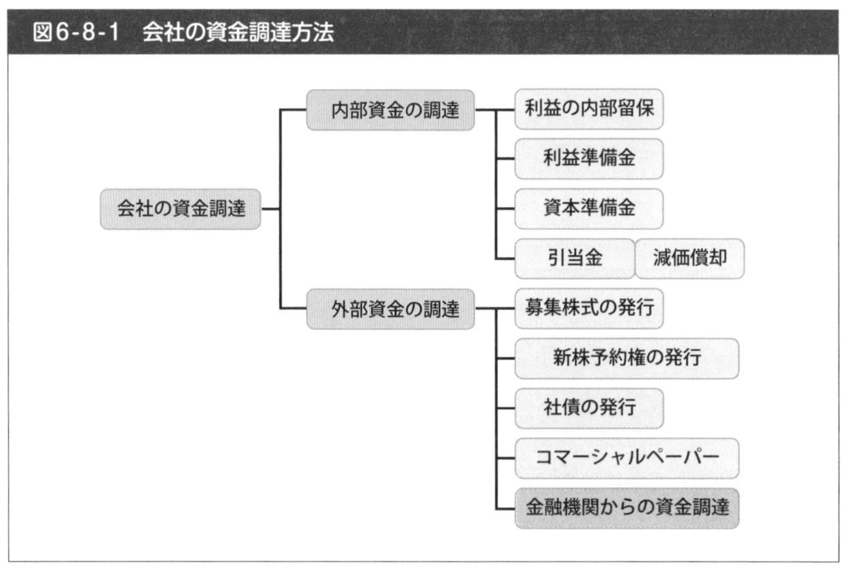

外部資金の調達方法

(1) 募集株式の発行

ア) 募集株式の発行の制限

会社法の規定により、**公開会社★が募集できる株式の数は、発行済株式総数の4**

●会社の資金調達方法は図6-8-1のように多種多様ですが、出題されるのは主に募集株式の発行による資金調達です。

倍を超えることはできません。

イ）募集株式の発行手続

①**株主割当による新株発行**

株式会社が株主に募集割当を受ける権利を与える「株主割当」による新株発行をする場合、株主は原則として、その有する株式の数に応じて割当てを受ける権利を有します。

公開会社の場合、株主割当による募集株式を発行するに際し、取締役会決議により募集事項を決定することができます。

募集株式の引受人のうち、出資の履行をしない者がいる場合、当該会社の募集株式の発行自体は無効とならず、当該出資の履行をしない者は募集株式の株主となる権利を失います。

②**株主割当以外の募集株式の発行**

株主割当以外の募集株式の発行で、払込金額が時価を大幅に下回るような、募集株式を引き受ける者にとって**特に有利な金額である場合、公開会社★においても株主総会の特別決議★を要します**。

ウ）不公正な募集株式の発行に対する救済措置

ある株式会社が、会社法の規定に違反して募集株式の発行を行おうとしており、これにより当該株式会社の株主が不利益を受けるおそれがある場合、当該株式会社の株主は、当該株式会社に対し、事前に募集株式の発行の差止めを請求することができます。

法的瑕疵のある募集株式の発行についての救済手段として、「**新株発行無効の訴え**」や「**新株発行等不存在確認の訴え**」の制度が設けられています。

(2) その他の資金調達方法

①新株予約権：株式会社に対して行使することにより、当該株式会社の株式の交付を受けることができる権利です。

②a.社債、b.新株予約権付社債：このうちbは新株予約権を付した社債で、新株予約権と社債を分離していずれかの一方を譲渡することはできません。

③コマーシャルペーパー：日本の企業が国内で発行する無担保の約束手形のことをいいます。

➡以上の①～③は**直接金融**

④金融機関などからの借入れ➡**間接金融**

企業買収と事業譲渡

企業の買収には、株式取得によるものと事業譲渡によるものがあります。なお、一部の事業のみを譲渡する場合には、株主総会の特別決議を必要としない簡易な事業譲渡および略式事業譲渡があります。

重要度：★★☆

●事業譲渡では、その事業に関する債務や従業員を譲受会社がそのまま引き継ぐことはできず、別の契約を取り交わすなど別の方法をとらなければなりません。事業譲渡でよく出題されるのは「簡易な事業の譲渡・譲受け」と「略式事業譲渡・譲受け」です。譲渡資産が純資産額の一定比率を下回ったり、株主議決権が一定比率を超えた場合は株主総会決議が不要になるので、その数字と対象をよく覚えておいてください。

図6-9-1　事業譲渡による企業買収

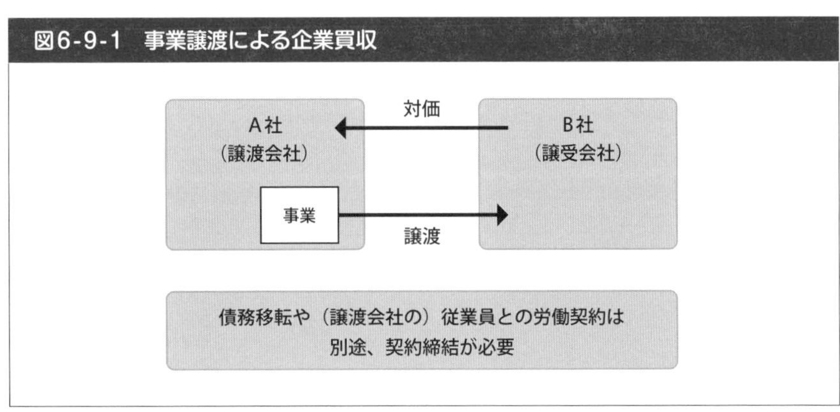

● 「事業譲渡」、「合併」、「株式交換・移転」、「会社分割」については、ここ数回それぞれ単独で出題されています。

株式取得と事業譲渡による企業買収

(1) 株式取得による企業買収

すでに発行されている株式を取得する場合でも、上場企業の株式については証券取引所からの取得が中心となります。この場合、金融商品取引法による規制に注意する必要があります。

新たに発行される株式を取得する場合は、第三者割当増資の方法によります。ただし、払込金額が特に有利な金額である場合には、その後に株価が下落することで、既存の株主の利益を害するおそれがあります。したがって、このような事態に備えるためにも、**株主総会の特別決議★が必要**となります。

(2) 事業の譲渡による企業買収

ア) 事業の譲渡とは

事業目的のため一体的に機能する財産の全部または重要な一部を譲受人に移転させる契約を、**事業の譲渡**といいます。

イ) 事業の譲渡の手続

事業譲渡に関する内容の決定は、取締役会設置会社では取締役会で決議すべき事項です。

事業譲渡の対象が、譲渡会社の事業の全部である場合は、譲渡会社および譲受会社の双方の特別決議が必要です。譲渡対象が譲渡会社の重要な一部である場合は、譲渡会社では株主総会の特別決議が必要ですが、譲受会社での特別決議は不要です。

・簡易な事業の譲渡・譲受け

①譲渡する資産が譲渡会社の純資産額の1/5未満：
譲渡会社の株主総会の特別決議は不要です。

②譲受けの対価が譲受会社の純資産額の1/5未満：
譲受会社の株主総会の特別決議は不要です。

・**略式事業譲渡・譲受け**

事業の譲渡先（譲受会社）が特別支配会社*★である場合は、譲渡会社における株主総会の承認は不要です。

逆に、事業を譲渡する譲渡会社が特別支配会社★である場合は、譲受会社における株主総会の承認は不要です。

➡譲渡（譲受）会社で株主総会を開催したとしても、議決権のほとんどは特別支配会社である譲受（譲渡）会社が有しており、承認される可能性が高く、開催を要求する意味が乏しいためです。

ウ）事業の譲渡の効果

事業譲渡による企業買収の場合、事業譲渡だけでは、譲渡会社が負っていた**債務は当然には譲受会社に移転しないため**、別途、債務引受などの方法による必要があります。

譲渡会社と**従業員の労働契約は、従業員の承諾がなければ譲受会社には譲渡できません**。

また会社法上、譲受会社の事業の譲受けによってその事業目的に変更を生じる場合は、株主総会の特別決議による定款の変更が必要となります。

・**競業避止義務**

事業を譲渡した会社は、会社法上、**同一の市町村ではその事業を譲渡した日から20年間は、同一の事業を行うことができません**。

- Ａ社がＢ社の株式の９割以上を保有する特別支配会社である場合、「Ｂ社がＡ社の特別支配会社である」という表現になっていますが、「Ａ社がＢ社を特別に支配する会社である」と読み替えた方がわかりやすいと思います。
- 略式事業譲渡・譲受けのポイントは「どちらが被支配会社（支配される会社）なのか」です。被支配会社では株主総会の特別決議は不要です。
- 事業譲渡は、会社の“人・モノ・金”が存続会社に包括的に移転する合併とは異なり、“人”、“金”の一部が包括的には移転せず、別途契約を取り交わす必要があるので要注意です。

＊**特別支配会社**　ある株式会社の総株主の議決権の９割以上を有するほかの会社のこと。

合併

合併においても吸収合併の場合に限り、株主総会の特別決議を必要としない簡易合併と略式合併があります。

- 合併には「吸収合併」と「新設合併」の2つがあります。
- 事業譲渡による企業買収に比べ、消滅会社の事業、労働契約や債務の移転がスムーズにできる利点があります。ただし、事業譲渡に比べ、株主総会で反対した株主への対応、書面契約によらなければ有効でない、といった面倒な面もあります。

図6-10-1　吸収合併と新設合併

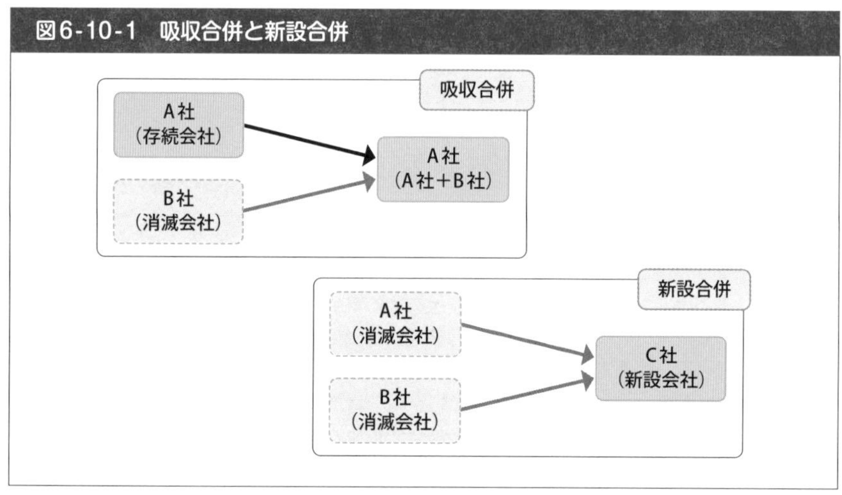

合併の手続、事業譲渡との比較

(1) 合併とは

合併には、合併により消滅する会社の権利義務の全部を合併後存続する会社に承

- 「事業譲渡」、「合併」、「株式交換・移転」、「会社分割」については、過去にそれぞれ単独で出題されています。

継させる**吸収合併**と、合併により消滅する会社の権利義務の全部を合併により新たに設立する会社に承継させる**新設合併**の２種類があります。

新設合併の場合、「官庁等の営業許可は承継されない」というデメリットがあります。

なお、"対等合併"という言葉をよく見かけますが、そういう法律用語はありません。

(2) 合併の手続

合併は、株式会社と合同会社の合併のように、種類の異なる会社間の合併も認められています。したがって、会社法上の４種類の会社間で自由に行うことができます。

ア) 合併契約の締結

合併に際しては、存続会社および消滅会社の商号・住所、新設会社の目的・商号・本店の所在地ほか、法定の事項を定めた合併契約を締結しなければなりません。

吸収合併の場合、存続会社は会社法所定の期間、吸収合併契約の内容等を記載した書面をその本店に備え、存続会社の株主および債権者の閲覧に供しなければなりません。

イ) 株主総会の特別決議による承認

合併承認決議は、原則として**株主総会の特別決議によりますが、総株主の同意を得る必要はありません**。

・**簡易合併★**

消滅会社の株主等に交付される対価の価額の合計額が、存続会社の純資産額の５分の１を超えないとき、存続会社における株主総会の承認決議は省略することができます。

・**略式合併★**

存続会社が消滅会社の特別支配会社★*であるときの消滅会社における株主総会の承認決議、あるいは消滅会社が存続会社の特別支配会社★であるときの存続会社における株主総会の承認決議は、いずれも省略することができます。ただし、後者では消滅会社における株主総会の承認決議が必要となります。

ウ) 反対株主および債権者の保護

合併に反対する反対株主は、合併当事者会社が**自己の株式を公正な価格で買い取ることを当該合併当事者会社に請求できます**。これは消滅会社、存続会社のどちらの反対株主であるかを問いません。

＊**特別支配会社**　228ページの脚注を参照のこと。

合併当事者の債権者は、合併について異議を述べる機会を与えられていますが、**異議を述べたとしても、合併を中止させることはできません。**

異議を述べた債権者に対しては、原則として、弁済または相当の担保の提供などをしなければなりません。

エ）株式の併合

消滅会社の株式に対する、存続会社または新設会社の株式割当を容易にするため、両者の株式の関係が整数倍となるよう、消滅会社において株式併合の手続がとられることがあります。

オ）合併の対価

存続会社や新設会社の株式はもちろんのこと、金銭、存続会社の親会社の株式・持分などを対価とすることが会社法で認められています。

カ）合併後の消滅会社の法的整理

消滅会社は清算手続を経ることなく、消滅します。

▼事業譲渡による企業買収と合併の比較

	事業譲渡による企業買収	合併
財産移転	取引上の契約であるため、契約で決めた範囲の財産が個別移転する（個々の財産の移転手続が必要）	消滅会社の全財産が包括移転する（個々の財産の移転手続が不要）
債務移転	譲渡会社の債務は、免責的引受をしない限り移転しない	消滅会社の債務は当然に存続会社または新設会社に移転する
労働契約の移転	譲渡会社の従業員の承諾が必要	消滅会社の労働契約は当然に存続会社または新設会社に移転する
解散	全部譲渡の場合でも譲渡会社は当然には解散しない	消滅会社は当然に解散する
契約	会社法上、不要（だが、契約内容の重要性から作成すべき）	会社法上、必要（株式会社は契約書類を本店に具備）
無効の訴え	会社法上、規定がない	会社法上、規定がある

●**吸収合併の場合、「存続会社の資本金は、消滅会社を吸収して業容が大きくなるので消滅会社の資本金より多くなくてはならない」とする“ひっかけ問題”が過去に複数回出題されています。資本金と業容は無関係なので、存続会社の資本金が消滅会社の資本金より少なくても何ら問題はありません。**

Theme

11 株式交換・移転、親子会社

重要度：★★☆

株式交換と株式移転により、親会社・子会社が成立します。いずれも株主・社員の利害に大きな影響を及ぼすので、株主総会の特別決議が必要です。

●株式交換・株式移転には、次のような効果があります。

①完全親子会社関係がもたらされます。

②消滅する会社はありません。

③各当事者の財産は原則として変動しません。したがって、債権者保護手続は不要です。

親会社・子会社、親会社に対する規制、株式交換・移転

(1) 親会社・子会社

会社法上、株式会社を子会社とする会社その他の、当該株式会社を支配している法人として法務省令で定めるものを、「親会社」といいます。

会社が総株主の議決権の過半数を有する株式会社その他の、当該株式会社がその経営を支配している法人として法務省令で定めるものを、「子会社」といいます。子会社の子会社、いわゆる<u>**"孫会社"も会社法上では「子会社」に含まれます**</u>。

(2) 親会社・子会社に対する規制

会社法で規制を設けている主なものは以下のとおりです。

①子会社による親会社株式取得の制限

②株式相互保有の制限：A社がB社の4分の1以上の議決権を保有するなど、B社の経営を実質的に支配することが可能な関係（典型的には親子会社の関係）にある場合、B社はA社の株を持っていても議決権を行使することはできない

● 「事業譲渡」、「合併」、「株式交換・移転」、「会社分割」については、ここ数回それぞれ単独で出題されています。

③株主の権利行使に関する利益供与の禁止
④監査役：
　a.子会社の取締役・執行役・使用人・会計参与との兼任の禁止
　b.子会社調査権
⑤会計参与：子会社の取締役・監査役・執行役・使用人との兼任の禁止

(3) 完全親会社と完全子会社

会社が他の会社の発行済株式の総数を有する場合、その会社を**完全親会社**、株式を保有される側の会社を**完全子会社**といいます。

(4) 株式交換

完全親子会社の関係を設立するために、株式会社がその発行済株式の全部を他の株式会社に取得させることを、**株式交換**といいます。

【事例：A社が、B社との間で株式交換を行い、B社の完全親会社になることとしました。】

この場合、A社は、B社の株主に対し、B社の株式に代わる対価として、A社の**株式だけでなく、金銭を交付することもできます**。

この事例において、両社のいずれかまたは両社とも取締役会設置会社であった場合でも、株式交換契約の承認は、両社の**株主総会の特別決議を得なければなりません**。**または、両社の総社員の同意を得なければなりません**。

この事例において、株式交換完全親会社の債権者は、一定の場合に当該株式交換完全親会社に対して、株式交換について異議を述べることができます。

また、株式交換は株式交換完全親会社が成立した日に効力を生じます。

(5) 株式移転

完全親子会社の関係を設立するために、1または2以上の株式会社がその発行済株式の全部を新たに設立する株式会社に取得させることを、**株式移転**といいます。

Theme

12 会社分割

会社分割による労働契約の承継の内容は多岐にわたるため、労働契約承継法でルールが細かく定められています。

重要度：★★☆

●会社分割とは、１つの会社を２つ以上の会社に分けることです。

●不採算部門の切離し、会社再建、新規事業への進出などの際にとられる経営手法です。会社分割は、事業の譲渡先が新設の会社か既存の会社かによって、新設分割と吸収分割に分類されます。会社の経営方針によってどちらかが選択されるので、経営方針の違いも把握しておきましょう。また、労働契約の承継に関わる事項も大事で、よく出題されます。ポイントは、「該当労働者に対し、会社側が一定の事項を事前に書面で通知しなければならない」ということです。

図6-12-1　会社分割

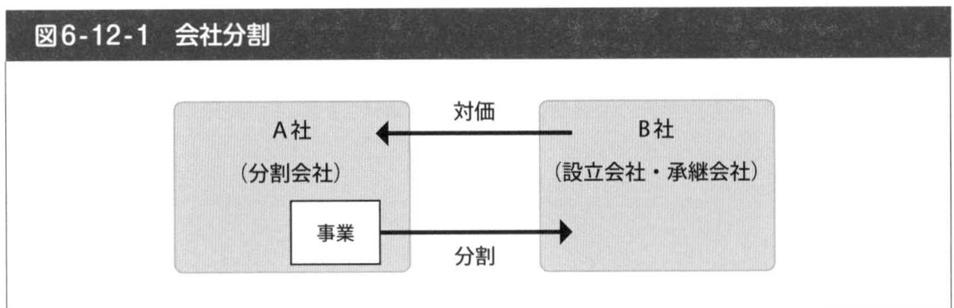

会社分割の種類・手続、詐害的会社分割ほか

(1) 会社分割制度

会社分割制度は、企業の有する事業部門を円滑に分離・独立できるようにするために設けられた制度です。

● 「事業譲渡」、「合併」、「株式交換・移転」、「会社分割」については、それぞれ単独で出題されています。

会社分割により分離・独立した各事業の独立性を高め、事業部門の整理・統合を行い、ひいては経営の効率化を進めることができます。

(2) 会社分割の種類

会社分割ができる(分割会社となり得る)のは**株式会社**と**合同会社**のみです。

分割承継会社となることができるのは、株式会社と持分会社です。

ア) 吸収分割★

「吸収分割」とは、株式会社または合同会社が、その事業に関して有する権利義務の全部または一部を、分割後、ほかの会社に承継させることをいいます。

イ) 新設分割★

「新設分割」とは、1または2以上の株式会社または合同会社が、その事業に関して有する権利義務の全部または一部を、分割により新たに設立する会社に承継させることをいいます。

(3) 会社分割手続

分割契約または分割計画について、事前の開示はもちろんのこと、株主総会における特別決議による承認または総社員の同意が必要となります。

ただし、吸収分割承継会社が吸収分割会社(吸収分割される会社)の特別支配会社である場合は、吸収分割会社において、株主総会決議により吸収分割契約の承認を受けることを要しません。

吸収分割会社の株主は、分割吸収に反対するときは、当該会社に対し、会社法所定の手続を経て、自己の所有する当該会社の株式を買い取ることを請求できます。

株式会社である吸収分割承継会社は、吸収分割の対価として吸収分割会社に対し、当該吸収分割承継会社の株式に加え、社債や新株発行権を交付することもできます。
➡物的分割

さらに、吸収分割会社が取得した対価を当該会社の株主に剰余金の配当という形で分配すると、当該会社の株主は、その対価の種類により吸収分割承継会社の株主、社債権者、新株予約権者になります。➡人的分割

(4) 詐害的会社分割★

吸収分割会社が、吸収分割承継会社に承継されない債務の債権者（残存債権者）を害することを知りつつ吸収分割した場合のことをいいます。残存債権者は原則として、吸収分割承継会社に対して、承継した財産の価額を限度として、当該債務の履行を請求することができます。

(5) 労働契約の承継

会社分割における分割会社は、承継の対象となる事業に主として従事する労働者について、分割契約または分割計画に労働契約を承継する定めがない場合は、当該労働者に対し、「会社分割に伴う労働契約の承継等に関する法律」**（労働契約承継法）にもとづいて一定の事項を事前に書面で通知する必要があります**。

事前通知対象の労働者とは、

①承継される事業に主として従事する労働者（承継会社・分割会社）

②上記以外で承継会社に承継される労働者

を意味します。すなわち、「承継される事業以外に従事し、分割会社に残る労働者」は労働契約承継法の対象外となります。

解散・清算

会社は解散しただけでは消滅しないので、清算手続が必要です。清算手続中でも株主総会は存続します。

重要度：★★☆

●会社の解散・清算は、一般の方にはあまり馴染みがないものの、数年おきに単独で出題されているので学習が必要です。ポイントは、解散後であっても清算株式会社が存続し、清算人あるいは清算人会が清算事務を行い、清算事務完了まで株主総会を開催しなければならないことです。清算事務が完了した際の清算人会と株主総会でその決算報告が承認されて、ようやく法人格が消滅します。

解散

(1) 解散

会社の法人格消滅の原因となるべき法律事実を**解散**といいます。法人である会社は、解散後に自らの既存の法律関係を清算しなければなりません。この手続を**清算手続**といいます。

株主総会の解散決議による**会社の解散の決定は、特別決議★によらなければなりません**。

(2) 会社の継続

会社は解散しても直ちに消滅しないので、消滅前に解散前の状況に復帰することができます。これを**会社の継続**といいます。

●会社の解散・清算は、間を置いて単独で出題されています。

清算手続、清算中の機関、清算終了ほか

(1) 清算手続★

会社合併・破産の場合を除き、解散した会社の残余財産を公平に分配する手続を、**清算手続**★といいます。

(2) 清算中の会社の機関

ア) 株主総会

株式会社は、清算手続に入っても、会社法上、**毎期に株主総会を開催し、清算事業等の報告を行う必要があります**。

イ) 清算人および清算人会

会社が清算手続に入ると、取締役はその地位を失います。**取締役に代わり清算人が清算株式会社の業務を執行し、清算株式会社を代表します**。ただし、定款の定めまたは株主総会の決議によって清算人が選任されない場合は、当該会社の取締役が清算人となります。

清算人会は、すべての清算人で組織され、清算人会設置会社の業務執行の決定、清算人の職務執行の代行、代表清算人の選定および解職を行います。

取締役会設置会社の取締役会がそのまま、清算人会に移行するわけではありません。法令上、取締役会を設置していない会社でも、清算人会設置は可能です。

ウ) 代表清算人

株式会社が清算手続を開始する場合において、当該株式会社の取締役が清算人となるときは、清算手続を開始する時点で当該株式会社の代表取締役であった者は、会社法上、代表清算人となります。

取締役ではない複数の人が清算人となり、その全員で清算人会が組織される場合は、原則として清算人の中から代表清算人が選定され、当該代表清算人が清算株式会社を代表します。

エ) 監査役・監査役会

清算株式会社については、会社法上、株主総会以外の機関の設置に関わる規定は適用されません。したがって、監査役・監査役会の継続・設置は原則として任意です。

(3) 清算事務

清算人は清算事務として、現務の結了、債権の取立ておよび債務の弁済、残余財産の分配を行います。また毎期、株主総会を開催し、清算事務等の報告を行わなければなりません。

清算株式会社は、清算事務が終了したときは、遅滞なくまた法務省令で定めるところにより、決算報告を作成しなければなりません。当該清算株式会社が清算人会設置会社である場合、当該決算報告は、清算人会の承認を受けた上で、株主総会に提出または提供され、その承認を受けなければなりません。

(4) 清算終了

清算株式会社で清算手続が結了した場合、**その法人格が消滅するのは、株主総会での承認がなされたときです**。

●会社が清算手続に入ると、必要な機関は株主総会だけです。「取締役会設置会社が清算手続に入ると、取締役会がそのまま清算人会に移行する」といった“ひっかけ問題”があるので、注意が必要です。

Question
問題を解いてみよう

問 1 X 株式会社における取締役の職務執行に関する次のア～エの記述のうち、その内容が適切なものを○、適切でないものを×とした場合の組み合わせを①～⑥の中から１つだけ選びなさい。

ア. X社は、取締役会において、取締役Aを代表取締役として選定した。この場合、会社法上、X 社の取締役会は、支店の設置に関する事項についての決定を A に委任することはできない。

イ. X社が会社法上の大会社である場合、会社法上、X社の取締役会は、X 社の業務ならびに X 社およびその子会社からなる企業集団の業務の適正を確保するために必要なものとして、法務省令で定める体制の整備に関する事項について決定しなければならず、この決定を取締役に委任することはできない。

ウ. X 社は、取締役会において、取締役 B および取締役 C を代表取締役として選定した上で、取締役会決議により、X 社の事業のうち、食品関連事業については、B および C が共同でなければ X 社を代表することができない旨の代表権の制限を決定した。その後、B が、X 社の食品関連事業に関し、C と共同せず単独で X 社を代表して、Y 社との間で商品の売買契約を締結した。この場合、会社法上、X 社は、Y 社が当該代表権の制限につき善意であるときは、Y 社に対して当該代表権の制限を対抗することができない。

エ. X 社の取締役会において、X 社の経営に重大な影響を及ぼし得る新規プロジェクトに着手する旨の決議がなされた。取締役 D は、当該決議に参加したが、当該取締役会の議事録において当該決議に反対した旨の明確な記載がなく、かつ当該議事録に異議をとどめていなかった。この場合、会社法上、D は、当該決議に賛成したものと推定される。

①ア－○　イ－○　ウ－○　エ－○
②ア－○　イ－×　ウ－×　エ－×
③ア－○　イ－○　ウ－○　エ－×
④ア－×　イ－○　ウ－×　エ－○
⑤ア－×　イ－×　ウ－○　エ－○
⑥ア－×　イ－×　ウ－×　エ－×

問２　Ａ株式会社は、Ｂ株式会社との合併を検討している。この場合に関するア～エの記述のうち、その内容が適切なものの組み合わせを①～⑥の中から１つだけ選びなさい。

ア．Ａ社を存続会社、Ｂ社を消滅会社とする吸収合併を行う場合、Ｂ社がＡ社の特別支配会社であるときは、Ｂ社においては、株主総会の特別決議による吸収合併契約の承認を得る必要はない。
イ．Ａ社を存続会社、Ｂ社を消滅会社とする吸収合併を行う場合、当該吸収合併に反対するＡ社の反対株主は、Ａ社に対して、原則として、自己の有する株式を公正な価格で買い取ることを請求することができる。
ウ．Ａ社を存続会社、Ｂ社を消滅会社とする吸収合併を行う場合、原則として、Ａ社の債権者は、Ａ社に対し、合併につき異議を述べて、弁済または相当の担保の提供などをＡ社から受けることができる。
エ．Ａ社およびＢ社を消滅会社、Ｃ株式会社を設立会社とする新設合併を行う場合には、新設合併契約について、Ａ社およびＢ社は、それぞれの総株主の同意を得なければならない。

①アイ　②アウ　③アエ
④イウ　⑤イエ　⑥ウエ

問3 株式の譲渡と取得に関する次のア～エの記述のうち、その内容が適切なものを○、適切でないものを×とした場合の組み合わせを①～⑥の中から1つだけ選びなさい。

ア．X株式会社は、自己株式を取得した場合において、その保有する自己株式が発行済株式総数の一定割合を超えているときは、会社法上、自己株式の処分を義務付けられる。

イ．X株式会社は、株式の譲渡を制限する旨の規定を、会社設立時の定款（原始定款）に定めていなかった。したがって、当該原始定款で株式譲渡制限について定めていない場合は、会社設立後に定款を変更し、株式の譲渡制限に関する規定を設けても、株式の譲渡制限を行うことはできない。

ウ．X株式会社の株式の譲渡が株主YによりZに対し行われたが、Zへの株主名簿の名義書換が行われていない場合、X株式会社は、株主に対してする通知または催告を、当該株式の譲受人であるZでなく、当該株式の譲渡人のY宛てに発すれば足りる。

エ．株券を発行していないX株式会社の株主Yは、その保有するX社の株式をZに譲渡した。この場合、当該株式の譲渡は、YとZとの間の株式を譲渡する旨の意思表示でその効力を生じ、株主名簿への記載または記録は、X社その他の第三者への対抗要件である。

①ア－○　イ－○　ウ－○　エ－○
②ア－○　イ－×　ウ－×　エ－×
③ア－○　イ－○　ウ－○　エ－×
④ア－×　イ－○　ウ－×　エ－○
⑤ア－×　イ－×　ウ－○　エ－○
⑥ア－×　イ－×　ウ－×　エ－×

問４　Ｘ株式会社は、取締役の辞任に伴い臨時株主総会を開催しようとしている。次の①～④の記述は、臨時株主総会について検討するＸ社内での会議における出席者の発言の一部である。これらの発言のうち、その内容が最も適切なものを１つだけ選びなさい。

①「会社法には、株主に対する招集通知の発送等、株主総会を招集するための手続が定められています。株主総会は、株主が会社の運営に参加することができる重要な場ですので、いかなる場合であっても、株主に対する招集通知の発送等の手続を経ることなく、株主総会を開催することはできません。」

②「株主は代理人により議決権を行使することができますが、代理人となり得るのは株主等一定の者とすると、議決権の行使が制限されることになります。そこで、会社法は、定款の定めによっても代理人となり得る者を限定することはできないと定めています。」

③「会社法上、複数の議決権を有する株主が、ある議案について議決権の半数は賛成、残りの半数は反対に投じるような、議決権の不統一行使をすることはできないとされています。」

④「今回の臨時株主総会では複数の取締役を選任する予定ですが、累積投票によることを請求する株主がいるかもしれません。しかし、会社法上、累積投票制度は定款の定めで排除することができるとされており、当社の定款にもその旨の規定が設けてあります。」

問5 A株式会社における剰余金の配当に関する次のア～エの記述のうち、その内容が適切なものの組み合わせを①～⑥の中から1つだけ選びなさい。

ア. A社の行った剰余金の配当が会社法の定める財源規制に違反するもの（違法配当）であった場合、株主総会で当該違法配当に関する議案の提案を行った取締役Bは、原則として、A社に対し、株主が交付を受けた金銭等の帳簿価額に相当する金銭を支払う義務を負う。

イ. A社において違法配当が行われた場合、当該違法配当に関する職務を行った取締役Cは、その過失の有無にかかわらず、A社に対し、株主が交付を受けた金銭等の帳簿価額に相当する金銭を支払う義務を負う。

ウ. A社において違法配当が行われた場合、A社の債権者Fは、違法配当により金銭等の交付を受けたA社の株主に対して、自己の債権額を限度として、交付を受けた金銭等の帳簿価額に相当する金銭を自己に支払わせることができる。

エ. 会社法上、剰余金の配当に関し、純資産額による規制はないため、A社は、その純資産額の多寡にかかわらず、剰余金の配当をすることができる。

①アイ　②アウ　③アエ
④イウ　⑤イエ　⑥ウエ

問 6　株式会社の設立に関する次のア～エの記述のうち、その内容が適切なものの組み合わせを①～⑥の中から１つだけ選びなさい。

ア. 甲株式会社の設立に際し、発起人Ａは、会社法所定の事項を記載して書面により定款を作成し、これに記名押印した。この場合、当該定款は、公証人の認証を受けなくてもその効力を生じる。

イ. 甲株式会社の募集設立において、設立時発行株式を引き受ける者を募集する広告に自己の氏名または名称および設立を賛助する旨を記載した者は、会社法上、発起人と見なされ、一定を責任を負う。

ウ. 甲株式会社の設立に際し、複数の発起人のうちの１人であるＢが甲社を設立するための手続を進めたが、会社が成立しなかった。この場合、会社設立に関してＢがした行為については、当該行為をしたＢのみが責任を負い、当該甲に関与していないＢ以外の発起人は責任を負わない。

エ. 金銭以外の財産を出資の対象とする現物出資をする場合は、定款に会社法で定められた事項を記載し、原則として、裁判所の選任する検査役の調査を受けなければならない。

①アイ　②アウ　③アエ
④イウ　⑤イエ　⑥ウエ

Answer 答え合わせ

問1　正解：①

解説（テキストp213～216参照）

アは適切である。支店などの**重要な組織の設置・廃止などは取締役会の決議事項の1つ**であり、**代表取締役に委任することはできません**。

イは適切である。本設問の条件の場合、**X社の内部統制システム構築の整備に関する事項は、取締役会の決議事項**です。

ウは適切である。代表取締役の権利の行使が共同という取締役会の制限があっても、**単独による代表取締役の契約行為は第三者に対しては対抗できません**。

エは適切である。**取締役会で議案に反対しても、取締役会議事録に異議をとどめていない場合は、議案に賛成したものと推定されます**。

問2　正解：④

解説（テキストp230～232参照）

アは適切でない。設問の場合は、**消滅会社のB社においては、株主総会の特別決議による吸収合併契約の承認を得る必要があります**。存続会社のA社においては、略式合併なので株主総会の承認決議は不要です。

イは適切である。存続会社でも**消滅会社でも合併に反対の株主は、自己の有する株式を公正な価格で買い取ることを請求することができます**。

ウは適切である。存続会社の**債権者は、自己の有する株式を公正な価格で買い取ることを存続会社に請求することができます**。

エは適切でない。総株主の同意までは必要なく、**株主総会で新設合併に関する特別決議が必要**です。

問3　正解：⑤

解説（テキストp205～208参照）

アは適切でない。**自己株式を取得する場合、発行済株式総数に対する割合の規制はありません**。

イは適切でない。**原始定款で株式譲渡制限を設けていなくても、株主総会の決議を経て定款に記載することは可能です**。

ウは適切である。**譲渡株主に対してする通知または催告は、株主名簿で名義変更が行われず、譲渡人の住所宛でも法的に問題はありません**。

エは適切である。問題文のとおりで、**株式譲渡をした場合は、譲受人の株式名簿への記載または記録が第三者への対抗要件**です。

問4　正解：④

解説（テキストp209～212参照）

①は適切でない。**株主全員の同意があれば、招集通知の発送などの手続を省略することができます**。

②は適切でない。**会社法では、株主の代理人は他の株主に限る、とする旨の定款を定めることを認めています**。

③は適切でない。**株主による議決権の不統一行使は可能**です。

④は適切である。**定款の定めで累積投票を排除することができます**。

問5　正解：②

解説（テキストp223～224参照）

アは適切である。**違法配当の提案を行った取締役は**会社に対し、**株主が交付を受けた金銭等の帳簿価額に相当する金銭を支払う義務を負います**。

イは適切でない。**善意の取締役は、株主が交付を受けた金銭等の帳簿価額に相当する金銭を支払う義務は負いません**。

ウは適切である。**債権者は違法配当を受けた株主に対し、交付を受けた金銭等の帳簿価額に相当する金銭を自己に支払わせることができます**。

エは適切でない。株式会社は、その**純資産額が 300 万円を下回る場合は、剰余金の配当をすることができません**。

問6　正解：⑤

解説（テキストp202～204参照）

アは適切でない。**定款は公証人によりその内容が認証された時点で有効**となります。

イは適切である。問題文は**疑似発起人**について述べています。

ウは適切でない。**会社が不成立の場合、発起人は連帯して会社の設立に関して行った行為について責任を負います**。

エは適切である。**現物出資の場合は**、裁判所が選任する**検査役の調査を受けなければなりません**。

MEMO

第7章

紛争の解決方法

Theme

不法行為責任

不法行為責任には、「使用者責任」、「運用供用者責任」、公害関連法における企業の責任、労災における企業の補償義務など、無過失責任が多くあります。

重要度：★★★

●無過失責任である不法行為責任は多種多様です。すべて学習するのは大変なので、試験に頻出の分野（土地工作物責任、運用供用者の責任など）を中心に学習しましょう。また、不法行為関連用語である「損益相殺」、「過失相殺」なども内容を理解しておきましょう。

不法行為責任の種類

法律上の損害賠償責任が生じるのは、不法行為責任や債務不履行責任が成立する場合です。

(1) 使用者責任★

被用者が使用者の事業の執行において起こした不法行為について、使用者が負う責任のことを**使用者責任**★といいます。

被害者は、加害者である被用者と使用者の双方に対して責任を追及できます。

図7-1-1　被害者－被用者－使用者との関係

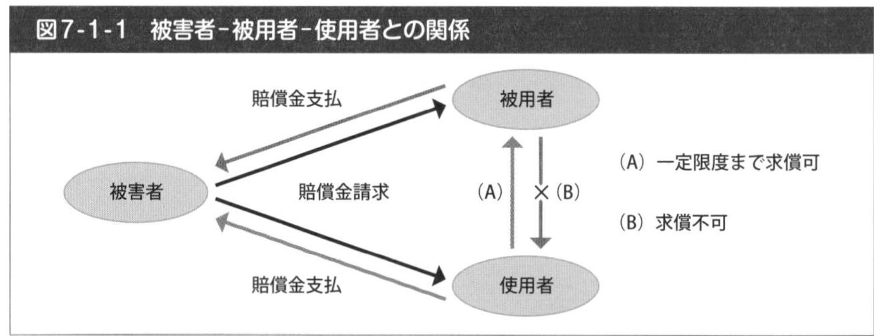

● 3級でも学びましたが、損益相殺の際の保険金の扱い、自賠法における損害賠償の範囲が過去に出題されています。

使用者は、使用者責任にもとづく損害賠償を行った場合、被用者（従業員）に対する求償権の行使が認められます。

(2) 土地工作物責任

土地工作物の施設の管理者（占有者）は、損害発生の防止のために必要な注意を果たしたことを証明できれば、損害賠償責任を免れることができます。

ただし、実際に施設の欠陥・管理不備による損害が発生している以上、この証明は極めて難しいと考えられます。

他方、証明により**施設管理者が損害賠償責任を免れた場合、施設所有者が損害賠償責任を負います**（**無過失責任**）。

(3) 他人の財物の受寄者の預かり責任

倉庫事業者・ガレージ事業者・旅館・飲食店・浴場などが顧客から荷物の寄託を受け、当該荷物が破損した場合、旅館等はその破損が不可抗力によって生じたことを証明できない限り、損害賠償責任を負います。他方、上記業態以外の事業者は、善良な管理者の注意義務を果たして荷物を保管していた場合は、損害賠償責任を負いません。

(4) 製造物の製造者・販売者の責任

製造物の欠陥により、人の生命、身体または財産にかかる被害が生じた場合、製造業者、OEM契約で製造を委託している販売者や輸入業者などの損害賠償責任を製造物責任法（PL法）は定めており、この責任は**無過失責任**です。

(5) 業務災害の企業の補償義務

労働者が業務中に身体の障害（負傷・疾病・後遺症・死亡）を被った場合、使用者は原則として労働災害に対する法律上の損害賠償責任を負います。

この無過失責任を担保するために設けられているのが、労働者災害補償保険（労災保険）です。労災保険法にもとづき、災害補償に相当する給付が行われる場合、使用者は損害賠償責任を免れます。

(6) 運用供用者の責任★

交通事故において、運用供用者が自動車損害賠償保障法（自賠法）にもとづき負う損害賠償責任は、完全な無過失責任ではなく、運用供用者が**一定の要件**（次の3つ）**を満たしていることを証明できれば、免除**されます。

①自己および運転者が自動車の運行に関し注意を怠らなかったこと

②被害者または運転者以外の第三者に故意または過失があったこと

③自動車の構造上の欠陥または機能上の障害がなかったこと

自賠法は、人の生命・身体を害した場合（**人損**）**のみに適用されます。**

例えば、ある会社が所有する自動車を当該会社の従業員が業務上運転している際、誤ってガードレールに衝突してこれを破損させた場合は、自賠法にもとづく損害賠償責任は発生しません。ただし、民法上の不法行為責任は発生します。

(7) 損益相殺★と保険金

不法行為によって損害を被る一方で利益を受けている場合には、**損益相殺**★により、その利益を損害額から控除して賠償額を算定することができますが、**生命保険金**は**この損益相殺の対象とはなりません**。

(8) 過失相殺★

被害者にも過失があって、それが損害の発生や拡大の一因になった場合、損害額から被害者の過失割合に相当する額を差し引いて損害額を決定します。

- 本文に示した、運用供用者が損害賠償責任を免れるために証明すべき3要件について、「自己および運転者が自動車の運行に関し注意を怠らなかったことのみを当該会社が証明できても、損害賠償責任を免れ得ない」という、適切不適切を問う“ひっかけ問題”が出題されています。早とちりせず、“ことのみを”という表現に気付けば正答が得られます。
- 「不法行為責任と使用者責任にもとづく損害賠償請求は同時に行使できない」とする“ひっかけ問題”が出題されていますが、同時に行使できます。

Theme

2 民事訴訟①：手続

重要度：★★★

紛争の解決方法として両当事者の主張を聞いた上で、裁判所が第三者として法律的判断を下す――という民事訴訟裁判は、紛争の適切な解決方法だといえますが、時間・手間と費用がかかる点が欠点です。

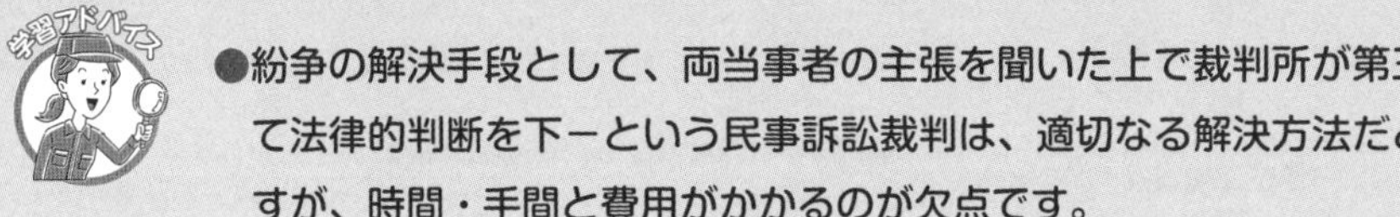

●紛争の解決手段として、両当事者の主張を聞いた上で裁判所が第三者として法律的判断を下ーという民事訴訟裁判は、適切なる解決方法だといえますが、時間・手間と費用がかかるのが欠点です。

民事訴訟手続の概要・特徴・流れ

(1) 民事訴訟手続きの特徴

民事訴訟は、両当事者（原告・被告）の主張とそれに対する相手の認否を聞き、証言を含む証拠調べを行うため時間がかかります。

さらに、長期に渡り複雑で高度に専門化した手続きを遂行するため、法律の専門家である弁護士に遂行を依頼するため、費用もかかります。

第一回期日、すなわち最初の口頭弁論でお互いの主張をし、そこで争点・主張の整理ができます。争点整理手続きの後、立証計画を立て証拠調べ手続きが行われます。

●毎回、必ず出題される頻出の分野です。民事訴訟の手続の各段階から出題されています。

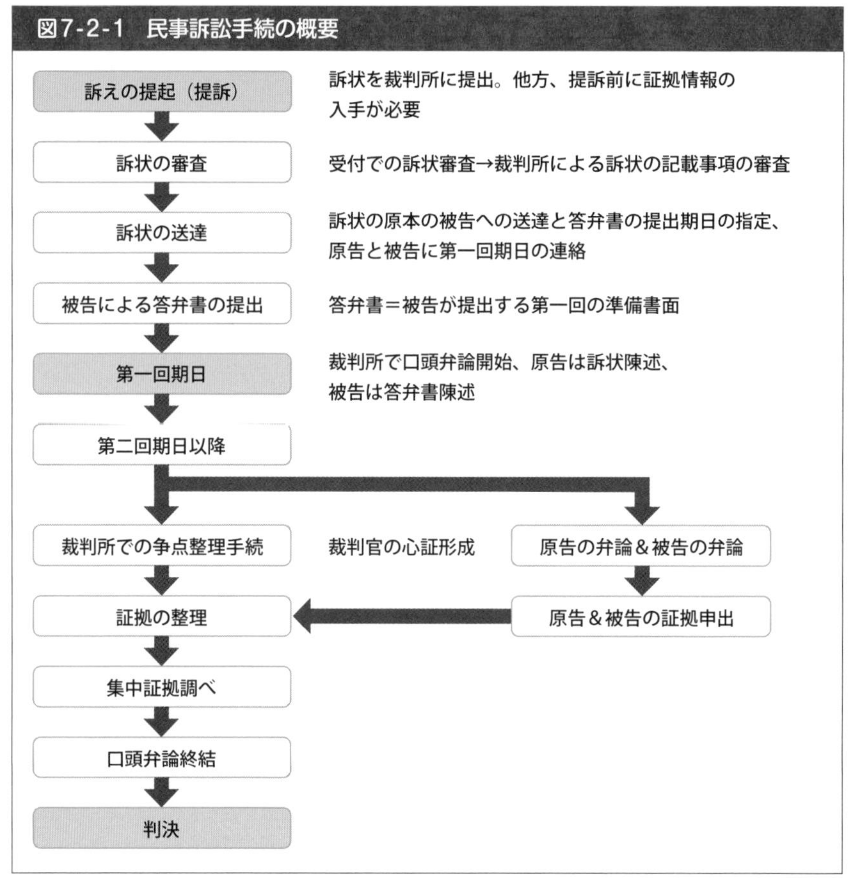

(2) 民事訴訟手続の流れ

ア) 訴えの提起

訴状の提出先の裁判所は、

①原則として、被告の所在地を管轄する裁判所

②財産上の訴訟については「義務履行地」を管轄する裁判所

③第一審に限り、当事者間の合意にもとづき、書面により定めた裁判所

のいずれかの簡易裁判所あるいは地方裁判所となります。

また、**訴額（訴訟金額）が140万円以下は簡易裁判所の管轄**です。

イ）訴状の審査

提出された訴状につき、民事訴訟法所定の記載事項の不備があるときは、裁判所から原告に任意の補正・追完を求めます。

上記受付手続の後、裁判所が訴状の審査を行います。訴状に不備があるときは、相当の期間を定めて補正の命令を発します。これを放置すると、裁判所から訴状が却下されることがあります。

ウ）相手方への送達

裁判所は被告に訴状を送達し、原告には第一回期日を連絡します。被告が行方不明で送達場所が不明のときは、申立てにより**公示送達**★という方法がとられます。

エ）第一回期日の呼出しと、答弁書の提出期限

答弁書には請求の趣旨および原因に対し、答弁を記載する必要があります。

請求原因に対する被告の答弁は、各請求原因事実の一つひとつに「**認める**」「**不知**」「**否認**」「**争う**」のうち、いずれかで答えます。➡これを**認否**★といいます。

被告が原告の主張する**請求原因事実を認めたときは、裁判上の自白として原告はこれを証明することを要しないのみならず、裁判所もこれに反する認定は許されないことになります**。

「**不知**」（“知らない”と証言すること）**の答弁は、その事実を争ったものと推定されます**。**被告はこれを証明する必要があります**。

被告が何の「認否」もせずに**沈黙**★**する場合**には、弁論の全趣旨からその事実を争っているときを除き、その**事実を自白したものと見なされます**。

オ）第一回期日

当事者は、双方の申立てを理由付けるために、提出する陳述や証拠の申出等の**攻撃防御方法**★を訴訟の適切な時期に提出しなければなりません。時機に遅れた攻撃防御方法は却下されることがあります。

裁判所は、判決をするにあたり、口頭弁論の全趣旨および証拠調べの結果を斟酌（しんしゃく）して、**自由な心証により事実認定を行います**。これを**自由心証主義**★といいます。

第一回期日に**被告が欠席しても**、被告が事前に「答弁書」を提出しているときは、裁判所は当該期日において被告が**「答弁書」に記載された内容を陳述したものと見なし、出頭した原告に弁論をさせることができます**。

➡これを「**擬制陳述**★」といいます。

カ）欠席裁判★

被告が事前に「答弁書」を提出せず、第一回口頭弁論期日に欠席すると、訴状に記載の請求を被告が認めたものとして扱われ、口頭弁論が終結して、原告の請求を認容した判決が下されます。いわゆる**欠席裁判★**です。

なお、民事訴訟法の改正により、口頭弁論は一方の当事者が出席することは要件でなく、双方ともWeb会議（Zoomなど使用）によって出席可能となっています。

キ）第二回期日以降

第二回期日以降は、当事者が互いに主張・反論を行い、争点を整理し、裁判官の心証が形成されてゆきます。

弁論準備手続は、原則として非公開の手続で、準備書面の提出、証拠の申出、文書の証拠調べを行うことができます。

当事者は、口頭弁論期日において、弁論準備手続の結果を陳述しなければなりません。

裁判所は、証人および当事者本人の尋問を、できる限り、争点および証拠の整理が終了した後に集中して行わなければなりません。

証拠申出：当事者が証拠申出をした場合であっても、裁判所は、その裁量により、当該証拠調べを実施しないことができます。

ク）和解の勧告

訴訟がどの段階であっても、**裁判所は**両当事者に対し、**和解をするよう勧告することができます**。合意が成立すると和解調書が作成され、その**和解調書は確定判決と同一の効力を持ち、債務名義★となります**。

ケ）判決

原告および被告または双方が判決言い渡し期日に**欠席しても**、**裁判所は判決の言い渡しをすることができます**。

また、民事訴訟法の改正により、判決の言い渡しをするときは、裁判所は**電子判決書**を作成しなければなりません。判決の言い渡しは、この**電子判決書**にもとづいてなされます。

(3) 裁判に対する不服申立て――上訴★と再審

判決に不服がある場合、判決が確定する前に、上級裁判所に、その判決の取消し・変更を求めることを**上訴**★といいます。逆に判決が確定してしまうと、上訴はできません。唯一できるのが、後述の**再審**です。

【上訴】

第一審判決に対する上訴は、**控訴**★と呼ばれます。

地方裁判所→高等裁判所、家庭裁判所→地方裁判所

第二審判決に対する上訴は、**上告**★と呼ばれます。

高等裁判所→最高裁判所、地方裁判所→高等裁判所

上告の理由は控訴審と同じであるとは限りません。

【再審】

一度確定した裁判を取り消し、再度審理をやり直す制度を**再審**といいます。

提起期限は、再審の事実を知った日から30日以内です。

- 「欠席」については2場面があります。「欠席裁判」と判決の際の「欠席」です。「欠席裁判」は第一回口頭弁論のときに欠席することですが、事前に「答弁書」を提出していれば「欠席裁判」にはなりません。また、判決の際の「欠席」については、両当事者が欠席でも判決は言い渡されます（有効です）。
- 民事訴訟において後述の処分権主義、当事者主義が原則なので被告が請求原因事実を認めることは裁判上の「自白」であり、一定の場合を除き「自白」とみなされる“沈黙”が、民事裁判において最も重要なことを認識して下さい。証明は不要であり、裁判所もこれに反する認定は許されません。
- 「訴訟中の和解は裁判が終結したらできない」とする“ひっかけ問題”が出題されています。和解はどの段階でも（すなわち控訴審でも）可能です。
- 「上訴」と「上告」は似た法律用語ですが、「上訴」が上位概念と覚え、下位概念の「控訴」と「上告」はセットで覚えてください。
- 第一審後の判決である第二審を意味する「控訴審」という用語も覚えてください。

Theme 3 民事訴訟②：少額訴訟

重要度：★★★

Theme２で述べた民事訴訟裁判が時間・手間と費用を要するのに対し、簡便、スピーディなのが少額訴訟★制度です。

●少額訴訟は民事訴訟の一部ですが、手間と時間がかからない訴訟です（ただし年間10回までの利用）。試験でも頻出の分野です。テキストでも１ページ強なので、確実に全内容を把握しておきましょう。

少額訴訟の具体的内容

少額訴訟の具体的な内容は以下のとおりです。

(1) 支払請求の**金額は60万円以下**に限られます。

(2) **管轄裁判所は簡易裁判所**です。

(3) **金銭の支払いの請求を求める場合のみ利用**できます。
　したがって、**動産・不動産は対象外**です。

(4) **原告は**個人だけでなく**法人でも可**です。

(5) **同一の簡易裁判所で、同一人による少額訴訟は年間10回まで**です。

(6) 裁判所が原告の請求を認める場合でも、**分割払い、支払猶予、遅延損害金免除の判決を下すことができます**。

(7) **証拠調べや証人は、審理の日にその場で取り調べることができるものに限られます**。したがって、審理の日なら**証人尋問も可能**です。

● 2回に１回くらいの頻度で出題されています。単独出題で、設問は似たものが多いといえます。

(8) 原則として、**1回の原告と被告の双方の口頭弁論で完了し、直ちに判決が言い渡されます**。

(9) **控訴は不可**ですが、**裁判所への異議申立ては可**です。

(10) 貸金請求、労働債権（賃金・解雇予告手当）請求、売買代金請求、交通事故による損害賠償などに利用されています。

- 少額訴訟は“少額金銭・即日・簡易（裁判所）の裁判”と覚えておきましょう。
- 他の裁判と違って、控訴（上訴）はできないものの、裁判所への異議申立てはできるので注意が必要です。
- Theme2で訴額（訴訟金額）が140万円以下は管轄の裁判所は簡易裁判所であると述べましたが、少額訴訟は60万円以下金銭の支払い請求で他に（7）の要件を充たす場合、訴えることができます。したがって、簡易裁判所が扱う金銭支払い関係の民事訴訟には2種類あると覚えておきましょう。

Theme

4 裁判所の判断形成プロセスと基礎資料

重要度：★★★

民事訴訟では、争う事項の決定や「争う・争わない」の選択などがすべて当事者に任されています。

●民事訴訟手続は刑事訴訟と違って、当事者の意思による「処分権主義」であり、裁判官が客観的に見て不合理と思うことでも、当事者が是認すればそれに異議を唱えることはできません。

処分権主義、要件事実と主要事実、証明（立証）責任ほか

(1) 処分権主義★

民事訴訟において、争う事項の決定や「争う・争わない」の選択がすべて民事訴訟手続を利用する当事者に任されていることを**処分権主義**★といいます。言い換えれば「**当事者主義**」です。**裁判所は当事者の主張に拘束されます**。

(2) 法律の適用と事実の主張

法的な効力・効果を生じるための条件を「**要件**★」といい、「要件」に相当する事実を「**要件事実**」といいます。

さらに、個々の「要件事実」に対応する具体的な事実を「**主要事実**」といいます。

当事者が主張していない事実は、たとえ証拠取り調べの結果その事実の存在につき裁判所が確信を抱いたとしても、事実として認定することはできません。

「訴訟資料の収集・整理は当事者の権能と責任内で行う」とする建前は**弁論主義**★といいます。そのやり方について裁判所は指示できません。

「弁論主義」の下では、当事者が「主要事実」を主張しないと当該訴訟では事実はないものとして扱われます。➡これを**主張責任**といいます。

●「処分権主義」、「要件事実と主要事実」、「弁論主義」、「裁判上の自白」、「証明（立証）責任」などに関する民事上の裁判での用語が過去に出題されています。

(3) 事実の認定と証明責任の分配

・**証明責任**（立証責任・挙証責任）

権利発生の点は、これを主張しようとする者に主張・説明責任があります。

他方、権利の発生障害・消滅・阻止の点については、権利の存在を否定し、その行使を否定しようとする者に主張・説明責任があります。

また、**当事者が自白した事実および顕著な事実は、証明することを要しません**。

(4) 民事訴訟における要件事実について

例えば、金銭消費貸借契約における「期日が到来した金銭の返済請求に対する」要件事実は次のとおりです。

①原告（貸主）が被告（借主）に金銭を渡したこと
②弁済（返済）期が到来したこと

この金銭消費貸借契約で返済請求権が貸主に発生しており、立証責任を負うのは原告です。すなわち、貸主です。

しかし、借主が返済したと主張している場合は、貸主の権利が消滅したと主張しているので、立証責任は被告（借主）にあります。

また、被告（借主）が借金をしていることを認めたときは、**裁判上の自白**として、原告はこれを証明することを要しないのみならず、裁判所もこれに反する認定をしてはなりません。

- **民事訴訟において、主役はあくまでも原告と被告です。「処分権主義」すなわち「当事者主義」といえます。証明（立証）責任があるのは、法律的な主張をする者です。例えば、金銭を貸した者（貸主）がまだ返済を受けていない場合、その事実を証明（立証）するのは貸主です。一方、借主が返済したと主張した場合は、その返済という行為を行った借主に立証責任があります。**
- **裁判官が証拠取り調べの結果、原告あるいは被告が主張するのと相違する事実の存在につき裁判所が確信を抱いたとしても、裁判官は事実として認定できません。**

Theme 5

その他の紛争解決方法

重要度：★★★

実務では、多くの民事上の法的紛争が民事訴訟以外の手続により解決されています。

●第5章Theme11で学習した、強制執行が可能となる「債務名義」を思い出してください。ここで学習するのは、裁判外紛争処理機関によるADR（裁判外紛争解決手続）です。裁判外紛争処理機関は法務大臣の認証を受けますが、裁判所が関与する場合に比べ短期間で解決に至り、弁護士に依頼しなくても専門家への依頼で済み、手続が簡単なことが挙げられます。

図7-5-1　その他の紛争解決方法

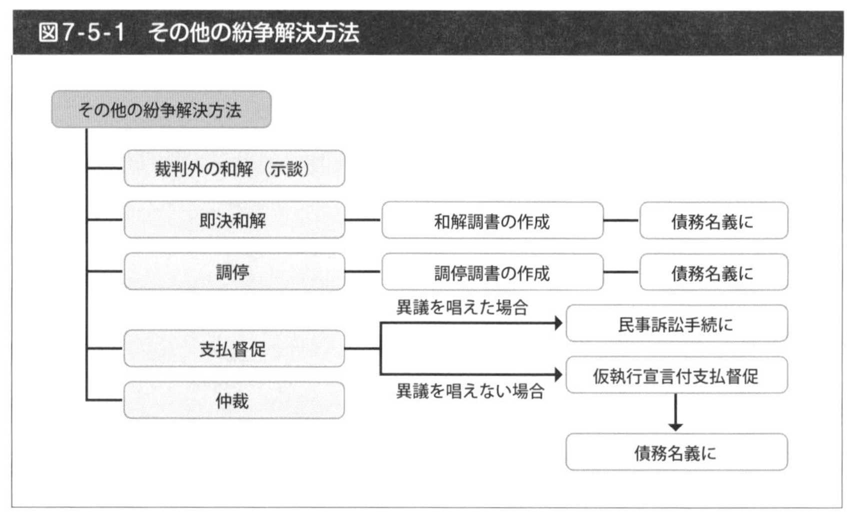

- 「裁判外の和解（示談）」、「即決和解」、「和解調書」、「調停調書」、「支払督促で債務者が異議を唱えた場合と唱えない場合の展開」、「仲裁」、「裁判外紛争解決手続制度」などが過去に出題されています。

和解（示談）、即決和解、仲裁、ADR基本法

(1) 裁判外の和解（示談）

裁判手続とは無関係に、当事者あるいは代理人を通じて和解することを、一般に「示談」といいます。和解の場合、特に決まった書式が必要とされるわけではありませんが、**契約書（示談書・和解契約書）を取り交わすのが一般的**です。

双方合意の契約内容を公証人が作成した公正証書にすれば、一定の場合は、**公正証書自体が債務名義となります**。

(2) 即決和解（起訴前の和解）

訟えの提起前に、当事者が簡易裁判所に出頭して、当事者間の話し合いで和解調書を作成します。公正証書にしなくても、和解効力を生じます。

即決和解が成立し、**簡易裁判所が和解調書をそのまま認める手続を行うと、債務名義★となり強制執行することができます**。

(3) 調停

調停は、両当事者間の主張を調停委員が調整しながら、当事者の互譲により解決を図ることを目的とした制度です。

民事調停によって当事者間に合意が成立した結果作成された**調停調書は債務名義となります**。調停調書は裁判上の和解と同一の効力を有します。

当事者が呼出しを受けても、調停の期日に出頭しない場合には、調停は不成立（不調）となります。

(4) 支払督促

金銭債権者からの支払督促の申立てを受理した簡易裁判所の書記官は、金銭債務者に対し、審尋（しんじん）*することなく支払督促を発することができます。

また金銭債権が対象ですから、貸付金の回収だけでなく、売掛金の回収にも利用することができます。

支払督促が発せられたものの**相手方が異議を申し立てた場合は**、支払督促を申し立てた時点で、管轄のある簡易裁判所または地方裁判所に訴えを提起したものと見なされ、**民事訴訟手続に移行します**。

督促に異議を申し立てるには、その理由を付す必要はありません。相手方は単に「異議がある」と述べるだけで民事訴訟に移行します。

＊**審尋**　詳しく尋問すること。

支払督促を受け取った日から**2週間以内に督促への異議を申し立てない場合は、仮執行宣言付支払督促は確定し、債務名義★となります**。

(5) 仲裁

仲裁は、第三者である仲裁人に紛争の解決を委ねる制度です。当事者が仲裁判断に合意すると、**仲裁合意**★が作成され、確定判決と同一の効果が付与されます。

➡詳細は第9章Theme2を参照してください。

(6) 破産手続開始

➡第5章Theme12を参照してください。

(7) 裁判外紛争処理制度★

ADR基本法*では、民間紛争解決手続を行う事業者が一定の要件を満たす場合、法務大臣がその事業者に紛争解決事業者の認証を与えます。そして、この認証紛争解決事業者による紛争解決には、一定の効力が認められます。

認証紛争解決手続の進め方については、法律上、特段の規制はなされていません。

ADR基本法では、民事訴訟における**欠席裁判のような制度は設けられていません**。他方、**認証紛争解決手続を利用しても、時効の中断のような法的効果はありません**。

図7-5-2　債務名義の内容(第5章Theme11参照)

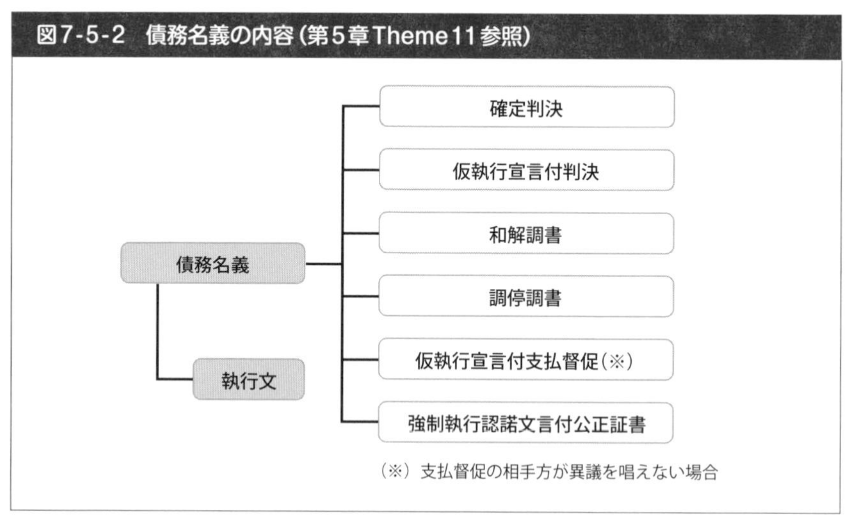

* **ADR基本法**　「裁判外紛争解決手続の利用の促進に関する法律」のことをいう。

企業活動に関わる犯罪

重要度：★★★

企業と犯罪の関わり方には、①企業自体が処罰される、②企業の取締役・社員が処罰される、③企業が被害者となり加害者を告訴する、という3パターンに分類されます。

●企業活動に伴い法令に違反する行為がなされ、その行為について罰則が定められている場合、取締役や社員のようなその違反の行為者に刑罰が科せられます。さらに、それらの行為者を使用する企業にも罰則が科せられます（両罰規定）。ただし、企業の場合は法人であって自然人ではないので懲役はなく、罰金のみです。

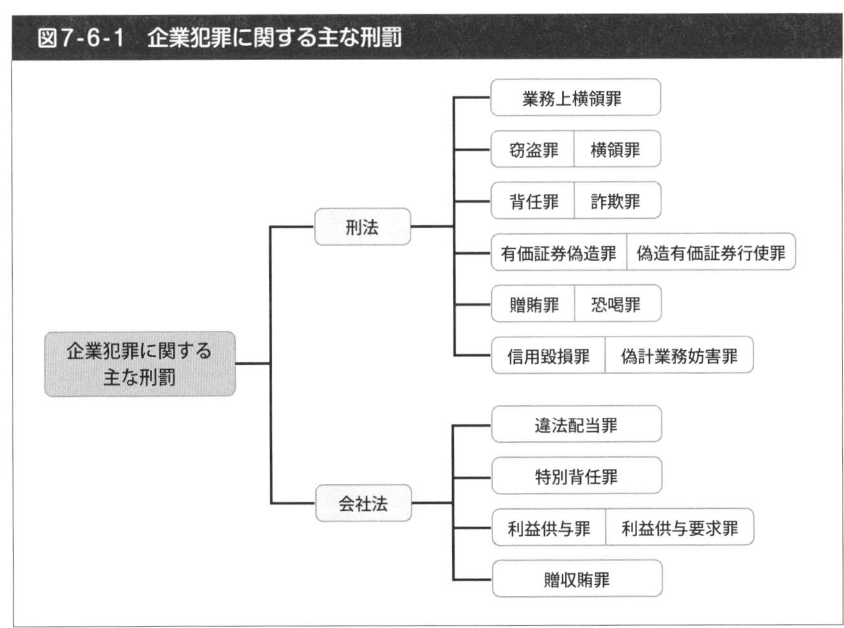

図7-6-1　企業犯罪に関する主な刑罰

●頻出分野の１つです。公益通報者保護法の設問との混合問題が過去に何回か出題されています。

企業活動に関わる犯罪の事例

(1) 総会屋が株主の権利行使に関し、ある会社に金銭の交付を要求してきた場合

➡刑法上の「**恐喝罪**」と会社法上の「**利益供与要求罪**」が成立する可能性があります。

➡「利益供与要求罪」は「利益供与罪」とは別に、総会屋の株主の権利行使に関し、財産上の利益要求行為をそれ自体独立して処罰するために設けられた犯罪です。

(2) a. ある会社で秘密文書を保管する権限を有する社員が、秘密文書を無断で社外に持ち出した場合

➡刑法上の「**業務上横領罪**」が成立する可能性があります。

b. ある会社で秘密文書を保管する権限を有する社員が、文書に記載された秘密自体を他社に漏らした場合

➡刑法上の「**背任罪**★」が成立する可能性があります。

(3) ある会社で、当該会社の企業活動を妨害する目的でうその中傷ビラを配った場合

➡虚偽の風説を流布したことで当該会社の業務を妨害したとして刑法の「**偽計業務妨害罪**」、当該会社の経済的信用を傷付けたことで「**信用毀損罪**」がそれぞれ成立する可能性があります。

(4) ある会社の従業員が当該会社の取締役の犯罪行為を公益通報し、そのことを理由に減給された場合

➡公益通報を行ったことを理由とする公益通報者の減給を禁止した**「公益通報者保護法」違反**となる可能性があります。

(5) ある会社の取締役が自己の利益を図る目的で任務に違反し、当該会社に財産上の損害を生じさせた場合

➡自己の利益を図る目的で任務違反行為を犯した当該取締役には、会社法上の「**特別背任罪**★」*が成立する可能性があります。

＊**特別背任罪**　刑法に定められている背任罪の特別規定で、会社法において、通常の背任罪よりも刑が重く規定されている。

(6) 競争関係にある他人の営業上の信用を害する虚偽の事実を告知し、または流布した場合

➡不正競争防止法の不正競争に該当しますが、**同法による刑事罰の対象とはなりません**。

➡他方、刑法上の「**信用毀損罪**」または「**偽計業務妨害罪**」の対象となる可能性があります。

(7) 金融機関の融資担当役員が、当該金融機関に損害を与える目的で、回収不能となることを認識しながら担保をとらず融資をするなどの不良貸付行為をした場合

➡会社法の**特別背任罪**★が成立する可能性があります。

(8) 株式会社の株主が、その権利行使に関し、当該株式会社の取締役に対し、当該株式会社の計算で、財産上の利益を自己に供与することを要求し、当該取締役がこれに応じた場合

➡当該取締役の行為には、会社法の「利益供与罪」が成立する可能性があります。

【デジタル（サイバー）犯罪】

パソコン、コンピュータの普及により、IT化、ネットワーク化が高度に進展しています。これに伴い、各種サイバー犯罪が年々増加しています。

①不正アクセス行為にあたる犯罪

➡不正アクセス禁止法適用、第4章 Theme2参照

②コンピュータ・電磁気的記録を対象とする犯罪➡刑法適用

③②以外のネットワークを利用した犯罪

➡刑法適用、著作権法違反、特定商取引法違反等に分類することができる

- **本文の（6）は、ライバル会社を貶(おとし)めるために行ういわゆる“営業妨害”で、不正競争防止法の「不正競争」に該当しますが、刑事罰の対象とはならないので注意が必要です。「信用毀損罪」または「偽計業務妨害罪」の対象となるので、別の刑事罰は科せられます。**
- **法令、定款、会社の内規に役員や従業員が違反していなくても、会社に財産上の損害が発生することを認識して、発生させた場合は、「特別背任罪」という会社法上の罰則が科せられるので注意が必要です。**
- **また、個人の私利私欲のために行った企業犯罪（窃盗罪、業務上横領罪、背任罪、特別背任罪、詐欺罪など）では、企業の使用者責任は問われません。**

Theme 7 公益通報者保護法

国民の身体・生命・財産に害を及ぼす、または及ぼす恐れのある企業行為を発見した労働者（公益通報者）の保護を図る法律です。

重要度：★★★

●公益通報者となるのは、当該企業の正社員だけではありません。アルバイト、パートタイマー、派遣労働者も対象で、「公益通報者保護法」により保護されます。公益通報者に対する解雇、および派遣契約の解除など実質解雇に相当する措置は無効であり、公益通報者に不利益となるその他の行為も禁止されていることに注意が必要です。

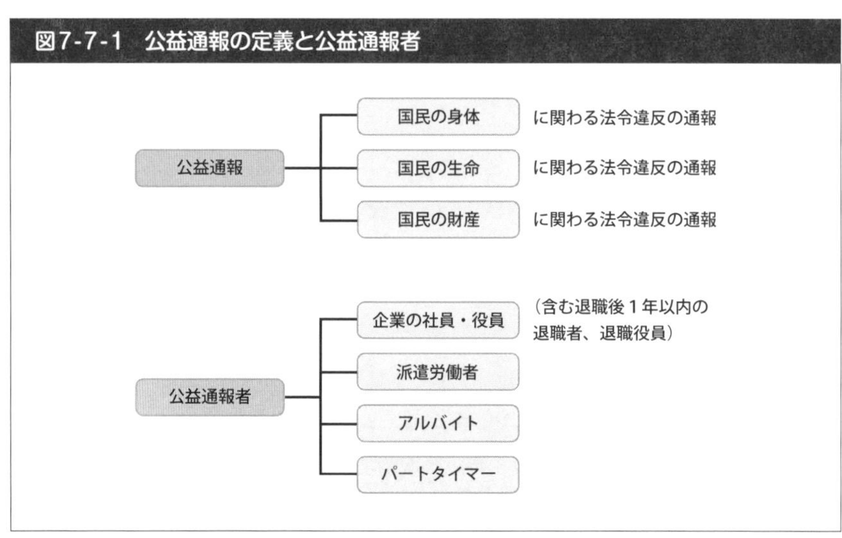

図7-7-1　公益通報の定義と公益通報者

●「公益通報者保護法」は単独で出題されることは少なく、他の企業犯罪の問題と一緒に出題される混合問題のケースが多いです。

公益通報と公益通報者、公益通報の連絡先

(1) 公益通報と公益通報者

国民の身体、生命、財産に関わる法令違反を通報することを「**公益通報**★」といい、アルバイト、パートタイマー、派遣労働者を含む労働者を「**公益通報者**★」といいます。さらに、2020年の法改正で、退職後1年以内の退職者や役員が対象労働者として追加されました。

「公益通報者保護法」では、「公益通報」を行ったことを理由として事業主が次の事項を行うと、**①と②は無効**となり、**③については禁じられています**。

①**解雇**

②**労働者派遣契約解除**

③**その他の不利益な取扱い**（降格、減給、派遣労働者の交代を求めることなど）

従来は違反者への罰則がなかったのですが、2020年の法改正で刑事罰の対象に加えられ、行政罰の対象にも追加されました。

(2) 公益通報の通報先

①労務提供先：事業者、労働者派遣先等

②当該通報対象事実について処分・勧告権限を有する行政機関

③公益通報を行うことがその発生またはこれによる被害の拡大を防止するために必要であると認められている機関：報道機関、消費者団体、労働組合等

これらの通報先について、「通報者」が「公益通報者保護法」により公益通報者として保護される要件はそれぞれ異なります。

(3) 内部通報に必要な体制の整備

内部通報に必要な体制の整備が2020年の法改正で、従業員数301人以上の事業者に対して義務付けられました（従業員数300人以下の中小事業者に対しては努力義務）。

- **公益通報者が解雇はされず、その代わりに減給や降格があっても、その企業は公益通報者に不利な扱いをしたと認定されて公益通報者保護法違反となります（この趣旨の過去問が出題されています）。**
- **公益通報者保護法では、あくまで国民の身体、生命、財産に関わる情報＝「公益」を通報した者が保護されます。公益と関係のない不正情報の通報による従業員への不利益な扱いは、労働契約法上の「解雇権の濫用」にて保護されます（解雇権濫用法理★）。**

Question 問題を解いてみよう

問 1 民事訴訟手続に関する次のア～エの記述のうち、その内容が適切なものの組み合わせを①～⑥の中から１つだけ選びなさい。

ア. 裁判所は、証人および当事者本人の尋問を、できる限り、争点および証拠の整理が終了した後に集中して行わなければならない。

イ. 原告および被告は、攻撃防御の方法を適切な時期に提出しなければならず、時機に遅れた攻撃防御方法は、裁判所に却下されることがある。

ウ. 被告は、口頭弁論期日において、原告が主張する請求原因事実の１つについて何らの認否もしなかった。この場合、被告は、当該請求原因事実を争ったものと推定される。

エ. 原告が訴状を提出し訴えを提起した場合において、その訴状に民事訴訟法所定の記載事項につき不備があるときは、補正が命じられることなく、裁判長により直ちに訴状が却下される。

①アイ　②アウ　③アエ　④イウ　⑤イエ　⑥ウエ

問 2 企業活動に関する犯罪および公益通報者の保護に関する次のア～エの記述のうち、その内容が適切なものの組み合わせを①～⑥の中から1つだけ選びなさい。

ア. 自己の利益を図る目的で任務違反行為をした取締役には特別背任罪が成立する可能性がある。ただし、当該任務違反行為が法令、定款、内規などに違反しない場合には、特別背任罪は成立しない。

イ. 競争関係にある他人の営業上の信用を害する虚偽の事実を告知し、または流布する行為は、不正競争防止法上の不正競争に該当し、同法による刑事罰の対象となり得るが、刑法上の信用毀損罪または業務妨害罪の対象とはならない。

ウ. 労働者派遣法上の派遣労働者が、派遣先である事業者において生じた通報対象事実につき公益通報を行った。この場合、当該事業者は、当該派遣労働者が公益通報をしたことを理由として、派遣元事業主に当該派遣労働者の交代を求めるなど、当該派遣労働者に対して不利益な取扱いをしてはならない。

エ. 総会屋が株主の権利行使に関し株式会社に金銭の交付を要求してきた場合、刑法上の恐喝罪が成立する可能性があるが、会社法上は株主の権利行使に関し当該株式会社に金銭の交付を要求する行為を処罰する規定はない。

①ア－○　イ－○　ウ－○　エ－○
②ア－○　イ－×　ウ－×　エ－×
③ア－○　イ－○　ウ－○　エ－×
④ア－×　イ－○　ウ－×　エ－○
⑤ア－×　イ－○　ウ－○　エ－×
⑥ア－×　イ－×　ウ－○　エ－×

問3　民事訴訟以外の法的紛争の解決手段に関する次のア～エの記述のうち、その内容が適切なものの組み合わせを①～⑥の中から１つだけ選びなさい。

ア．民事調停手続においては、紛争の一方当事者が調停の申立てをしたのに対して、相手方当事者が調停の期日に出頭しなかった場合には、直ちに調停を申し立てた当事者の主張を認める内容の調停調書が作成される。

イ．債権者からの支払督促の申立てにより、裁判所書記官から債務者に当該支払督促が確定した後であっても、当該債務者が督促異議を申し立てたときには、通常訴訟に移行する。

ウ．民事調停において当事者間に合意が成立した結果作成された調停調書は、債務名義となり、その記載は裁判上の和解と同一の効力を有する。

エ．金銭の支払いに関する法的紛争について、当事者間に示談が成立し、その内容を公正証書にする場合であっても、当該公正証書に強制執行認諾文言が付されなければ、当該公正証書を債務名義として強制執行をすることはできない。

①ア－○　イ－○　ウ－○　エ－○
②ア－○　イ－×　ウ－×　エ－×
③ア－○　イ－×　ウ－○　エ－×
④ア－×　イ－○　ウ－×　エ－○
⑤ア－×　イ－×　ウ－○　エ－○
⑥ア－×　イ－×　ウ－×　エ－×

問４　不法行為責任に関する次の①～④の記述のうち、その内容が最も適切なものを１つだけ選びなさい。

①甲社の従業員乙は、その業務として、甲の取引先である丙社の店舗に甲社の製品を納入した。その際、丙社の店舗内に設置されていた陳列棚が突然倒れ、乙はその下敷きになり負傷した。その陳列棚が倒れたのは、丙社が陳列棚を適切に設置しておらず、その設置につき丙社に過失があったのが原因である。この場合、甲社には乙の負傷につき過失はないため、甲社は乙の負傷について労働基準法上の災害補償義務を負わない。

②甲社の従業員乙は、自己が就業する建設現場において、工事用資材を無造作に壁に立てかけておいたところ、付近を通行中の丙に資材が倒れかかり丙は重傷を負った。この場合、乙は丙の負傷につき損害賠償責任を負うが、甲社は丙の負傷につき損害賠償責任を負わない。

③甲は、友人である乙に請われ、自己所有の自家用自動車Xを、半日の間、無償で乙に貸したところ、運転中の乙の不注意により交通事故が発生し、歩行者丙が負傷した。この場合、Xを実際に運転していなかった甲は、同法にもとづく自動車損害賠償保障法上の運用供用者にあたらず、同法にもとづく損害を負わない。

④甲社が所有する店舗内において照明が落下し、来店していた客に負傷者が出た。この場合、甲社は本件店舗を適切に管理し、危害発生の防止のための必要な注意を果たすことを証明しても、甲社は、負傷者に対する損害賠償責任を免れない。

Answer 答え合わせ

問1　正解：①

解説（テキストp255～259参照）

アは適切である。問題文は **"集中証拠調べ"** について述べています。

イは適切である。**時機に遅れた攻撃防御の方法は、裁判所により却下されることがあります**。

ウは適切でない。**何らの認否をしない、すなわち沈黙は、その事実を自白したものと見なされます**。

エは適切でない。**訴状に不備がある場合は、受付書記官から補正・追完の請求があります**。

問2　正解：⑥

解説（テキストp267～269参照）

アは適切でない。**任務違反行為が法令、定款、内規などに違反しなくても、特別背任罪が成立**します。

イは適切でない。問題文の競争関係にある事業者の行為は、刑法上の**信用毀損罪または業務妨害罪の対象となります**。

ウは適切である。問題文の事業者の行為は、**公益通報者保護法に違反する**ものです。

エは適切でない。問題文の総会屋の行為は**会社法の利益供与要求罪に該当し、処罰の対象となります**。

問3　正解：⑤

解説（テキストp264～266参照）

アは適切でない。民事調停手続において、一方の当事者が裁判所に出頭しない場合は、調停が成立しません。**民事調停手続においては“欠席裁判”はありません**。

イは適切でない。支払督促が確定した後で、当該債務者が督促異議を申し立てても通常訴訟には移行しません。**支払督促が確定する前であれば、通常訴訟に移行します**。

ウは適切である。調停調書は債務名義となり、**裁判上の和解と同じ**強制執行力を持ちます。

エは適切である。**公正証書に強制執行認諾文言が付されなければ、当該公正証書を債務名義として強制執行をすることはできません**。

問4　正解：④

解説（テキストp252～254参照）

①は適切でない。甲社に過失がなくても乙の業務遂行中の事故であり、甲社は乙の負傷について**労働基準法上の災害補償義務を負います**。

②は適切でない。甲社は**使用者責任が成立する**可能性があるので、甲社は丙に対する**損害賠償責任を負います**。

③は適切でない。他人に自分の車を運転させた場合も、自家用自動車の所有者甲は**運用供用者に該当**します。甲は丙に対して、**損害賠償責任を負います**。

④は適切である。甲社は**土地工作物責任を負い**、甲社は負傷者に対する**損害賠償責任を負います**（免れることはできません）。

7
紛争の解決方法

MEMO

第8章

企業と従業員の関係

Theme

労働協約と就業規則

労働組合が使用者との交渉によって取り決めた労働協約は、使用者側が定めた就業規則より優先します。

重要度：★★★

●労働組合が、使用者側との交渉で合意した労働条件についての取決めが労働協約です。使用者側が作成する就業規則より労働協約が尊重され、齟齬（そご）がある部分あるいは抵触部分につき労働基準監督署長は使用者側に変更を命じることができます。ただし、労働協約の有効期限は3年であり、超過する期間は有効でなく、原則、労働組合員のみに適用されるのがポイントです（ただし、労働組合員が常時雇用の従業員の4分の3以上である場合には、非組合員にも適用）。

労働協約、就業規則、不当労働行為

(1) 労働組合

労働組合の結成にあたって、**使用者（会社）の承認は不要**です。

労働組合法上、**労働組合の理事には使用者の取締役は就任できません**。

(2) 労働協約★

労働協約の有効期間は3年です。**たとえ、3年を超える期間を定めたとしても、労働組合法上、有効期間は3年と見なされます**。

労働協約は、①労働組合と使用者との合意事項を書面に作成し、②両当事者が署名または記名押印することによって、その効力を生じます。

当該事業所の常時雇用される労働者の4分の3以上が当該労働組合に加入している場合には、非労働組合員にも労働協約が適用されます。

●「労働協約と就業規則」、「労災保険法」は毎回交互に出題される傾向があります。

(3) 就業規則★

労働基準法上、**常時10人以上の労働者を使用する使用者は、就業規則を作成し、管轄地の労働基準監督署に提出しなければなりません**。

労働者には、いわゆる**アルバイト、パートタイマー、期間工なども含まれます**。

(4) 労働協約と就業規則の関係

労働協約と就業規則との間に内容の矛盾する部分が存在する場合、労働基準法上、所轄労働基準監督署長は、当該就業規則の変更を命じることができます。

(5) 不当労働行為

以下の事項は、労働組合法により不当労働行為として禁止されています。

①正当な組合活動などを理由とする不利益取扱いおよび黄犬契約*★の締結
②正当な理由のない団体交渉の拒否
③労働組合の結成・運営に対する支配介入および労働組合の運営経費に対する経理上の援助
④労働委員会の手続に関与したことを理由とする不利益取扱い

(6) 不当労働行為の救済方法

使用者が不当労働行為をしたときは、裁判所による救済のほか、中央労働委員会あるいは都道府県労働委員会による審査・救済の方法が労働組合法で定められています。

- 「有効期間が5年を超える労働協約は無効とする」旨の設問が過去に出題されていますが、労働協約自体が無効になるわけではなく、労働組合法で定める3年を超えたぶんが無効になるだけなので、注意が必要です。
- 過去問で「労働組合からの変更要請があった場合、使用者は就業規則を変更しなければならない」との設問が出題されていますが、就業規則は使用者側に作成する権限があるので誤りです。
- 労働協約が労働組合に加入していない労働者に適用されるかどうかの判断基準は、「労働者の4分の3以上が当該労働組合に加入しているかどうか」です。過去問では、「100人の会社で60人（6割）が労働組合に加入しているので、労働協約が非組合員にも適用される」という“ひっかけ問題”が出題されました。

*黄犬契約　「おうけんけいやく」または「こうけんけいやく」と読む。労働組合への不加入または脱退を条件とする労働契約のことをいう。

Theme

労災保険法、通勤災害

重要度：★★★

労働災害が起きた場合の災害補償は使用者の無過失責任ですが、補償を確実なものにするため、労災保険制度が設けられています。

- 労災保険はすべての労働者が対象で、かつ保険料は全額事業主負担です。また、労働者が1人であっても加入しなければなりません（強制加入です）。休憩時間や就業時間外でも、事業場で起きた災害には労災保険が適用されます。
- 通勤災害については、当日とった通勤経路が“合理的な経路”かどうかが労災適用か否かの判断の基準となります。

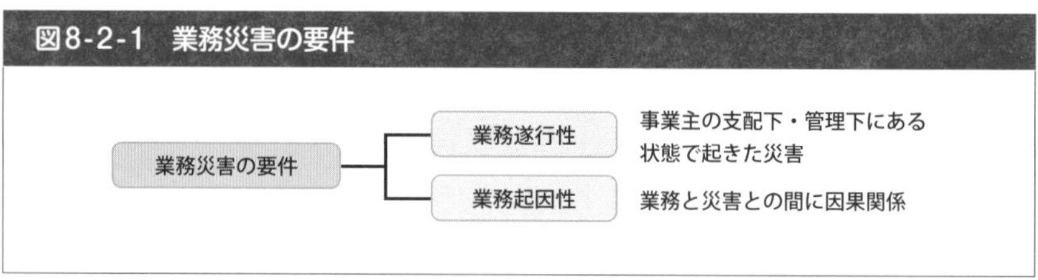

図8-2-1　業務災害の要件

労災の強制適用と適用対象、業務災害

(1) 強制適用と保険給付

労災保険制度は、労働基準法で定められた使用者の無過失責任である災害補償責任の履行を確保するための制度です。強制適用の原則の下に**1人でも労働者を使用している事業主に加入義務が課せられ、事業主が保険料を全額負担する**こととして

- 「労働協約と就業規則」、「労災保険法」は毎回交互に出題される傾向があります。
- 「業務災害」については具体的なケース、事例が出題されます。
- 「通勤災害」については具体的なケース、事例が出題されます。

います。労災保険が行うことのできる保険給付は次のとおりです。

①業務上の災害に関する保険給付

②通勤災害に関する保険給付

③二次健康診断等給付

(2) 労災保険の適用対象

原則として、事業の種類や規模の大小を問わず、労働者が雇用されている事業に適用されます。したがって、**アルバイト、パートタイマー、日雇い、外国人労働者等も労災保険の適用対象**です。

「代表取締役が選定されている会社において、業務執行権を有しない取締役が代表取締役の指揮命令を受けて労働に従事し、その対償として賃金の支払いを受けている」という場合、当該取締役は労災保険の適用対象となります。

(3) 業務災害と認められる要件

「業務遂行性」と「業務起因性」の両方を満たす必要があります。

業務遂行性：労働者が労働契約にもとづき、事業主の支配下・管理下にある状態で起きた災害であることが必要です。

業務起因性：業務と災害との間に一定の因果関係があることが必要です。

①事業主の支配下・管理下で業務に従事している場合

②事業主の支配下・管理下にあるが業務に従事していない場合

休憩時間や就業時間前後で業務に従事していない時間に、事業場施設内にいる場合がこれに該当します。

また、所定労働時間外の業務（仕事）もこれに該当します。

③事業主の支配下にあるが、管理下を離れて業務に従事している場合

出張や社用での外出がこれに該当します。

通勤災害

(1) 通勤災害と認められる要件

①住居と就業の場所との間の往復

②就業の場所から他の就業の場所への移動

➡いわゆる二重就職者の第一の事業場から第二の事業場への移動も“通勤”と

されます。

③単身赴任先住居と帰省先住居との間の移動

以上①〜③のいずれかであることに加え、**「通勤災害」と認定されるには「合理的な経路をとっていたかどうか」が成立要件です**。

(2) 合理的経路★

通勤の定義における「合理的な経路」とは、通勤のために通常用いられる経路であり、例えば公共交通機関が事故などで止まり、迂回してとる経路も「合理的な経路」と認められます。

また、共働きの夫婦がマイカーに相乗りで通勤する場合も、著しく遠回りでなければ「合理的な経路」と認められます。

他方、通勤のために通常用いられる経路外で日用品の購入のために立ち寄り、災害に遭った場合は、「合理的な経路」から逸脱しているため「通勤災害」とは認められません。

- 就業規則は常時10人以上の労働者を雇用している事業所では労働基準法上、作成義務がありますが、労災保険は労働者が1人であっても加入しなければならず、保険料も全額使用者負担となる点に注意が必要です。
- 「事業場で業務をしていない休憩時間や就業時間前後での災害」、「所定労働時間外の労働時間（いわゆる残業時間）での災害」にも労災保険が適用されるので、注意が必要です。ポイントは「労働者が被災の際、事業場・職場にいて事業主の支配下・管理下にある状態であったかどうか」です。
- 通勤災害については、「兼業の従業員が業務終了後、帰宅せず、次の職場に移動する際に災害に遭った」場合も、その移動は通勤と見なされ、労災保険の補償対象となるので、注意が必要です。

Question

問題を解いてみよう

問1 労働組合に関する次のア～エの記述のうち、その内容が適切なものの個数を①～⑤の中から1つだけ選びなさい。

ア. X社のY労働組合は、労働条件についてX社と交渉し、有効期間を5年とする労働協約を締結した。この場合、労働組合法上、当該労働協約は5年間有効である。

イ. X社では常時100名の労働者を使用しており、その過半数である60名の労働者で組織するY労働組合が存在する。X社は、労働基準法上、その就業規則を変更する場合、Y労働組合の意見を聞かなければならない。

ウ. X社にはY労働組合が存在するが、X社とY労働組合は労働条件の決定などについて対立関係にある。この場合、労働組合法上、X社は、新規に労働者を雇い入れるにあたり、Y労働組合には加入しないことを条件として労働契約を締結することにより、Y労働組合を組織する労働者の数を減少させることが認められる。

エ. X社には、現在、労働組合は存在しないが、X社の労働者Aは、X社において労働組合を結成しようと考えている。この場合において、Aが労働組合を結成するためには、労働組合法上、Aは、X社に労働組合を結成する旨を申し出て、X社の承認を得なければならない。

①0個　②1個　③2個　④3個　⑤4個

問2 X社は、労働者災害補償保険法（労災保険法）の適用事業場であり、A、BおよびCはX社の労働者である。DはX社の株主である。通勤災害に関する次のア〜エの記述のうち、その内容が最も適切なものの組み合わせを①〜⑤の中から1つだけ選びなさい。

ア．X社の労働者であるAは、X社事業場における業務終了後の帰宅途中で、通常利用している通勤経路外に所在する百貨店に立ち寄った。Aは、当該百貨店内で2時間にわたり私的な買い物をしていた際に、当該百貨店のエスカレータの故障により転倒し負傷した。この場合のAの負傷は、労災保険法にもとづく保険給付の対象とならない。

イ．労災保険法の適用事業場であるX社のDが、X社の株主総会に出席するため、住居と株主総会会場との間の合理的な経路を移動中に交通事故に遭い、負傷し治療を受けた。この場合、Dの当該療養について、労災保険法にもとづく保険給付が行われる。

ウ．Bは、転勤に伴う単身赴任のため、やむを得ず配偶者と別居してX社の社宅に起居しており、毎週末には配偶者の住む自宅に帰省している。Bは、業務終了後、いったん社宅に戻った後、帰省のため社宅から自宅への合理的な経路を移動中に交通事故に遭い負傷した。この場合のBの負傷は、住居と作業場との移動中に発生したものではないが、通勤災害に該当し、労災保険法にもとづく保険給付が行われる。

エ．CはX社事業場における業務終了後、自宅に帰宅するにあたり通常利用している通勤経路の路線が人身事故により一時的に不通となっていた。Cは仕方なく、迂回して別の路線を使用していたところ、人混みのため駅の階段で転倒し負傷した。この場合のCの負傷は、通常利用している通勤経路を逸脱しての災害のため、通勤災害に該当せず、労災保険法にもとづく保険給付の対象とはならない。

①アイ　②アウ　③アエ　④イウ　⑤イエ　⑥ウエ

問3　労働者災害補償法（労災保険法）に関する次の①～④の記述のうち、その内容が最も適切なものを1つだけ選びなさい。

①労災保険法の適用事業場において使用されている労働者の被扶養配偶者が、疾病のため治療を受けた。この場合、当該療養について、労災保険法にもとづく保険給付が行われる。
②労災保険法の適用事業場において使用されている労働者が、所定労働時間内に完了できなかった業務について、上司の指示に従い所定労働時間の終了後に当該作業場で業務を遂行していたところ、作業場の設備の不具合により負傷し治療を受けた。この場合、当該療養について、労災保険法にもとづく保険給付は行われない。
③労災保険法の適用事業場においてアルバイトとして勤務している労働者は、所定労働時間内に当該事業場内において業務に従事している際に、作業施設の不具合が原因で負傷した。この場合、アルバイトである当該労働者の負傷は、労災保険法にもとづく保険給付の対象となり得る。
④労災保険法の適用事業場において使用されている労働者が、出張先において業務遂行中に作業場の設備の不具合により負傷し治療を受けた。この場合、当該療養について、労災保険法にもとづく保険給付は行われない。

答え合わせ

問1　正解：②

解説（テキストp280～281参照）

アは適切でない。**労働協約の有効期間は3年です。5年と定めても残りの2年間は有効でありません**。

イは適切である。**就業規則の変更の際、意見を聞くのは常時雇用者の過半数以上で構成されている労働組合**です。問題文の組合は組織率が60%なので、意見を聞く義務があります。

ウは適切でない。**新規に労働者を雇い入れるにあたり、Y労働組合への不加入を条件とする契約は黄犬契約であり、会社の行為は不当労働行為に該当します**。

エは適切でない。**労働組合の結成に関する会社側の支配介入は、不当労働行為として禁止**されています。

問2　正解：②

解説（テキストp282～284参照）

アは適切である。**通勤経路外の事故は労災保険の適用対象外**です。

イは適切でない。**株主は会社の従業員でないため、労災保険法にもとづく保険給付の対象となりません**。

ウは適切である。**社宅から自宅への合理的な経路を移動中の交通事故は通勤災害に該当し、労災保険法にもとづく保険給付の対象**となります。

エは適切でない。**通勤経路外経由の帰宅でも、人身事故によるやむを得ない迂回であれば通勤災害に該当し、労災保険法にもとづく保険給付の対象**となります。

問3 正解：③

解説（テキストp282～284参照）

①は適切でない。**労働者本人とは異なり、被扶養配偶者は社員でないため、当該療養について、労災保険法にもとづく保険給付は行われません**。

②は適切でない。**時間外労働の作業場においての負傷であり、当該療養について、労災保険法にもとづく保険給付の対象**となります。

③は適切である。**アルバイトであっても雇用されている労働者であり、労災保険の保険給付の適用対象**となります。

④は適切でない。**出張は、「事業主の支配下にあるが、管理下を離れて業務に従事している場合」に該当し、本件は労災保険の保険給付の適用対象**となります。

MEMO

第9章

国際法務（渉外法務）

Theme

1

重要度：★★★

国際法務の基礎①：国際裁判管轄、準拠法

外国企業との紛争が生じた場合、どこの国の裁判所に訴えを提起できるのか、いずれの国の法律を適用するのか、が重要ポイントです。

●海外の企業と契約を取り交わす際、重要なのは国際裁判管轄と準拠法の取決めです。ただし、この2つは連動しておらず、まったく別物です。例えば、国際裁判管轄を日本の裁判所と定めても、理論上、準拠法は当然に日本の法律になるわけではありません。

●準拠法を定めていない場合の「準拠法決定の原則」＝再密接地の法律を採用、も試験ではよく出題されます。

国際裁判管轄、準拠法、外国判決の執行

(1) 国際裁判管轄★の合意の必要性

日本の法制度（民事訴訟法）は、国際裁判管轄法制で、国際紛争について日本の裁判所で国際裁判管轄があるものを定めています。

・フォーラム・ノン・コンヴィニエンス★ (Forum non convenience)

「民事訴訟が提起された裁判所以外の裁判所で、事件がより適切に審理されると考えられるときには、訴訟が提起された裁判所は裁量によって本来有する管轄権の行使を差し控えて訴えを却下することができる」というアメリカ合衆国の法理（法の理論）です。

●この分野は頻出の分野で、毎回出題されています。「準拠法決定の原則」、「外国判決の執行の要件」は頻出のテーマです。

・当事者間の国際裁判管轄の合意

①当事者間の国際裁判管轄の合意があった場合でも、その合意がその国の裁判所によって必ずしも有効なものとして尊重されるとは限りません。

②日本の民事訴訟法では、国際裁判管轄の合意については、「当事者の合意により、いずれかの国の裁判所に訴えを提起することができる」旨が定められています。ただし、この合意は、一定の法律関係にもとづく訴えに関してであり、かつ**書面または電磁的記録によって行わなければ効力がありません**。

(2) 国際的訴訟競合★

国際取引における民事上の法的紛争について、外国の裁判所において日本の会社に対する損害賠償請求が提起される場合であっても、日本の裁判所に国際裁判管轄が認められるときには、同一の法的紛争について、日本の裁判所で債務不存在の確認を求める訴訟が提起されることがあります。

すなわち、同じ事件について、日本と外国で同種の訴訟が同時に行われる場合があります。これを**国際的訴訟競合**★といいます。

また、訴訟が前後して行われる場合がありますが、**先に民事訴訟が提起された外国の裁判所に優先権が認められることは、「国際的訴訟競合」の場合はありません**。

一定の場合には、日本の裁判所は、日本での訴えの棄却や審理の中止により、外国の裁判所に事件を集中する必要があると判断する場合があります。

(3) 準拠法

ア) 準拠法の適用に関する通則法と準拠法決定の原則★

「法の適用に関する通則法」（法適用通則法）では、

①原則として、準拠法選択の決定を当事者の意思に委ねる➡**当事者自治の原則**

②準拠法選択の定めがないときは、法律の成立および効力は、当該法律行為の当時において、**当該法律行為に最も密接な関係のある地の法による**

➡**準拠法決定の原則**★

を定めています。②については例えば、

a.法律行為において特徴的な給付を当事者の一方のみが行うものであるときは、その給付を行う当事者の居住地の法を、

b.不動産を目的とする法律行為については、その不動産の所在地の法を、

それぞれ推定適用します。

イ）準拠法決定の特則

法適用通則法は特則として、

①消費者契約および労働契約の成立・効力
②不法行為によって生ずる債権の成立・効力
③債権譲渡の債務者・第三者に対する効力

をそれぞれ定めています。

ウ）実務上の問題点

すべての国の法制度が「当事者自治の原則」を採用しているわけではなく、客観的な要素で決める立場（客観主義）を採用している国もあります。すなわち、**当事者間で準拠法にあらかじめ合意していても、それと異なる法を準拠法として紛争の解決がなされることが起こり得ます**。

（4）外国判決の執行

外国判決を日本で執行するには、日本の裁判所で執行判決を得る必要があります。執行判決を得る要件は以下のとおりです。

a. 外国裁判所の確定した判決であること
b. 外国判決が民事訴訟法の規定する次の4要件をすべて具備すること：
　①法令または条約により外国裁判所の裁判権が認められていること
　②敗訴の被告が訴訟の開始に必要な呼び出し、もしくは命令の伝達を受けたこと、または受けなかったが応訴したこと
　③判決の内容および訴訟手続が日本の公序良俗に反していないこと
　④相互の保証があること
　　➡日本における外国判決の承認・執行と同様の条件で、当該外国判決の判決国が日本の判決を承認・執行することを法的に保証していることを意味します。

- 国際裁判管轄と準拠法の問題とは別物であり、日本に裁判管轄権があるからといって、準拠法が日本になるとは限りません。この点、注意が必要です。
- 国際法務においては、たとえ当事者で裁判管轄などの取決めを合意しても、外国の裁判所の考え方や法律が相違する、あるいは適用されないケースがあります。外国の裁判所に関する問題文で断定的な記述であれば、誤りの可能性が大です。「～とされることもあり得る」、「～となるとは限らない」などと断定を避けた記述になるのがノーマルです。
- 「国際的訴訟競合」の場合、先に民事訴訟が提起された国の裁判所に優先権は認められないので注意が必要です。これを可とし、「相手国に後で提起された民事訴訟は却下しなければならない」とする“ひっかけ問題”が過去に出題されています。“競合”という用語の意味を理解してください。

国際法務の基礎②：仲裁

重要度：★★☆

契約当事者が第三者に裁定を委ねるのが仲裁です。

●仲裁は、一般に当事者が選定した第三者（仲裁人）に裁定を委ねることで紛争を解決するやり方です。仲裁には、柔軟な手続が可能であったり、スピーディな解決ができたり、外国での執行が容易であったりするメリットがあります。一方、仲裁合意が必要であったり、判断基準が不明確であったり、一審制度なので上訴ができないなどのデメリットもあります。

仲裁の意義、メリットとデメリットほか

(1) 仲裁の意義

ア）仲裁合意★の要式

当事者の全部が署名した文書、当事者が交換した書簡または電報（ファックスを含む）その他の書面により行わなければなりません。電磁的記録によってこれをすることも可能です。

イ）仲裁合意★の効果

日本の仲裁法上、仲裁合意の効果として、原則、当事者は訴訟を提起できなくなります。

➡当事者の一方が、適法になされた仲裁合意を無視して、日本の裁判所に民事訴訟を提起しても、他方の当事者は訴えの却下を裁判所に求めることができます。

仲裁合意には、確定判決と同一の効力が認められます。

仲裁手続は、原則として**一審制であり、上訴ができません**。

仲裁手続の**審理については**、民事訴訟手続と異なり、**非公開**です（公開が義務付けられていません）。

●過去には単独で出題されましたが、頻度はそれほど高くなく、他の国際法務の設問との混合問題が多いといえます。

ウ）仲裁人の選任手続

原則として、当事者間の合意によって定めることができます。

エ）仲裁手続の対象

国際取引上の法的紛争と、日本国内の民事上の法的紛争のいずれにも、仲裁を利用することができます。

表9-2-1　仲裁の得失（メリットとデメリット）

メリット	デメリット
a 適任の専門家を仲裁人に選定できる	a 仲裁合意が必要
b 当事者に合わせた手続が可能	b 判断基準が不明確
c 審理が非公開	c 一審制で上訴制度がない
d スピーディな解決ができる	d 利用者が費用を負担
e 外国での執行が容易	

(2) 仲裁合意をするにあたっての留意点

仲裁合意にあたっては、次の点に留意する必要があります。

①契約締結の段階で仲裁合意をするのか否か

②仲裁を唯一の紛争解決手段とするのか否か

③仲裁と国の専属機関との抵触問題

④仲裁地の選定

⑤仲裁機関および仲裁規則の選定

⑥仲裁人の数

⑦仲裁手続の言語

Theme 3

国際取引における契約書作成上の諸問題

重要度：★★★

国際取引においては、契約書の重要性が国内取引よりはるかに大きいといえます。具体的な取引内容の記述だけでなく、特に一般条項の擦り合わせ（相互合意）も大事です。

- 国際取引における契約交渉の過程で、中間的な確認の必要性からLOIやMOUなどの文書を作成しておくことが、後々のトラブル防止になります。
- 契約書作成においての一般条項に関する出題が毎回見られるので、各条項の意味するところをよく把握しておきましょう。インコタームズも頻出の用語です。法的拘束力はありませんが、国際取引でベースとなる、国際商工会議所が定めた国際規則です。

確認文書、契約書の一般条項、インコタームズほか

(1) 契約締結の準備

契約の相手企業に関して、事前にできる限りの調査を行うことが必要です。

また、取引に適用される外国の法律、および日本の関係法（税法、独禁法、外国為替管理法、外資法ほか）も知っておく必要があります。

(2) 契約書作成

ア）交渉過程における中間的な確認の必要性

当事者間の思わぬ誤解や思い違いを排除して後々のトラブルが生じないようにするためには、面倒でも確認文書を作成しておくべきです。

- 毎回出題される分野ではありませんが、インコタームズのような用語の意味や内容を確認する設問が、繰り返し出題されています。

確認文書には、表9-3-1のとおり**LOI**、**MOU**、**MOM**などがあります。これらの確認文書は、その名称にかかわらず、内容に法的な拘束力が認められることがあります。

表9-3-1　確認文書の種類	
レター・オブ・インテント (LOI：Letter of Intent)	予備的な合意事項や了解事項を簡潔に記載した書類
エム・オー・ユー (MOU：Memorandum of Understanding)	
ミニッツ・オブ・ミーティング (MOM：Minutes of Meeting)	交渉議事録

イ）一般条項の整備

①不可抗力条項★

「不可抗力（force majeure）★が原因となって契約上の債務が履行できない場合には、契約当事者は責任を負わない」という旨を規定した条項です。

force majeure★の概念は大陸法系のものであり、**英米法系には原則として存在しません**。

②秘密保持条項

非開示義務と目的外使用禁止義務を定めた条項です。特に、ノウハウを対象とするライセンス契約では重要な条項です。

③完全合意条項（Entire Agreement Clause）

「契約書に記載された内容が、当事者間の完全な合意内容を表示し、それが契約締結以前に契約の目的事項に関して存在した当事者間の合意に優先する」ことを規定した条項です。

これは、「ある事項に関して最終的な契約書が作成された場合には、当事者は、契約交渉過程で当事者間に成立した他の合意を、契約書面の内容を変更するものとして裁判所に提出することはできない」との法則を再確認するものです。**この条項は、英米証拠法のルールである口頭証拠排除原則と関連するもの**です。

④国際裁判管轄条項

「契約締結後に契約内容をめぐって当事者間に民事上の法的紛争が生じた場合に、いずれの国の裁判所に民事訴訟を提起するか」を定めた条項をいいます。この条項があっても、当該条項で定めた国の裁判所において当該条項の内容に従って裁判管轄が認められるとは限りません。

⑤**仲裁条項**

「当事者間の紛争を仲裁によって解決する」旨を定めた条項です。日本では、仲裁合意の対象となる民事上の紛争について訴えが提起されたときは、受訴（訴えを受けた）裁判所は、被告の申立てにより、訴えを却下しなければなりません。

➡本章Theme2(1)を参照

⑥**通知条項**

解約等の意思表示の通知先、方法、効力発生時期、効果について定めた条項です。国際間の通知の場合には、郵便事情等により必ずしも通知が到達するとは限らないので、通知が到達しない場合でも通知の効力を生じさせるには、**「発信主義」で合意しておくのが望ましいです。**ただし、通知の効力発生時期について発信主義か到達主義かを決める電子的方法もあります。

(3) 代表的な国際取引契約とその諸問題

ア）国際売買契約

国際売買契約に関する条約として、「国際物品売買契約に関する国際連合条約」(CISG)があり、日本も批准しています。

営業所が異なる国に所在する当事者間の物品売買契約について、これらの国がいずれもCISGの締結国である場合、または国際私法の準則によればCISGの締結国の法の適用が導かれる場合には、CISGが適用されます。

インコタームズ★(International Commercial Termsの省略形)は、国際商工会議所が制定した貿易取引条件などについての規則です。国際的な標準を定め、国際取引の円滑化を図ることを目的としています。インコタームズ★自体は**条約ではなく、法的な強制力は認められません**。しかし、**実際には実務で広く用いられているので**、その内容を把握しておく必要があります。

イ）国際販売代理店契約

輸入製品を国内で販売する販売業者が、海外の輸出事業者や製造事業者と締結する契約です。

この国際販売代理店契約には次の2種類があります。

①代理店：海外の輸出事業者や製造事業者の代理人となり、商品の売買契約は海外の輸出事業者・製造事業者と国内の顧客との間で締結されます。

②販売店：海外の輸出事業者・製造事業者と国内の販売店との間で売買契約が締結され、販売店が国内の顧客に商品を提供することになります。

ウ）国際ライセンス契約

国際ライセンス契約は、主として知的財産権として保護される諸々の権利について、海外のライセンサー（許諾当事者）が国内のライセンシー（被許諾当事者）に、その使用・利用を許諾する契約です。

(4) 秘密保持契約

一般に、当事者に対し、第三者に秘密情報を開示しないことや、秘密情報を目的外で使用しないことなどの**不作為義務**を定める契約です。

- 国際取引においては、契約交渉、契約書などが英米法に準拠するものなのか、大陸法（フランス、ドイツ）に準拠するものなのかによって、設問への回答も違ってきます。
- LOIやMOUの作成が大事なのは大陸法です。英米法は「口頭証拠排除原則」により完全合意事項を（最終）契約書として採用するので、契約書締結までの一連の当事者間の確認事項は反故（ほご）となるからです。また不可抗力条項も、大陸法にもとづく契約書には盛り込まれますが、英米法にもとづく契約書には盛り込まれません。
- インコタームズに関する出題は頻繁に出ます。
「国際商工会議所が制定したものなので、日本など国際商工会議所の加盟国では条約と同一の法的効力を持つ」という、“ひっかけ問題”が出ています。実務では広く使われますが、条約でなく、法的な強制力はありません。

Theme

4 国際的な知的財産の保護

重要度：★★★

知的財産の保護は、基本的に各国の法律に委ねる属地主義です。ただし、「所定の国の受理官庁に1件の特許出願を行えば、条約加盟各国にも同じ出願効果がある」と定めた特許協力条約のように、国際化が進んだ例もあります。

●各種の知的財産権の条約などに日本が加盟しているからといって、日本で設定登記された知的財産権が外国でも適用・保護されるわけではありません。各国の法制度がそれぞれ適用される「属地主義」が原則となります。例外の1つは特許協力条約（PCT）であり、所定の申請手続をすれば、加盟各国においても登録出願したものとして認められます（ただし、そのまま設定登録されるわけではありません）。

●日本では、権利を付与されていない輸入業者が海外から正規の製品を輸入し販売する、いわゆる「並行輸入」は、判例で合法とされています。

属地主義の原則、特許協力条約、並行輸入ほか

(1) 属地主義の原則

外国において特許権等の知的財産権の権利の保護を受けようとする場合は、当該外国において別途、権利化手続・出願・審査を経なければなりません（次に述べる特許協力条約は例外）。

(2) 知的財産権保護の国際化

特許協力条約（PCT）★では、発明につき所定の手続により特許の国際出願を行ったものとして、**複数の加盟国において出願したのと同一の効果が認められます**。

世界貿易機関（WTO）の基本原則の1つとして、「特定加盟国に与えた関税、内国

●「属地主義の原則」、「特許協力条約（PCT）」、「並行輸入に関する日本の判例」、「模倣品の輸入に対する法的措置」などが過去に出題されています。

税その他の優遇措置は、自動的に他の加盟国にも与えられるべき」とする最恵国待遇が認められています。

世界貿易機関には、貿易に関する紛争の当事国が紛争事案を持ち込むことができ、紛争当事国間の協議による解決のほか、小委員会（パネルと呼ばれる）での検討を経た報告・採択などの手続によって紛争を解決する役割が認められています。

(3) 国際的知的財産権保護に関する諸問題

ア）並行輸入

特許権者（ライセンサー）から日本での製造・販売などの諸権利を付与されていない輸入業者が、海外から正規の製品を輸入し販売する商行為を、**「並行輸入★」**といいます。

日本の判例では、並行輸入★は原則として特許権侵害に該当しないと判示しています。

したがって、日本における当該発明の特許権にもとづいて、特許権者が日本の輸入販売会社に対し、当該製品の輸入および販売の差止めを請求することはできません。

イ）模倣品対策

日本の特許法上、特許権者には、特許権を侵害する製品の輸入の差止請求が認められています。税関における輸入差止めについても、**関税法上、税関当局の職権による輸入差止めに加え、特許権者も税関長に対し、その侵害の事実を疎明＊★するための必要な書類を提出し、輸入差止めの申立てをすることを認められています。**

- 特許権者から日本での製造・販売の権利を付与されていない輸入業者などでも、模倣品（海賊品）でなければ、海外からの当該製品の輸入・販売は「並行輸入」と見なされ、日本では特許権侵害には該当しないので、注意が必要です。
- また、模倣品（海賊品）の輸入を差止めできるのは税関当局だけでなく、特許権法上、特許権者も差止めの申立てをすることができます。この申立てができないとする問題が、過去によく出題されています。

＊**疎明**　「いちおう確からしい」との心証を抱かせること。「証明」よりは一般に相手方の説得は難しくない。

Theme

5 国際倒産、外国公務員への贈賄

重要度：★★★

企業が倒産し、一部の債権者が当該企業の外国にある資産から弁済を受けた場合は、平等の原則により、他の債権者が同じ配当を受けるまで留保されます。

●日本の倒産法は、「日本で開始された破産・民事再生・会社更生の効力は海外にある資産にも及ぶ」とする「普及主義」を採用していますが、反対に外国における倒産手続の効力はそのままでは日本には及びません。したがって双務的でないことに注意が必要です。また、外国企業が日本で破産手続の申立てを行うことは、日本国内に営業所や事務所がなくても、例えば銀行口座が日本にあるといったことでも可能です。

日本の倒産法、国際倒産の管轄、外国公務員への贈賄

(1) 日本における倒産手続の効力

日本の倒産法は、「日本で開始された破産・民事再生・会社更生の効力は海外にある資産にも及ぶ」とする「**普及主義**★」を採用しています。

企業が倒産し、一部の債権者が当該企業の外国にある資産から弁済を受けた場合、当該債権者は同順位の他の債権者が同等の配当を受けるまでは配当を受けることができない、とされています。

(2) 外国における倒産手続の効力

外国の倒産手続の効力は、そのままでは日本に及びません。

日本国内の資産に効力を及ぼすには、①**国際並行倒産**または②**承認援助手続**のいずれかの方法によらなければなりません。

● 「国際倒産」、「外国公務員への贈賄」はいずれも他の国際法務の問題との混合問題として出題されています。出題の頻度は数回に一度程度です。

①国際並行倒産

外国で倒産手続がすでに開始されている場合でも、日本国内において日本の国内法による倒産手続を別途申し立て、倒産手続を同時に進行させる手続。

②承認援助手続

外国倒産手続の効力を日本国内でも適切に実現し、外国倒産手続を日本で承認し、承認された外国倒産手続の促進のため、日本の裁判所も一定の援助を与える手続。

(3) 国際倒産管轄

日本の破産法は、債務者である**外国法人が日本国内に住所、居所、営業所、事務所を有するとき**には、同法にもとづく**破産手続開始の申立てをすることができる**としています。また、**日本国内に営業所または事務所を有していなくても、債務者である外国法人が日本国内に財産を有しているときも同様**です。

(4) 外国公務員への贈賄等の禁止

現地の法令を順守するのは当然です。また、日本法との関係でも、**不正競争防止法が、外国の公務員への不正の利益の供与を禁止し、罰則を科しています**。日本人が日本国外で行った行為にも罰則が適用されることがあります。

日本の企業であるX社がA国の公務員に対して贈賄行為を行った、というケースが考えられます。その送金手続が米国内で行われた場合、X社は、**米国の「連邦海外腐敗行為防止法」により、処罰**される可能性があります。

- **「国際倒産管轄」の問題がよく出題されます。外国法人が日本国内に住所、居所、営業所、事務所を有する場合は、国内で破産手続開始の申立てができることは容易に想像が付きますが、日本国内に前述の拠点がない場合は申立てができない、とする“ひっかけ問題”がよく出題されています。外国法人が国内に銀行預金など財産を有していれば、申立ては可能です。**

Question

問題を解いてみよう

問1 日本法人であるA社は、X国の法人であるB社との国際的な取引を行っているが、B社の経営状態が悪化し、倒産の危機に瀕しているとの情報を得た。なお、C社はX国におけるB社の債権者である。この場合、国際倒産に関する次のア～エの記述のうち、その内容が適切なものの組み合わせを①～⑥の中から1つだけ選びなさい。

ア．破産手続の申立ては、その対象となる債務者の住所、居所、営業所、事務所が日本国内にあるときに加え、当該債務者の財産が日本国内にあるときも可能である。

イ．債権者は、破産手続の申立てをするには、債権の存在と破産原因があることを当該申立てのときに証明しなければならず、疎明するだけでは足りない。

ウ．C社がX国内でいち早く債権の弁済を受けた場合、日本の破産法上、C社は他の同順位の債権者がC社の受けた弁済と同一の割合の配当を受けるまで、最後配当を受けることはできない。

エ．外国の破産手続は、日本において直ちに効力が及ぶ。したがって、外国ですでに破産手続が開始されている場合、日本国内において日本法による破産手続を別途申し立て、日本と外国で同じ債務者に対する破産手続を同時に進行させることはできない。

①アー○　イー○　ウー○　エー○
②アー○　イー×　ウー×　エー×
③アー○　イー×　ウー○　エー×
④アー×　イー○　ウー×　エー○
⑤アー×　イー×　ウー○　エー○
⑥アー×　イー×　ウー×　エー×

問2 国際法務に関する次のア〜エの記述のうち、その内容が適切なものの組み合わせを①〜⑥の中から１つだけ選びなさい。

ア．国際的な貿易の取引条件について定めたインコタームズ（International Commercial Terms）は、条約ではなく、また、それ自体に法的な強制力は認められない。

イ．特許協力条約（PCT）では、発明につき所定の手続により特許の国際出願を行ったとしても、複数の加盟国において出願したのと同一の効果は認められない。

ウ．世界貿易機構（WTO）には、貿易に関する紛争の当事国が紛争事案を持ち込むことができ、紛争当事国の協議による解決のほか、小委員会での検討を経た報告・採決等の手続により紛争を解決する役割が求められている。

エ．完全合意事項（Entire Agreement Clause）は、一般に、ある事柄に関して最終的な契約書が作成された場合には、当事者は、契約交渉過程で当事者間に成立した合意を、当該契約書の内容を変更するものとして裁判所に提出することはできないとする条項であり、英米証拠法上のルールである不可抗力条項を再確認するものである。

①アイ　②アウ　③アエ　④イウ　⑤イエ　⑥ウエ

問3 日本法人であるX社は、北欧製高級家具をA国法人であるY社から購入し、日本国内で販売するため、Y社との間で当該高級家具の継続的供給契約を締結することとした。次の①～④の記述は、Y社との間で民事上の紛争が生じた場合を想定して契約事項について検討している際の、X社内における発言の一部である。これらの発言のうち、その内容が最も適切なものを1つだけ選びなさい。

①「当社とY社との間で、本件取引に関する紛争が生じた場合、これを訴訟で解決しようとすれば、どの国の裁判所に訴えを提起できるかという、いわゆる国際裁判管轄が問題となります。国際裁判管轄については、当社とY社との合意により、紛争が生じた場合に提訴する裁判所をあらかじめ取り決めておけば、その合意は常に有効とされ、当該合意で定められた国の裁判所により裁判管轄権が否定されることはありません。」

②「当社とY社との間で、本件取引に関する紛争が生じ訴訟に至った場合、どの国の法律を適用して紛争を解決するかが問題となります。この場合に適用される法律を準拠法といいます。『法の適用に関する通則法』によれば、日本の裁判所が国際裁判管轄を有する場合には、準拠法は日本になるとされています。」

③「日本の民事訴訟法では、外国の裁判所が下した判決にもとづいて日本国内の財産に強制執行することは認められていません。したがって、Y社が当社との間の紛争についてA国の裁判所に訴えを提起し、当社敗訴の判決が下されたとしても、Y社は、その判決にもとづいて、当社が日本国内に有する財産に強制執行をすることはできません。Y社が、当社が日本国内に有する財産に強制執行をするためには、日本の裁判所で改めて訴訟を提起して、勝訴判決を得なければなりません。」

④「日本の『法の適用に関する通則法』上、当社とY社との間で、準拠法についての合意がない場合、法律行為の成立および効力は、原則として、当該法律行為の当時において当該法律行為に最も密接な関係がある地の法により決定されるとされています。」

問4　仲裁に関する次のア～エの記述のうち、その内容が適切なものの個数を①～⑤の中から１つだけ選びなさい。

ア. 日本の仲裁法によれば、日本の企業と外国企業との間に書面による仲裁合意がある場合、外国企業が日本の裁判所に訴えを起こしても、日本の企業は仲裁合意があることを裁判所に申し立てて、訴えの却下を求めることができる。

イ. 仲裁によって紛争を解決する場合、日本の仲裁法上、仲裁を行うことができるのは常設の仲裁機関に限られており、当事者が任意に常設の仲裁機関でない者を仲裁人に選任することは認められていない。

ウ. 国際的な民事上の法的紛争を解決する手段として仲裁があるが、日本の仲裁法上、仲裁人によってなされた仲裁判断は、確定判決と同一の法的効力は認められない。

エ. 仲裁手続の審理については、民事訴訟手続と同様に、公開による手続を義務付けられている。

①０個　②１個　③２個　④３個　⑤４個

Answer

答え合わせ

問1　正解：③

解説（テキストp304～305参照）

アは適切である。問題文のとおり、**当該債務者である外国法人の財産が日本国内にあるときも破産手続は可能**です。

イは適切でない。**破産手続の申立てをするには、債権の存在と破産原因があることを、裁判所に疎明するだけで足ります**。

ウは適切である。問題文のとおり、**外国にある資産から弁済を受けた場合、当該債権者は同順位の他の債権者が同等の配当を受けるまで、配当を受けることが出来ません**。

エは適切でない。**外国ですでに破産手続が開始されている場合、日本国内において日本の国内法による破産手続を別途申し立て、日本と外国で同じ債務者に対する破産手続を同時に進行させることができます**。

問2　正解：②

解説（テキストp298～301参照）

アは適切である。問題文のとおり、**インコタームズは条約ではなく、また、それ自体に法的な強制力は認められません**。

イは適切でない。**特許協力条約（PCT）では、発明につき所定の手続により特許の国際出願を行ったものとして、複数の加盟国において出願したのと同一の効果が認められます**。

ウは適切である。**問題文は世界貿易機構（WTO）の役割**を述べています。

エは適切でない。**最後の文章は「～英米証拠法上のルールである口頭証拠排除原則を再確認するもの～」が正しい**。

問3　正解：④

解説（テキストp292～295参照）

①は適切でない。**国際裁判管轄については、紛争が生じた場合に提訴する裁判所をあらかじめ取り決めておいたとしても、その合意が常に有効とされるとは限りません**。

②は適切でない。**国際裁判管轄と準拠法の問題とは別物であり、日本に裁判管轄権があるからといって、準拠法が日本になるとは限りません**。

③は適切でない。**外国判決であっても、一定の要件を満たせば、日本国内で強制執行をすることができます。日本の裁判所で改めて訴訟を提起して、勝訴判決を得る必要はありません**。

④は適切である。**当事者間で準拠法に関する定めがないときは、当該法律行為の当時において、当該法律行為に最も密接な関係がある地の法により決定されます**。

問4　正解：②

解説（テキストp296～297参照）

アは適切である。**適法になされた書面による仲裁合意がある場合、外国企業が日本の裁判所に民事訴訟を提起しても、日本の企業は仲裁合意があることを裁判所に申し立てて、訴えの却下を求めることができます**。

イは適切でない。**仲裁手続に関しては常設の仲裁機関はなく、仲裁人は原則として、当事者間の合意によって定めることができます**。

ウは適切でない。**仲裁人によってなされた仲裁判断は、確定判決と同一の法的効力が認められます**。

エは適切でない。**仲裁手続の審理については、民事訴訟手続と違い、非公開**です（公開が義務付けられていません）。

MEMO

模擬問題

（制限時間 90 分）

全40問
合格点及び問題に対する配点 (1) 配点は1問、2～3点で、合格は70点以上です。 (2) 全て正誤問題になります。

Question

問題を解いてみよう

問 1　抵当権に関する次の①～④の記述のうち、その内容が適切なものを2つ選びなさい。

① X社は、自社の債権者であるY社のために自社の所有する甲土地に抵当権を設定し、その旨の登記を経た。その後、X社について破産手続開始決定がなされた。この場合、Y社は、破産法上、当該抵当権を実行して、債権の回収を図ることができない。

② X社は、自社の債権者であるY社のために自社の所有する甲土地に抵当権を設定し、その旨の登記を経た。登記後、X社は甲土地に乙建物を建築し、乙建物の所有権保存登記を経た。その後、甲土地について抵当権が実行され、Z社が甲土地の買受人となり、甲土地の所有者となった。この場合、X社は、甲土地につき乙建物のための法定地上権を取得することができない。

③ X社は、自社の債権者であるY社のために自社の所有する乙建物に抵当権を設定し、その旨の登記を経た。登記後、X社はAとの間で、Aに乙建物を賃貸する旨の賃貸借契約を締結した。この場合、Y社は、民法上、当該抵当権にもとづく物上代位権を行使して、当該建物の賃料がAからX社に支払われる前に賃料債権を差し押さえ、優先的に自己の債権の弁済を受けることができる。

④ X社は、自社の債権者であるY社のために自社の所有する乙建物に抵当権を設定し、その旨の登記を経た。登記後、X社はAとの間で、Aに乙建物を賃貸する旨の賃貸借契約を締結し、Aに乙建物を引き渡した。この場合において、本件抵当権が実行され、Z社が乙建物の買受人となったときは、AはZ社に対し、直ちに乙建物を明け渡さねばならない。

問 2　会社法上の合併に関する次の①～④の記述のうち、その内容が最も適切なものを１つだけ選びなさい。

①吸収合併により、消滅会社の財産は包括的に存続会社に移転し、消滅会社の従業員は原則として存続会社に雇用されることになり、消滅会社は清算手続を経ることによって消滅する。
②株式会社間における新設合併により株式会社を設立する場合、合併により消滅する会社は、新設合併契約について、その総株主の同意を得なければならない。
③株式会社間の合併において、合併当事者の債権者は、合併について異議を述べる機会を与えられるが、異議を述べたとしても、これにより合併を中止させることはできない。
④合併は同種の会社の間でのみ行うことができ、合同会社と株式会社のような異なる種類の会社は、合併することができない。

問 3　倉庫業者Ｘ社は、Ｙ社との間で倉庫寄託契約を締結し、Ｙ社の製品を保管している。次のア～エの記述のうち、民法および商法の規定に照らし、その内容が適切なものの組み合わせを①～⑤の中から１つだけ選びなさい。

ア．Ｘ社は、製品の保管に関し善管注意義務を負うため、製品の品質に適する方法でこれを保管する義務を負う。
イ．Ｙ社の製品がＸ社の倉庫内で毀損した場合、Ｘ社は、自己またはその使用人が製品の保管に関し注意を怠らなかったことを証明しない限り、当該毀損につき損害賠償責任を負う。
ウ．本件寄託契約において、保管料の支払方法および支払時期についてＸ社とＹ社との間に特約がない場合、Ｙ社は、商品の入庫時に、Ｘ社に対し１年分の保管料の全額を支払わなければならない。
エ．Ｘ社は、Ｙ社から預かっている製品について、留置権は認められるが、先取特権は認められない。

①アイ　②アエ　③イウ　④イエ　⑤ウエ

問 4 インターネットに関わる法規制に関する次のア～エの記述のうち、その内容が適切なものの個数を①～⑤の中から1つだけ選びなさい。

ア. コンピュータのアクセス管理者がコンピュータにアクセス制御機能を付加して第三者の不正な利用を制限している場合において、当該コンピュータの正当な管理・利用権限を有しない者が、アクセス管理者の承諾を得ずに、アクセス管理者になりすまし、「不正アクセス禁止法」上のアクセス制御機能にかかる他人の識別符号に該当するIDおよびパスワードを第三者に提供する行為は、「不正アクセス禁止法」で禁止されており、刑事罰の対象となる。

イ. 「不正アクセス禁止法」上、不正アクセス行為が行われたコンピュータのアクセス管理者が、その再発を防止するため、都道府県公安委員会に対し、当該コンピュータを不正アクセス行為から防御するために必要な応急措置が的確に講じられるよう、必要な資料の提供、助言、指導その他の援助を受けたい旨を申し出る制度が設けられている。

ウ. 自社の営業につき広告を行うための手段として電子メールを送信する場合、「迷惑メール防止法」上、あらかじめ当該電子メールを送信することに同意する旨を当該事業者に通知した者など、「迷惑メール防止法」所定の者以外に対し、当該電子メールの送信をしてはならない。

エ. 「迷惑メール防止法」上、特定電子メールの送信者は、あらかじめ特定電子メールを送信することに同意する旨を送信者に通知した者に対して、特定電子メールを送信する場合、送信者の氏名または名称その他の所定の事項を特定電子メールに表示しなければならない。

①0個　②1個　③2個　④3個　⑤4個

問 5 環境保全関連法および社会福祉関連法に関する次の①～④の記述のうち、その内容が最も**適切でない**ものを１つだけ選びなさい。

①「人の健康に係る公害犯罪の処罰に関する法律」上、企業はその事業活動に伴って人の健康を害する物質を排出し、公衆の生命または身体に危険を生じさせた場合、同法の規定により、故意に人の健康を害する物質を排出した場合のみならず、過失により人の健康を害する物質を排出した場合も刑事罰を科せられる。

②「廃棄物処理法」上、建設工事が数次の請負によって行われる場合、当該建設工事に伴い生じる廃棄物については、注文者から当該建設工事を請け負った元請事業者ではなく、当該建設工事を直接実施する下請業者が、自らの責任において適正に処理しなければならない。

③「身体障害者補助犬法」上、国、地方公共団体、公共交通事業者または不特定多数の者が利用する施設の管理者等は、その管理する施設を身体障害者が利用する場合、原則として、身体障害者補助犬の同伴を拒むことを禁止されている。

④「障害者差別解消法」は、障害を理由とする差別の解消の推進に関する基本的な事項、行政機関等および事業者における障害を理由とする差別の解消のための措置等を定めることにより、障害を理由とする差別の解消を推進し、相互に人格と個性を尊重し合いながら共生する社会の実現に資することを目的としている。

問 6 X 社は、個人事業主 A に事業資金を融資したが、A からその返済を受けていない。X 社は、A の所有する甲建物を差し押さえ、A に対して有する貸金債権を回収することを企図している。この場合に関する次のア～エの記述のうち、その内容が適切なものを○、適切でないものを×とした場合の組み合わせを①～⑥の中から１つだけ選びなさい。

ア．X 社は甲建物の仮差押えの申立てを行い、甲建物につき裁判所から仮差押命令が発せられ、その旨の登記がなされた。この場合、当該仮差押命令を根拠として、X 社は、他の債権者に優先して甲建物から弁済を受けることができる。

イ．X 社は、本件債権保全のため、甲建物を目的物として仮差押えの申立てをした。この場合、X社は、甲建物につき仮差押命令を得るには、裁判所における審理において、Aに対する貸金債権の存在および仮差押えの必要性について、疎明するのでは足りず、客観的な証拠にもとづいてこれらを証明しなければならない。

ウ. 民事執行法上、X社は、Aが第三債務者Bに対して有する金銭債権を差し押さえた場合、Aに差押命令が送達された日から一定の期間を経過したときは、当該金銭債権を取り立てることができる。

エ. X社による強制執行の申立てにより、Aの甲建物が差し押さえられた場合において、他の債権者が当該差押えの登記がなされる前に、甲建物に抵当権の設定を受けその設定登記を経ていたときは、当該他の債権者は、二重差押え等の特段の手続を経なくても、甲建物から配当を受けることができる。

① ア－○ イ－○ ウ－○ エ－○
② ア－× イ－× ウ－○ エ－×
③ ア－× イ－○ ウ－○ エ－○
④ ア－× イ－× ウ－○ エ－○
⑤ ア－○ イ－○ ウ－○ エ－×
⑥ ア－× イ－× ウ－× エ－×

問7 X社は取締役会設置会社であり、代表取締役Aが選定されている。当該株式会社における取締役会および取締役の役割と責任に関する次の①～④の記述のうち、その内容が最も**適切でない**ものを1つだけ選びなさい。なお、X社は、監査等委員会設置会社および指名委員会等設置会社のいずれでもないものとする。

① X社の取締役会において、会社法所定の手続にもとづき、取締役および監査役全員が出席し、過半数の賛成により事業の開始を決定する旨の決議が行われ、その議事録が作成された。この場合、当該決議に反対した取締役Bは、当該議事録に異議をとどめなかったときは、当該決議に賛成したものと見なされる。

② X社は、取締役会の議事について所定の事項を記載した議事録を作成した。この場合、X社は、当該議事録を、取締役会の日から10年間、X社の本店に据え置かなければならない。

③X社の取締役会は、その権限とされている多額の借財および支配人その他の重要な使用人の選任および解任の決定を代表取締役Aに委任することができる。

④X社は、その取締役会において事業の開始を検討するにあたり、取締役会の招集通知を取締役および監査役全員に発しなくても、取締役および監査役全員の同意があるときは、招集の手続を経ることなく、取締役会を開催することができる。

問8 XはYとの間で、Xが自宅に所有するパソコンを売却する旨の売買契約を締結した。この場合に関する次のア～エの記述のうち、民法の規定に照らし、その内容が**適切でない**ものの組み合わせを①～⑤の中から1つだけ選びなさい。

ア. Xは、パソコンの引渡しにつき債務の本旨に従って弁済の提供をしたにもかかわらず、Yがパソコンの受領を拒絶したことにより約定の履行期にパソコンを引き渡すことができなかった場合、履行遅滞には陥らず、債務不履行の責任を負わない。

イ. 本件売買契約によってパソコンの所有権がXからYに移転するのは、XとYとの間で意思表示が合致したときであり、XとYとの間の特約によって、これと異なるときを所有権の移転時期とすることはできない。

ウ. 本件売買契約の締結後、パソコンはYへの引渡しの前にXの自宅への第三者の放火により焼失した。この場合、Yは、Xからパソコンの代金の支払いを請求されれば、その履行を拒むことができない。

エ. 本件売買契約にパソコンの引渡場所が定められていなかった場合、Xの自宅がパソコンの引渡場所となる。

①アイ　②アエ　③イウ　④イエ　⑤ウエ

問 9　X 株式会社は、資金調達のため、募集株式を発行することを検討している。この場合に関する次のア～エの記述のうち、その内容が適切なものを○、適切でないものを×とした場合の組み合わせを①～⑥の中から 1 つだけ選びなさい。

ア．株式会社が発行する株式数の上限について、会社法および定款の定めによる制限はないため、X 社が発行する募集株式の数については何ら制限されない。

イ．X 社で募集株式の発行が行われた場合において、募集株式の引受人のうちに、出資の履行をしない者がいるときは、当該募集株式の発行手続全体が無効となる。

ウ．X 社が、会社法の規定に反して募集株式の発行を行おうとしており、これにより X 社の株主が不利益を被るおそれがある場合、X 社の株主は、X 社に対し、事前に募集株式の発行の差止めを請求することができる。

エ．X 社の株主は、X 社が募集株式を発行した後は、募集株式につきいかなる法的瑕疵があっても、これを無効とすることができない。

① ア－○　イ－○　ウ－○　エ－○
② ア－×　イ－×　ウ－○　エ－×
③ ア－×　イ－○　ウ－○　エ－○
④ ア－×　イ－○　ウ－×　エ－○
⑤ ア－○　イ－○　ウ－○　エ－×
⑥ ア－×　イ－×　ウ－×　エ－×

問 10 景品表示法に関する次の①～④の記述のうち、その内容が最も**適切でない**ものを1つだけ選びなさい。

① A 社は、自社製造の包丁のパッケージに「絶対錆びない特殊加工」と記載して販売している。しかし、当該包丁は、実際そのような特殊加工は施されておらず、一般的な包丁と同程度に錆びを生じるものであった。この場合、消費者契約法上の適格消費者団体だけでなく、すべての人が、A 社に対し、景品表示法にもとづき、当該記載の停止を請求することができる。

② B 社は自社製造の洗濯洗剤に「他社の同サイズ製品より汚れ落ち効果が 3 倍ある」旨を記載し販売しているが、汚れ落ち効果は他社の同サイズの製品と同程度であった。この場合、B 社の当該記載は、景品表示法の不当な表示に該当する。

③ C 社は、自社の新商品甲の販売促進キャンペーンを展開し、そのキャンペーンのちらしに「キャンペーン期間中に新商品甲をご購入のお客様全員に現金で 1,000 円のキャッシュバック」をする旨の表示をして新商品甲を販売した。A 社の行うキャッシュバックは、正常な商習慣に照らして値引きと認められる経済上の利益に該当する場合であっても、景品表示法の景品類に該当しない。

④ D 社は、自社の看板商品乙のテレビ広告において、乙の性能が実際よりも著しく優良である旨の宣伝を行ったが、当該宣伝について内閣総理大臣（消費者庁長官）から、一定期間内にその裏付けとなる合理的根拠を示す資料の提出を求められた。この場合において、D 社が当該期間内にその裏付けとなる合理的根拠を示す資料を内閣総理大臣（消費者庁長官）に提出しないときは、当該テレビ広告における表示は、内閣総理大臣（消費者庁長官）の行う措置命令については、不当な表示と見なされる。

問 11 破産手続に関する次のア～エの記述のうち、その内容が適切なものを○、適切でないものを×とした場合の組み合わせを①～⑥の中から1つだけ選びなさい。

ア．X 社について破産手続開始の決定がなされた。この場合、破産手続開始決定の前に、Y 社が X 社に対して有する債権につき確定判決を得ていたとしても、破産手続開始決定がなされた後は、Y 社は、X 社の財産に対し強制執行の申立てをすることができない。

イ．X 社の破産手続開始決定後、X 社の取引先 Y 社が破産管財人との間で行ったことにより、Y 社が取得した債権は、財団債権でなく破産債権となる。

ウ．X 社について破産手続開始の決定がなされた。この場合、破産手続開始の決定の前に、X 社所有の建物に抵当権の設定を受けていた Y 社は、破産手続開始の決定がなされた後は、当該抵当権を実行して債権の回収を図ることができない。

エ．債務超過は X 社のような法人には破産手続開始の原因となるが、自然人の A については破産手続開始の原因とならない。

① ア－○　イ－○　ウ－○　エ－○
② ア－○　イ－×　ウ－×　エ－×
③ ア－×　イ－○　ウ－○　エ－○
④ ア－×　イ－○　ウ－×　エ－×
⑤ ア－○　イ－×　ウ－×　エ－○
⑥ ア－×　イ－×　ウ－×　エ－×

問 12 商標法に関する次のア～エの記述のうち、その内容が適切なものの組み合わせを①～⑤の中から1つだけ選びなさい。

ア．商標権は、商標登録を受けた後、商標権者が登録商標を使用している間は存続し、商標権者が登録商標の使用を終了した時点で消滅する。

イ．登録商標については、当該登録商標が使用されていない状態が継続したとしても、第三者がその不使用を理由として、商標登録の取消しを求めることができない。

ウ．商標権者は、自己の指定商品と同一または類似の商品について、登録商標と同一または類似の商標を無断で使用し、自己の商標権を侵害している者に対して、その使用の差止めを請求することができる。

エ．地域の名称および自己の商品等の普通名称を普通に用いられる方法で表示する文字からのみなる商標は、地域団体商標として商標登録の対象となり得る。

① アイ　② アエ　③ イウ　④ イエ　⑤ ウエ

問 13 下請法に関する次のア〜エの記述のうち、その内容が適切なものの個数を①〜⑤の中から１つだけ選びなさい。

ア．親事業者は、下請事業者に対し製造委託をした場合は、下請事業者の給付、給付の受領、下請代金の支払いその他の事項について記載または記録した書類または電磁的記録を所定の方法により作成し、一定の期間保存しなければならない。

イ．親事業者は、下請事業者に対し製造委託をした場合は、原則として、直ちに、下請事業者の給付の内容、下請金額の額、支払期日および支払方法等の所定の事項を下請事業者に通知しなければならないが、当該通知は口頭で行えば足り、書面による必要はない。

ウ．下請代金の支払期日は、親事業者が下請事業者の給付を受領した日からできる限り短い期間内において、定めなければならないが、下請法上、具体的な期間の制限は定められていない。

エ．親事業者が下請事業者に対し製造委託をした場合、親事業者は、下請事業者の給付の内容の改善を図るため必要があるとき、下請事業者に自己の指定する物品を購入させたとしても、下請法には違反しない。

①０個　②１個　③２個　④３個　⑤　４個

問 14 連帯保証および連帯保証でない保証（通常の保証）に関する、次のア～エの記述のうち、その内容が適切なものの組み合わせを①～⑥の中から１つだけ選びなさい。

ア．通常の保証人が複数いる場合において、そのうち１人が主たる債務の全額につき弁済をしたときは、民法上、他の保証人に対して求償することができる。他方、連帯保証人が複数いる場合、そのうちの１人が主たる債務の全額につき弁済したとしても、民法上、他の連帯保証人に対して求償することはできない。

イ．民法上、通常の保証人は催告の抗弁権を有するが、連帯保証人は催告の抗弁権を有しない。

ウ．民法上、通常の保証人も連帯保証人も、主たる債務者に代わって、債権者に対し、民法の規定に従って債務を弁済したときは、主たる債務者に求償することができる。

エ．通常の保証人が複数いる場合、特約がない限り、各保証人が負う保証債務の額は、主たる債務の額を保証人の数に応じ等しい割合で分割した額となる。他方、連帯保証人が複数いる場合、民法上、連帯保証人には分別の利益は認められないため、各保証人は、いずれも主たる債務の全額につき保証債務を負う。

① アー○　イー○　ウー○　エー○
② アー○　イー×　ウー×　エー×
③ アー×　イー○　ウー○　エー○
④ アー×　イー○　ウー×　エー×
⑤ アー○　イー×　ウー○　エー×
⑥ アー×　イー×　ウー×　エー×

問 15 製造物責任法に関する次の①～④の記述のうち、同法の規定に照らし、その内容が最も**適切でない**ものを1つだけ選びなさい。

①消費者Xは、A社が経営するアウトドア用品店で、アウトドア用品メーカーB社がA社の委託により設計および製造を行ったテーブルを購入した。当該テーブルには製造業者としてのA社の商号が表示されていた。当該テーブルは、設計上の欠陥が原因で脚の固定器具が破損し倒れたため、当該テーブルの上で湯を沸かしていたコンロが落下して、こぼれた熱湯でXは火傷を負った。この場合、XはA社に対し、製造物責任法にもとづき損害賠償を請求できる。

②消費者Yは、建築会社C社に自宅の増築を依頼し、完成した自宅の引渡しを受けた。Yは、当該増築部分の天井板が落下したため、その下敷きとなり負傷した。この場合、YはC社に対し、製造物責任法にもとづき損害賠償を請求できない。

③消費者Zは、D社の経営する自転車店で、自転車メーカーE社が製造した自転車を購入した。当該自転車は、D社の従業員によって、E社作成の取扱説明書に従って組み立てられたが、当該取扱説明書の記載に誤りがあったことが原因で、ハンドルが適切に装着されていなかった。そのため、Zが当該自転車で走行中にハンドルが折れ、Zは転倒し負傷した。この場合、ZはE社に対し、製造物責任法にもとづき損害賠償を請求できる。

④消費者Wは、F社が経営する時計店で、時計メーカーG社が製造した目覚まし時計を購入した。当該目覚まし時計は、配線の一部に不備があったため、Wが電池を入れてもまったく作動しなかった。この場合、W社はG社に対し、製造物責任法にもとづき損害賠償を請求できる。

問 16 X 社は、労働者災害補償保険法（労災保険法）の適用事業者である。この場合に関する次の①～④の記述のうち、その内容が適切なものを2つ選びなさい。

① X 社の労働者である A は、X 社事業場における業務終了後の帰宅途中に、通常利用している通勤経路外に所在する食品スーパーに立寄った。A は、食品スーパーの店内での買い物をしていた際に、転倒し負傷した。この場合の A の負傷は、労災保険法にもとづく保険給付の対象とはならない。

② X 社の労働者である B は、X 社の業務上の命令を遂行するため出張に赴いた際、交通事故に巻き込まれ負傷した。この場合の B の負傷は、X 社の事業場の施設内において発生したものでないため、労災保険法にもとづく保険給付の対象とはならない。

③ X 社の労働者である C は、X 社所定の休憩時間に X 社の事業場内の休憩室で昼食をとっていた際、当該休憩室の照明器具の設置の不備により当該照明器具が落下しこれにあたり負傷した。この場合の C の負傷は、実際に業務を行っている間に発生したものでないため、労災保険法にもとづく保険給付の対象とはならない。

④ X 社にアルバイトとして勤務している D は、所定労働時間内に X 社の事業場内で業務に従事している際、作業施設の不具合が原因で負傷した。この場合、アルバイトである A の負傷は、労災保険法にもとづく保険給付の対象となり得る。

問 17 A 社は、B 社に対して有する貸金債権（以下「本件貸金債権」）の弁済期が到来したため、相殺により回収することを考えている。この場合に関する次のア〜エの記述のうち、民法の規定に照らし、その内容が最も適切なものを 1 つだけ選びなさい。なお、本問において、A 社と B 社との間に存在する債権のいずれについても、A 社と B 社との間に相殺禁止特約はないものとする。

① B 社は、A 社に対して、すでに弁済期の到来した賃料債権を有している。A 社が、本件貸金債権と当該賃料債権を相当額で相殺するには、民法上、X 社が相殺の意思表示をし、これを B 社が承諾することが必要である。

② B 社は、A 社に対して、弁済期の到来していない請負代金債権を有している。この場合、民法上、A 社は、当該請負代金債権の弁済期が到来する前に、本件貸金債権と当該請負代金債権とを対等額で相殺することができる。

③ A 社が B 社に対して有する貸金債権および B 社が A 社に対して有する部品の引渡債権のいずれもが弁済期にある場合、A 社は、両債権を対当額で相殺することができる。

④ B 社は、A 社との間の商品の売買契約にもとづき、A 社に対して、商品の売買代金債権を有している。当該売買代金債権の弁済期および当該商品の引渡債権の弁済期はいずれも到来しているが、当該売買代金の支払いおよび当該商品の引渡しはいずれもなされていない。この場合、民法上、B 社は、A 社に対し、当該売買代金債権と本件貸金債権とを対当額で相殺することができる。

問 18 A 社は、個人情報保護法上の個人情報取扱事業者である。この場合に関するア～エの記述のうち、その内容が適切なものを○、適切でないものを×とした場合の組み合わせを①～⑥の中から１つだけ選びなさい。

ア. A 社は、A 社の製品を購入したことのある B に対し、年に 4 回程度ダイレクトメールを送付していたが、B から「今後 A 社の製品を購入することはない」ことを理由に、A 社が保有する B にかかるすべての保有個人データの消去を請求された。この場合、A 社は、B の請求に応じて B にかかるすべての保有個人データを消去する必要はない。

イ. A 社は、営業活動を通じて顧客から個人情報を取得したが、その利用目的を公表していなかった。この場合、A 社はその利用目的を本人に通知した上で、さらに公表しなければならない。

ウ. A 社は、自社の保有する個人データを、子会社である C 社に提供し、C 社の事業活動に利用させることとした。この場合、A 社は原則として、あらかじめ当該個人データにかかる本人の同意を得なければならない。

エ. A 社は、個人情報の利用目的を変更する場合は、あらかじめ本人の同意を得ないで、従前の利用目的を一切考慮することなく、任意に、利用目的を変更することができる。

① ア－○　イ－○　ウ－○　エ－○
② ア－○　イ－×　ウ－×　エ－×
③ ア－×　イ－○　ウ－○　エ－○
④ ア－×　イ－○　ウ－×　エ－×
⑤ ア－○　イ－×　ウ－○　エ－×
⑥ ア－×　イ－×　ウ－×　エ－×

問 19 日本法人であるA社がX国法人であるB社との間で、国際売買契約を締結した。この場合に関する次のア～エの記述のうち、その内容が適切なものの個数を①～⑤の中から1つだけ選びなさい。

ア．本件売買契約に関する民事上の法的紛争について、日本とX国の両方で同種の民事訴訟が提起された場合、日本の民事訴訟法上、日本の裁判所において提起された訴えを継続して審理することは禁止されているため、訴えを提起された日本の裁判所は当該訴えを却下しなければならない。

イ．A社とB社は、Y国を本件売買契約における目的物の引渡債務の履行地とした。この場合、A社とB社が、本件売買契約に関して生じた民事上の法的紛争についての準拠法をY国の法律とする旨を定めていたとしても、Y国は債務の履行地に過ぎないため、日本の法の適用に関する通則法（法適用通則法）上、当該準拠法についての定めは無効である。

ウ．A社とB社は、本件売買契約に関して生じた民事上の法的紛争についての準拠法を日本法とする旨の条項を定めている。この場合において、本件売買契約に関して生じた民事上の法的紛争についての訴訟がX国の裁判所に提起されたときは、日本法が準拠法になるとは限らない。

エ．A社は、B社に対し、本件売買契約にもとづく売買代金債権を有しているが、B社が支払不能に陥った。B社が日本国内に財産を有していても、民事再生法上、A社は、日本に裁判所に対し、B社につき再生手続開始の申立てをすることはできない。

①0個　②1個　③2個　④3個　⑤4個

問 20 著作権法に関する次のア〜エの記述のうち、その内容が適切なものを〇、適切でないものを×とした場合の組み合わせを①〜⑥の中から1つだけ選びなさい。

ア．著作権者は、他人に対しその著作物の利用を許諾することができ、許諾を受けた者は、許諾された利用方法および条件の範囲内でその許諾にかかる著作物を利用することができる。

イ．著作権の支分権のうち、上映権は、著作物を公に上映する権利であり、上映には、例えば DVD 等の記録媒体に固定された映画の著作物を映写幕等に映写することに伴って映画の著作物に規定されている音を再生することが含まれる。

ウ．著作者の有する権利には、著作権（著作財産権）と著作者人格権とがある。著作者は、自己の著作権および著作者人格権を第三者に譲渡することができ、それらを譲り受けた者は著作権および著作者人格権を取得する。

エ．他人の著作権の目的となっている著作物を利用しようとする者は、個人的にまたは家庭内等の限られた範囲内において利用すること（私的使用）のための複製であっても、著作権者の許諾を得なければ、当該著作物を複製することはできない。

① ア−〇　イ−〇　ウ−〇　エ−〇
② ア−〇　イ−×　ウ−×　エ−×
③ ア−×　イ−〇　ウ−〇　エ−〇
④ ア−×　イ−〇　ウ−×　エ−×
⑤ ア−〇　イ−〇　ウ−×　エ−×
⑥ ア−×　イ−×　ウ−×　エ−×

問 21 金融商品取引法に関する次のア～エの記述のうち、その内容が適切なものの組み合わせを①～⑤の中から１つだけ選びなさい。

ア. 会社の重要な情報に容易に接し得る者が、重要事実を知って、それが未公表の段階で、当該会社の株式などの販売を行う、というインサイダー取引は金融商品取引法により禁止されているが、インサイダー取引規制に違反した者が、課徴金の納付を命じられることはない。

イ. 金融商品販売業者等は、顧客に対し、不確実な事項について断定的判断を提供し、または確実であると誤解させるおそれのあることを告げて、金融商品取引契約の締結の勧誘をしてはならない。

ウ. 預金や保険は、銀行法や保険業法で規定されるほか、金融商品取引法による規制の対象となっている。

エ. 取引所金融商品市場外において株券等を買い付ける場合、取得後の株券等保有率が 5%を超えるときは、原則として、公開買付けの方法によらなければならない。

① アイ　② アエ　③ イウ　④ イエ　⑤ ウエ

問 22 X 社は、民事再生法にもとづく再生手続開始の申立てを行い、裁判所により、X 社に対し再生手続開始の決定がなされた。この場合に関する次の①～④の記述のうち、その内容が最も**適切でない**ものを１つだけ選びなさい。

① X 社について民事再生手続が開始された後も、原則として、X 社の従前の取締役らが、X 社の業務を執行し、X 社の財産を管理し処分する権限を有する。

② X 社は、Y 社に対して負う借入金債務の担保として、その所有する土地に抵当権を設定し、その旨の登記を経ている。当該土地が X 社の事業継続に欠くことのできないものである場合、X 社は、裁判所の許可を得て、当該土地の価額に相当する金銭を裁判所に納付して当該抵当権を消滅させることができる。

③ X 社について民事再生手続が開始された後、X 社は、取引先である Z 社から X 社の業務に要する原料を購入した。この場合、Z 社

のX社に対する当該原料の売買代金債権は、共益債権として随時弁済を受けられるものではなく、再生債権として再生計画に従って弁済される。

④X社の民事再生手続において、X社の事業の状態が想定よりも悪化し、再生計画の認可の見込みがない状況となった。この場合、裁判所は、再生手続廃止の決定をするとともに、その決定が確定した場合において、X社に破産手続開始の原因となる事実があると認めるときは、X社からの申立てがなくても、職権でX社につき破産手続開始の決定をすることができる。

問 23 Aは、建設請負業者B社との間で、別荘の新築工事を依頼する旨の建設請負契約を締結した。この場合に関する次のア〜エの記述のうち、その内容が適切なものの組み合わせを①〜④の中から1つだけ選びなさい。

ア. B社が当該別荘の建築を完了した後Aに引き渡す前に、当該別荘はAおよびB社以外の第三者の帰責事由にもとづく火災により全焼した。この場合、約定の期日までに当該別荘を完成させることができないときは、B社の仕事完成義務および引渡義務は消滅し、AはB社からの報酬請求を拒むことができる。

イ. B社が当該別荘の建築を完了した後Aに引き渡す前に、当該別荘はAの帰責事由にもとづく火災により全焼した。この場合、約定の期日までに当該別荘を完成させることができるときは、B社の仕事完成義務および引渡義務は存続し、Aは当該工事にかかる損害賠償責任を負う。

ウ. B社が当該別荘の建築を完了した後Aに引き渡す前に、当該別荘はAの帰責事由にもとづく火災により全焼した。この場合、約定の期日までに当該別荘を完成させることができないときは、B社の仕事完成義務および引渡義務は消滅し、AはB社からの報酬請求を拒むことができる。

エ. Aは、B社に対して損害を賠償しても、B社が当該別荘を完成するまでの間に当該建築請負契約を解除することはできない。

①アイ　②アエ　③イウ　④ウエ

問 24 株式会社における取締役の権限および責任に関する次のア～エの記述のうち、会社法の規定に照らし、その内容が適切なものの個数を①～⑤の中から1つだけ選びなさい。

ア．取締役会設置会社の取締役は、自己のために株式会社の事業の部類に属する取引を行う場合、事前に取締役会の承認を受ける必要はなく、当該取引後に、取締役会にその報告をすれば足りる。
イ．取締役がその職務を行うについて悪意または重大な過失があったときは、これによって第三者に生じた損害を賠償する責任を負う。
ウ．取締役の任務懈怠により株式会社に対して生じた損害を賠償する責任は、総株主の同意がなくても、取締役会の決議によって免除することができる。
エ．株式会社においては、社外取締役を含むすべての取締役が、株式会社の業務を執行しなければならない。

①0個　②1個　③2個　④3個　⑤4個

問 25 民事訴訟手続に関する次の①～④の記述のうち、その内容が最も**適切でない**ものを1つだけ選びなさい。

①裁判所は、判決をするにあたり、口頭弁論の全趣旨および証拠調べの結果を斟酌して、自由な心証により事実認定を行う。
②被告は、口頭弁論期日において、原告が主張する請求原因事実の1つについて知らない旨の答弁をした。この場合、被告は、当該請求原因事実を争ったものと推定される。
③裁判所は、証人および当事者本人の尋問を、できる限り、争点および証拠の整理が終了した後に集中して行わなければならない。
④原告が訴状を提出し訴えを提起した場合において、当該訴状に民事訴訟法所定の記載事項につき不備があるときは、補正が命じられることなく、裁判長より直ちに当該訴状が却下される。

問 26 株主総会に関する次のア～エの記述のうち、会社法の規定に照らし、その内容が適切なものの組み合わせを①～⑥の中から1つだけ選びなさい。

ア. 株式会社は、種類株式として、株主総会において議決権を行使することができる事項について制限を設けた株式を発行することはできない。

イ. 株主総会の招集請求権および招集権は、すべての株主に認められている。

ウ. 株主総会における議決権は、株主が株式会社の意思決定に参加するための権利であるから、株式会社はその取得した自己株式について議決権を有する。

エ. 株主総会は、株主全員の同意があるときには、原則として、株主に対する招集手続を経ることなく開催することができる。

① ア－○ イ－○ ウ－○ エ－○
② ア－○ イ－× ウ－× エ－×
③ ア－× イ－○ ウ－○ エ－○
④ ア－× イ－× ウ－× エ－○
⑤ ア－○ イ－○ ウ－○ エ－×
⑥ ア－× イ－× ウ－× エ－×

問 27 独占禁止法に関する次の①～④の記述のうち、その内容が適切なものを2つ選びなさい。

①コンピュータソフトウェア開発会社A社は、取引先であるコンピュータ製造会社に対し、ソフトウェア甲をコンピュータに搭載することを承諾する際に、不当に、他のソフトウェア乙も同時に搭載することを条件としていた。この場合におけるA社の行為は、不公正な取引方法に該当し、独占禁止法に違反する。

②家電メーカーB社は、家電量販店C社に対し、一定の期間における自社の家電製品乙の販売数が一定以上となった場合に、C社に対する家電製品乙の卸売価格についてB社の採算の範囲内で値引きを行った。この場合におけるB社の行為は、不公正な取引方法に該当し、独占禁止法に違反する。

③寝具メーカーD社は、一定額以上の取引をしている取引先に対し、不当に、競合会社である寝具メーカーE社が販売している商品の取扱いを禁止する条項を含んだ協定を締結させ、E社の取引の機会を減少させるおそれを生じさせた。この場合におけるD社の行為は、不公正な取引方法に該当せず、独占禁止法に違反しない。

④乳製品の製造会社F社は、自社の乳製品甲について、小売業者G社に対し、正当な理由がないのに、希望小売価格を維持させる条件を付けて供給している。この場合におけるF社の行為は、不公正な取引方法に該当し、独占禁止法に違反する。

問28 債権譲渡に関する次のア～エの記述のうち、会社法の規定に照らし、その内容が適切なものの個数を①～⑤の中から1つだけ選びなさい。

ア. 債権譲渡は譲渡人と譲受人の両者の合意によって行うことができるため、譲渡される債権の債務者の同意は不要である。

イ. 債権譲渡禁止特約が締結されている場合、債務者は、当該特約があることを知らずに債権を譲り受けた譲受人に対して、債権譲渡の無効を主張することはできない。

ウ. 債務者に対する民法上の債権譲渡の対抗要件は、譲渡人から債務者に対する通知、または債務者から譲渡人もしくは譲受人に対する承諾である。

エ. 債権譲渡がなされると、債務者は、対抗要件具備時までに譲渡人に対して生じた理由をもって譲受人に対抗することができる。

①0個　②1個　③2個　④3個　⑤4個

問 29 ファイナンス・リースに関する次のア～エの記述のうち、その内容が適切なものの組み合わせを①～⑤の中から１つだけ選びなさい。

ア．ファイナンス・リース契約は、ユーザーによるリース契約の申込みに対し、リース会社が承諾した時点で成立する諾成契約である。

イ．リース会社とサプライヤーとの間のリース物件の売買契約は、一般に、リース会社とユーザーとの間のリース契約が締結されるより前に締結される。

ウ．ユーザーに物件を供給するのはサプライヤーであることから、ファイナンス・リース契約において、サプライヤーは、法律上当然に、ユーザーに対し、物件の保守・修繕義務を負うとされている。

エ．ファイナンス・リースの契約期間が満了した場合、ユーザーは、法律上、再度リースを受けずに当該物件を買い取ることを禁止されているわけではない。

①アイ　②アエ　③イウ　④イエ　⑤ウエ

問30 特定商取引法に関する次のア～エの記述のうち、その内容が適切なものの組み合わせを①～⑥の中から１つだけ選びなさい。

ア. 消費者Xは、Y社が運営する家具店に自ら赴き、その店舗において、Y社の従業員から説明を受けた上で、Y社との間で、食器棚を購入する旨の売買契約を締結した。この場合、Xは、特定商取引法にもとづきクーリング・オフをすることができる。

イ. 消費者Xは、路上でY社の販売員に化粧品に関するアンケートに回答してほしいと声をかけられ、促されるままY社の営業所に同行したところ、当該営業所内で、当該販売員から化粧品を購入するよう勧誘され、Y社から化粧品を購入する旨の売買契約を締結した。この場合、Xの自宅にY社の販売員が訪問しているわけではないため、当該売買契約は、特定商取引法上の訪問販売には該当しない。

ウ. 消費者Xは、家電量販店Yの店舗に自ら赴き、当該店舗において、割賦販売法上の包括信用購入あっせんに該当する方法により、Yとの間で信販会社Z社が発行するクレジットカードを用いて、リボルビング払いでパソコンを購入する旨の売買契約を締結した。この場合、Xは、割賦販売法にもとづきクーリング・オフをすることはできない。

エ. 消費者Xは、インターネット上のY社のホームページでY社の販売する健康食品の広告を見て、当該ホームページを通じて当該健康食品を購入する旨の売買契約を締結したが、当該売買契約を解除して当該健康食品を返品したいと考えている。この場合において、Y社が当該広告上に「当該健康食品の売買契約は解除することができない」旨を表示していても、特定商取引法上、Xは、一定の期間内であれば、当該売買契約を解除することができる。

① ア－○　イ－○　ウ－○　エ－○
② ア－○　イ－×　ウ－×　エ－×
③ ア－×　イ－○　ウ－○　エ－○
④ ア－×　イ－○　ウ－○　エ－×
⑤ ア－×　イ－×　ウ－○　エ－○
⑥ ア－×　イ－×　ウ－×　エ－×

問 31 不正競争防止法に関する次のア～エの記述のうち、その内容が適切なものの組み合わせを①～⑥の中から１つだけ選びなさい。

ア. 競合他社が、自社の使用する著名な商品名と同一の商品名を当該競合他社の製品に表示して販売している。この場合において、当該競合他社の行為が不正競争に該当するには、自社が当該商品名について商標登録を受けている必要がある。

イ. 不正競争によって営業上の利益を侵害された者が、故意または過失により自己の営業上の利益を侵害した者に対し、その侵害により自己が受けた損害の賠償を請求する場合において、当該侵害をした者がその侵害の行為により利益を受けているときは、当該利益の額は、その営業上の利益を侵害された者が受けた損害の額だと推定される。

ウ. 自己の商品の表示として、他人の商品を表示するものとして需要者に広く認識されている周知のものと同一または類似の表示を使用し、他人の商品と混同を生じさせる行為は、不正競争防止法上の不正競争に該当する。

エ. 市販の DVD ソフトウェアに施されている不正コピー防止技術を無効にして不正コピーを可能とする機能を有する装置を販売する行為は、不正競争に該当しない。

①アイ　②アウ　③アエ　④イウ　⑤イエ　⑥ウエ

問 32 金銭消費貸借契約に関する次の①～④の記述のうち、その内容が最も**適切でない**ものを１つだけ選びなさい。

①貸金業者を営む A 社は、B との間で、出資法所定の上限金利を超える金利の約定をして、B に 50 万円を貸し付ける旨の金銭消費貸借契約を締結し、B に 50 万円を交付した。この場合、出資法上は、A 社は、監督官庁から行政処分を受けることはあるが、刑事罰を科されることはない。

②貸金業者 C 社は、借主 D との間で、貸付金に対し年 110%の割合による約定をして、100 万円を貸し付ける旨の金銭消費貸借契約を締結し、D に 100 万円を交付した。この場合、貸金業法上、当該金銭消費貸借契約自体が無効となる。

③ E は、F との間で、返済期限の約定をせずに、F に 20 万円を貸し付ける旨の金銭消費貸借契約を締結し、F に 20 万円を交付した。この場合、民法上、E は、F に対し、相当の期間を定めて貸付金返還の催告をすることができる。

④ G 社は、H 社との間で、返済期限を半年後として、利息の約定をせずに、H 社に 1,000 万円を貸し付ける旨の金銭消費貸借契約を締結し、H 社に 1,000 万円を交付した。この場合であっても、G 社は、商法上、H 社に法定利息を請求することができる。

問 33 公益通報者保護法に関する次のア～エの記述のうち、その内容が適切なものの組み合わせを①～⑥の中から１つだけ選びなさい。

ア. 労働者派遣法上の派遣事業主との間で雇用契約を締結し、当該派遣元事業主から派遣先に派遣されている派遣労働者が、当該派遣先において、金融商品取引法にもとづき作成が義務付けられている報告書に虚偽の記載が日常的に行われていることを知った。この事実につき行政機関に対して公益通報をした場合、当該派遣先は、当該派遣労働者を公益通報をしたことを理由として、当該派遣元事業主に対して当該派遣労働者の交代を求めることができる。

イ. 「公益通報者」とは、公益通報を行った企業の従業員、派遣労働者、パートタイマー、アルバイトなどの労働者、役員を指し、当該企業を退職して１年以内の者は含まれない。

ウ. 2022 年に改正された公益通報者保護法では、従業員の数に関係なく、事業者に対し、内部通報に適切に対応するために必要な体制の整備（窓口設定、調査、是正措置など）が義務付けられた。

エ. 株式会社の従業員が、当該株式会社において廃棄物処理法に違反する公益通報の対象となる事実が存在することを知り、この事実につき当該株式会社の公益通報窓口に対して公益通報を行った。その後、当該株式会社が、当該従業員の勤務態度が著しく不良であることを名目に当該従業員を解雇したとしても、解雇の名目上の理由が公益通報を行ったことでなければ、公益通報者保護法上、当該解雇は無効となることはない。

① ア－○ イ－○ ウ－○ エ－○
② ア－○ イ－× ウ－× エ－×
③ ア－× イ－○ ウ－○ エ－○
④ ア－× イ－○ ウ－○ エ－×
⑤ ア－○ イ－× ウ－○ エ－×
⑥ ア－× イ－× ウ－× エ－×

問 34 企業活動と行政との関わりに関する次のア〜エの記述のうち、その内容が適切なものの組み合わせを①〜⑤の中から１つだけ選びなさい。

ア. 行政手続法上、行政庁が申請により求められた許認可を拒絶する処分をした場合には、原則として、申請者に対し、同時にその処分の理由を示さなければならない。

イ. 行政指導が口頭でなされた場合において、行政手続法上、所轄官庁が行政指導の内容を書面化するか否かは任意とされており、所轄官庁は行政指導の内容を書面化することを義務付けられていない。

ウ. 行政手続法上、行政庁は、不利益処分にかかる処分基準を定め、かつこれを公にしておくよう努めなければならない。

エ. 事業者の申請の取下げまたは変更を求める行政指導にあっては、行政手続法上、所轄官庁は、事業者が行政指導に従う意思がない旨を表明したとしても、当該行政指導を継続することができる。

① アイ　② アエ　③ アウ　④ イエ　⑤ ウエ

問 35 仲裁に関する次の①〜④の記述のうち、その内容が最も適切なものを１つだけ選びなさい。

①仲裁合意にもとづき当事者が選任した仲裁人が行った仲裁判断に確定判決と同一の効力が認められるためには、仲裁判断に先立ち、裁判所による仲裁人の承認がなされていなければならない。

②仲裁手続の審理については、民事訴訟手続と同様に、公開による手続が義務付けられている。

③仲裁手続の対象とされているのは、国際取引上の法的紛争に限定されており、日本国内の民事上の法的紛争について仲裁を利用することはできない。

④仲裁合意は、当事者全員が署名した文書、当事者が交換した書簡または電報その他の書面により行わなければならず、電磁的記録によって代替することも可能であるが、口頭の合意では代替できない。

問 36 XとYとの間におけるA株式会社の株式の譲渡等に関する次のア〜エの記述のうち、その内容が適切なものの組み合わせを①〜⑥の中から1つだけ選びなさい。

ア．A社が会社法上の公開会社でない場合において、A社の株主Xは、その保有するA社の株式をYに譲渡したが、あらかじめ当該譲渡についてA社の承認を得ていなかった。この場合、Yは、A社に対して、Yが当該株式を取得することについて承認するか否かの決定を請求することができるが、A社が譲渡を承認しない場合には、A社またはA社の指定する者において買い取るべき旨の請求をすることはできない。

イ．A社の株主Xは、Yとの間で、その保有するA社の株式100株を代金2,000万円でYに譲渡する売買契約を締結した。この場合、当該株式の譲渡の法的効果は意思表示のみで発生し、A社の株主名簿へのYの氏名と住所の記載はA社および第三者への対抗要件である。

ウ．A社の株主Xは、Yとの間で、その保有するA社の株式100株を代金2,000万円でYに譲渡する売買契約を締結した。Yは、Xに代金2,000万円を支払い、A社の株主名簿へYの氏名と住所が記載された。この場合において、A社が株主総会の招集通知を発するときは、A社は、Yに対する当該通知を株主名簿に記載されたYの住所宛てに発すれば足り、当該通知がYに到達しなかったとしても、当該通知は、通常到達すべきであったときに、Yに到達したものと見なされる。

エ．A社が会社法上の公開会社でない場合において、A社の株主Xが死亡し、その相続人ZがXの保有していたA社の株式を単独で相続したため、A社では株主総会の特別決議を経た上でYから当該株式（自己株式）を取得することを検討している。この場合、A社の他の株主は、原則として、A社に対し、自己株式の取得の対象となる特定の株主に自己をも加えたものを当該株主総会の議案とすることを請求することはできない。

① ア－○　イ－○　ウ－○　エ－○
② ア－○　イ－×　ウ－×　エ－×
③ ア－×　イ－○　ウ－○　エ－○
④ ア－×　イ－○　ウ－○　エ－×
⑤ ア－○　イ－×　ウ－○　エ－×
⑥ ア－×　イ－×　ウ－×　エ－×

問 37 不動産の賃貸借契約に関する次の①～④の記述のうち、その内容が適切なものを**2つ**選びなさい。

①X社は、Y社の所有する甲建物を賃借し、その引渡しを受け使用していたが、Y社の承諾を得て、甲建物の価格を増加させる費用（有益費）を支出した。この場合において、その価格の増加が現存するときは、民法上、X社は直ちに、現実に支出した金額または増加額のいずれかを選択して、Y社にその額の償還を請求することができる。
②X社は、建物の所有を目的としてY社の所有する甲土地を賃借し、甲土地上に乙建物を建築し、その保存登記を経た。その後、Y社は、甲土地をZ社に譲渡し、その旨の登記を経た。この場合において、X社は、Z社から乙建物の収去および甲土地の明渡しを請求されたときは、これに応じなければならない。
③X社は、Y社の所有する甲建物を賃借し、その引渡しを受け使用していたが、Y社の承諾を得て、甲建物をZ社に転貸した。この場合、民法上、Y社はZ社に甲建物の賃料の支払いを請求することができる。
④X社は、Y社の所有する甲建物を賃借し、その引渡しを受け使用していた。その後、Y社は、甲建物をZ社に譲渡し、その旨の登記を経た。この場合において、X社は、Z社から甲建物の明渡しを請求されても、これに応じる必要はない。

問 38 損害賠償責任に関する次のア～エの記述のうち、その内容が適切なものの組み合わせを①～⑤の中から１つだけ選びなさい。

ア. X社の従業員Yが業務上負傷し、または疾病にかかった場合、X社は、原則として、その費用でYに対し必要な療養を行い、または必要な療養の費用を負担する義務を負う。

イ. 旅館Xが、宿泊客Yから荷物の寄託を受け、Yの荷物が損壊した場合、Xは、善良な管理者の注意義務を果たしていたことを証明することができれば、商法上、損害賠償責任を免れる。

ウ. X社の従業員Yは、X社の店舗において顧客Zが突然殴りかかってきたのに対し、自己の身を守るためZを突き飛ばして負傷させた。Yの行為について民法上の正当防衛が認められ不法行為が成立しない場合、X社は、Zに対し、民法715条の使用者責任の規定にもとづく損害賠償責任を負う。

エ. X社の工場から、大気汚染防止法上の健康被害物質に該当するばい煙が大気中に排出されたため、近隣住民に健康被害が生じた。この場合、X社は、ばい煙の排出につき、過失がなくても、当該近隣住民に対し賠償責任を負う。

①アイ　②アエ　③イウ　④イエ　⑤ウエ

問 39 譲渡担保に関する次のア～エの記述のうち、その内容が適切なものを○、適切でないものを×とした場合の組み合わせを①～⑥の中から1つだけ選びなさい。

ア. 債権者は、債務者がその取引先に対して有する売掛金債権に譲渡担保の設定を受ける場合、債権者と債務者との間の譲渡担保設定契約について契約書を作成することにより、譲渡担保を当該取引先に対抗することができる。

イ. 動産を目的物として譲渡担保を設定した場合において、債務者である譲渡担保設定者が被担保債権について債務の履行を怠ったときは、譲渡担保権者は、裁判所に譲渡担保の実行を申し立てて当該動産を競売に付し、その売却代金から自己の債権の満足を得るほかなく、裁判所の手続を経ずに譲渡担保を自ら実行し、当該不動産の所有権を取得することはできない。

ウ. 債権者は、債務者に対して有する貸金債権を担保する目的で債務者の所有する機械甲に譲渡担保の設定を受ける場合、「動産及び債権の譲渡の対抗要件に関する民法の特例等に関する法律」(動産・債権譲渡特例法)にもとづく動産譲渡登記を経ることで、機械甲の譲渡担保権を第三者に対抗することができる。

エ. 債権者は、債務者に対して有する貸金債権を担保する目的で債務者所有の乙土地に譲渡担保の設定を受けた。この場合、当該譲渡担保の第三者に対する対抗要件は登記である。

① ア－○　イ－○　ウ－○　エ－○
② ア－○　イ－×　ウ－×　エ－×
③ ア－×　イ－×　ウ－○　エ－○
④ ア－×　イ－○　ウ－○　エ－×
⑤ ア－○　イ－×　ウ－○　エ－×
⑥ ア－×　イ－×　ウ－×　エ－×

問 40 民事訴訟法上の少額訴訟に関する次のア～エの記述のうち、その内容が適切なものの個数を①～⑤の中から１つだけ選びなさい。

ア．X社は、Yに対し、不動産の明渡しを求める民事訴訟を提起することを検討している。この場合、当該不動産の価額が一定額以下であっても不動産なので、X社は、少額訴訟による審理および裁判を求めることはできない。

イ．X社は、Yに対し、貸し付けた金銭の返還を求める少額訴訟を簡易裁判所に提起した。この場合において、当該簡易裁判所は、X社の請求を認容する場合でも、分割払いや支払猶予などの判決を言い渡すことができる。

ウ．X社は、少額の貸金返還請求を多数有しているため、少額訴訟により回収することを検討している。この場合、少額訴訟については、同一人が同一の簡易裁判所において同一の年に提起することの回数が制限されているため、X社は当該回数を超えて少額訴訟を提起することはできない。

エ．X社は、Yの債務不履行により被った損害の賠償を求める少額訴訟を簡易裁判所に提起した。この場合、少額訴訟において証拠調べをすることのできる証拠についての制限があるため、XおよびYは、即時に取り調べのできる証拠についてのみ証拠調べを求めることができる。

①０個　②１個　③２個　④３個　⑤４個

Answer

答え合わせ

問1 正解：②、③

解説（テキストp160～162参照）

①は適切でない。**抵当権は別除権として、破産手続の制限を受けずに権利を実行できます。**

②は適切である。**法定地上権は土地と建物を同時に登記しなければ、法的効力はありません。**問題文は建物の所有権保存登記の時期がずれています。

③は適切である。設問は、**抵当権の特徴の1つである物上代位性の権利の形「物上代位権」**について述べています。

④は適切でない。乙建物の賃借人であるAは**民法395条により、6か月の明渡猶予が与えられています。**

問2 正解：③

解説（テキストp230～232参照）

①は適切でない。**消滅会社は清算手続を経ることなく消滅します。**

②は適切でない。**会社の解散・合併は重要事項であり、株主総会の特別決議が必要ですが、総株主の同意は必要ありません。**

③は適切である。問題文のとおり、**合併の反対株主は異議を申し立てることはできますが、中止させることはできません。**

④は適切でない。会社法748条では、**会社法で認められている4種類の会社同士の合併が認められています。**

問3 正解：①

解説（テキストp35～36参照）

アは適切である。問題文のとおりです。

イは適切である。商法610条により、**倉庫営業者は問題文のとおり注意を怠らなかったことを証明しない限り、損害賠償責任を免れることはできません。**

ウは適切でない。原則、**倉庫営業者は寄託物の出庫時に保管料の支払いを寄託者に請求します。**ただし、**保管期間満了時にも倉庫営業者は寄託者に請求できます。**

エは適切でない。**倉庫営業者は留置権、先取特権が認められている**ほか、引き取りがされていない寄託物については、供託権、競売権も認められています。

問4　正解：⑤

解説（テキストp135～137参照）

アは適切である。**不正アクセス行為は「不正アクセス禁止法」違反であり、刑事罰の対象**となります。

イは適切である。**不正アクセス行為の再発防止のため、事業体のアクセス管理者は都道府県公安委員会に対し問題文のような援助を受けることを申し出ることができます。**

ウは適切である。問題文の最初に述べたようなメールを"特定電子メール"といいます。**「迷惑メール防止法」上、受信者の同意をあらかじめ得ない場合は"特定電子メール"を送信してはなりません。**

エは適切である。**「迷惑メール防止法」において、特定電子メール（広告宣伝メール）の送信者は、あらかじめ同意を得た受信者に対して送信する場合には、送信者の氏名または名称および「迷惑メール防止法」に記載の所定の事項を特定電子メールに表示しなければなりません。**

問5　正解：②

解説（テキストp146～149参照）

①は適切である。問題文の法令は環境保全関連法規の１つです。**行為者のみならず、その法人も罰金に処せられる両罰規定が適用**されます。

②は適切でない。**建設工事に伴う廃棄物の処理は、下請業者でなく建設工事を請け負った元請事業者が適正に処理しなければなりません。**

③は適切である。問題文のとおりです。

④は適切である。問題文のとおりです。

問6　正解：④

解説（テキストp181～182参照）

アは適切でない。**仮差押命令には優先的弁済権はありません。**

イは適切でない。**仮差押命令を裁判所から得るには、その審理において疎明をすれば足り、客観的な証拠にもとづく証明は不要**です。

ウは適切である。**差押命令は動産・不動産だけでなく、問題文のような債権も差押えの対象となります。命令送達から一定期間を経過したときは、債権者は金銭債権を直接取り立てることができます。**

エは適切である。問題文の**「抵当権の設定登記を行った他の債権者」は“法律上自動的に配当に預かることができる一定の債権者”に該当**します。

問7 正解：③

解説（テキストp213～216参照）

①は適切である。会社法369条5項では、**取締役会の決議に参加した取締役で、議事録に異議をとどめなかった場合は、当該決議に賛成したものと見なされます。**

②は適切である。**取締役会議事録は10年間、本店に据え置き、株主・債権者の閲覧に供しなければなりません。**

③は適切でない。**問題文の多額の借財、重要な使用人の選任・解任は**会社法362条4項に記載されている**取締役会の法定決議事項であり、代表取締役には委任できません。**

④は適切である。**役員全員の同意があるときは、1週間前の取締役会の招集通知発送は不要**とできます。

問8 正解：③

解説（テキストp25～27参照）

アは適切である。**買主の受領拒絶による履行遅滞については、売主は債務不履行責任を負いません。**

イは適切でない。**当事者の特約により、民法の任意規定とは違う時期を所有権移転の時期とすることができます。**

ウは適切でない。**債務不履行が債務者の責めに帰すことができない場合は、債務者は債務不履行責任を免れます。**

エは適切である。**売買契約に引渡場所が定められていない場合は、特定物であるXのパソコンがあるXの自宅が引渡場所となります。**

問9 正解：②

解説（テキストp205～208参照）

アは適切でない。会社法第37条3項により**発行可能株式数の4分の1は株式を発**

行しなければなりません。

イは適切でない。**募集株式引受人の中で、出資を履行しない引受人は当該株式のみ無効になり、募集株式全体の発行手続が無効になるわけではありません。**

ウは適切である。会社法 210 条により、定款違反や不公正な方法により募集株式発行が行われ、**株主が不利益を被るおそれがある場合は、当該株主は会社に対し事前に募集株式発行の差止請求をすることができます。**

エは適切でない。**募集株式発行につき法的瑕疵がある場合は、株主は発行の無効を主張することができます。**

問10 正解：①

解説（テキストp111～113参照）

①は適切でない。問題文のように**不実のことを告げた場合は、内閣総理大臣の認定を受けた適格消費者団体が事業者に対し、不実の記載の停止を請求することができます。**消費者個人ではこのアクションをとることはできません。

②は適切である。問題文は**優良誤認表示であり、景品表示法違反となります。**

③は適切である。**キャッシュバックは「値引きと認められる経済上の利益」に該当しません。**よって**キャッシュバックは景品表示法の景品類には該当しません。**

④は適切である。優良誤認表示のおそれがある広告について、消費者庁長官から**優良であることの裏付けとなる合理的根拠を示す資料の提出を求められた場合、期間以内に当該資料を提出しない場合は、不当表示（優良誤認表示）と見なされます。**

問11 正解：⑤

解説（テキストp185～188参照）

アは適切である。破産法第 25 条 1 項により、**破産手続開始の決定**がなされると、問題文のような**強制執行、仮差押え、仮処分などの手続が禁止されます。**これを**「包括的禁止命令」**といいます。

イは適切でない。問題文の債権は財団債権となります。

ウは適切でない。**抵当権は別除権として、抵当権を実行して債権の回収を図ることができます。**

エは適切である。**債務超過は法人特有の破産手続開始の原因**です。

問12 正解：⑤

解説（テキストp65～67参照）

アは適切でない。**商標権は知的財産権の中で唯一、存続期間の更新が何度でも可能です。**

イは適切でない。**一定期間使用していない商標権については、第三者は特許庁に対し商標権の取消請求をすることができます。**

ウは適切である。問題文は商標権の禁止権を述べており、**商標権侵害者に対してはその使用の差止請求をすることができます。**

エは適切である。**地域団体商標は複数都道府県に及ぶほどの周知性を有し、申請および使用は事業協同組合、農業協同組合、商工会、商工会議所やNPO法人などによって行われます。**

問13 正解：③

解説（テキストp93～95参照）

アは適切である。問題文のとおりです。

イは適切でない。問題文の3行目までは正しいですが、当該**通知は口頭では下請法の条件を満たしておらず、書面にての通知が必要です（下請事業者の承諾を得て電子メールによる方法に代えることができます）。**

ウは適切でない。問題文の2行目まで正しいですが、**支払期日は物品などの給付を受領した日から60日以内と下請法**第2条の2に**規定があります。**

エは適切である。問題文は下請法の例外規定です。**「給付の内容の改善」を図る以外に、「給付の内容の均質化」を図る場合も例外規定が認められます。**

問14 正解：③

解説（テキストp167～169参照）

アは適切でない。**通常の保証でも連帯保証でも、弁済者は他の保証人に対し求償権を行使することができます。**

イは適切である。問題文のとおりです。

ウは適切である。問題文のとおりです。

エは適切である。**通常の保証人は分別の利益を有しますが、連帯保証人は分別の利益は認められません。**

問15 正解：④

解説（テキストp117～119参照）

①は適切である。製造事業者がB社であっても、**OEM生産されたテーブルにはA社の商号が表示されており、A社も「製造業者等」に該当します。**

②は適切である。**建物により生じた身体的損害は製造物責任法の適用外**です。

③は適切である。製造物の欠陥の3態様のうち、問題文は**取扱説明書の不備による「指示・警告上の欠陥」に該当**します。

④は適切でない。**製造物責任法が適用されるのは、製造物の欠陥により“人の生命、身体”または“財産”に被害が生じた場合に限られるので、問題文は適用外**です。

問16 正解：①、④

解説（テキストp282～284参照）

①は適切である。**帰宅途上に起きた問題文の災害は、通勤経路外で発生したものなので、通勤災害とは認められません。**

②は適切でない。**出張中の災害は“業務災害”として認められるので、労災保険法の適用対象**です。

③は適切でない。**休憩時間における事業所内での災害は“業務災害”として認められるので、労災保険法の適用対象**です。

④は適切である。**労災保険の対象は正社員のみならず、パートタイマー、アルバイトも含まれ、事業所内で働く全労働者に適用されます。**

問17 正解：②

解説（テキストp177～178参照）

①は適切でない。**相殺にあたっては、一方の当事者の意思表示だけで成立し、相手方の承諾・同意は不要**です。

②は適切である。A社は請負代金の債務者であり弁済期は到来していません。**“期限の利益”を放棄することにより、A社はB社に対する貸金債権とを相殺することができます。**

③は適切でない。貸金債権と引渡債権は**同種の目的を有する債権でないため、“相殺適状”が成立しません。**

④適切でない。**同時履行の抗弁権が付いている債権を受働債権として相殺することはできません。**

問18 正解：⑤

解説（テキストp130～134参照）

アは適切である。問題文のような**個人情報取扱事業者の義務は個人情報保護法では要求されていません。**

イは適切でない。**個人情報取得にあたり、その利用目的を公表するか、利用目的を本人に通知するかのいずれかの方法が義務付け**られています。

ウは適切である。**自社の保有する個人データを子会社に提供する場合でも、個人データにかかる本人の同意を得なければなりません。**

エは適切でない。**個人情報の利用目的を変更する場合でも、あらかじめ本人の同意を得ることが必要**です。

問19 正解：②

解説（テキストp292～295、304～305参照）

アは適切でない。**国際的訴訟競合は認められているため、問題文のようなアクションはとる必要がありません。**

イは適切でない。**法適用通則法は、あくまで当事者自治の原則を採用しているため、**問題文のような**相手国の法律を準拠法することが無効ということはありません。**

ウは適切である。**すべての国の国際私法が当事者自治の原則を採用しているとは限らないため、準拠法が日本法としても相手国の司法機関が相手国の準拠法を採用する可能性も否定できません。**

エは適切でない。問題文は**国際倒産管轄に関する設問です。日本国内に債務者の事務所がなくても、財産がある場合は、民事再生手続の申立てをすることができます。**

問20 正解：⑤

解説（テキストp60～64参照）

アは適切である。問題文のとおりです。

イは適切である。問題文のとおりです。

ウは適切でない。**著作者は、自己の著作財産権は第三者に譲渡できますが、著作者人格権は第三者に譲渡できません。**

エは適切でない。**著作権保護の及ばない例外規定として、個人的にまたは家庭内等の限られた範囲内での著作物の利用は許容されています。**

問21 正解：④

解説（テキストp138～142参照）

アは適切でない。**インサイダー取引規制の違反者は、インサイダー取引によって獲得した利益の返還だけでなく、課徴金の納付も命じられます。**

イは適切である。**金融サービス提供法により、金融商品の販売に関し、金融商品販売業者は顧客に対し断定的判断の提供を禁止**しています。

ウは適切でない。**預金や保険は、銀行法や保険業法で規定**されています。所管官庁は金融商品取引法と同じく金融庁です。

エは適切である。問題文の**公開買付けを行わない株式市場参加者は、課徴金納付命令の対象となります。**

問22 正解：③

解説（テキストp189～191参照）

①は適切である。**民事再生手続が開始された後も、従前の経営者が業務を執行し、財産を処分する権限を有するのが民事再生手続の特徴**です。

②は適切である。**抵当財産が事業の継続に欠かすことのできない財産である場合は、裁判所の許可を得て、財産価額に相当する金銭を裁判所に納付して抵当権の消滅ができます。**

③は適切でない。**問題文の当該原料の売買代金債権は**事業の継続に欠かすことのできない債権なので、**再生債権でなく共益債権として分類されます。**

④は適切である。問題文は裁判所の職権で破産手続への移行を行う場合ですが、**再生債務者が再生手続の申立てを取り下げ、破産手続の申立てをする場合もあります。**

問23 正解：①

解説（テキストp25～27参照）

アは適切である。**当事者双方の責めに帰することのできない事由によって債務を履行することができない場合は、債権者は反対給付の履行を拒むことができます。**

イは適切である。問題文の場合、**B社の債務は存続しますが、火災によりB社に生じた損害をA社は賠償しなければなりません。**

ウは適切でない。**債権者の責めに帰すべき事由よって、債務を履行することができなくなったときは、債権者は、反対給付の請求を拒むことができません。**

エは適切でない。**請負契約の場合、請負人が仕事を完成しない間ならば、注文者は損害を賠償していつでも請負契約を解除することができます。**

問24 正解：②

解説（テキストp213～216参照）

アは適切でない。**取締役が利益相反取引を行う場合は、取締役会の事前承認と事後報告の両方が課せられています。**

イは適切である。問題文のとおりです。

ウは適切でない。**取締役の任務懈怠による損賠賠償責任の免除は、取締役会の決議でなく、総株主の同意が必要**です。

エは適切でない。**社外取締役の職務は日々の業務執行でなく、経営全般を監督すること、利益相反や法令・定款違反がないかどうかなどを監督することです。**

問25 正解：④

解説（テキストp255～259参照）

①は適切である。問題文は裁判における**「自由心証主義」**を述べています。

②は適切である。問題文は**「不知」**について述べています。

③は適切である。問題文は民事訴訟における**「集中証拠調べの原則」**を述べています。

④は適切でない。**提出された訴状の記載事項に不備がある場合は、訴状の補正を命じられます。**ただし、**これを放置すると訴状が却下されることがあります。**

問26 正解：④

解説（テキストp205～208参照）

アは適切でない。問題文は種類株式のうち、議決権制限株式について述べています（否定しています）。

イは適切でない。問題文は**議決権の一定割合あるいは一定数以上の議決権を保有する「少数株主」に認められた共益権**です。

ウは適切でない。**株式会社が保有する自己株式は議決権がありません。**

エは適切である。問題文のとおりです。

問27 正解：①、④

解説（テキストp86～89参照）

①は適切である。問題文は**不公正な取引方法の「不当拘束条件付取引」に該当**します。

②は適切でない。問題文のC社に対する**B社の行為は通常の取引の範囲内で、独禁法違反にはなりません。**

③は適切でない。問題文のD社の行為は**不公正な取引方法の「競争者に対する不当妨害」に該当**します。

④は適切である。問題文は**不公正な取引方法の「再販売価格拘束」に該当**します。

問28 正解：⑤

解説（テキストp174～176参照）

アは適切である。問題文のとおりです。**債権譲渡にあたっては債務者の同意は不要**です。

イは適切である。**債権者と債務者との間で債権譲渡禁止・制限特約があっても、債権譲渡の法的効力は妨げられません。**

ウは適切である。債権譲渡の対抗要件は問題文のとおりです。

エは適切である。第三者からは誰が債権者であるか判別できないので、**譲渡当事者以外の第三者に対して債権譲渡の効力を主張するには、法定の対抗要件を具備していなければなりません。**

問29 正解：②

解説（テキストp37～39参照）

アは適切である。ただし、**実際のビジネスの現場では書面による契約が交わされています。**

イは適切でない。**リース会社とサプライヤーとのリース物件の売買契約は、リース会社とユーザーとの間のリース契約が締結された後に締結されます。**

ウは適切でない。ファイナンス・リース契約において、**物件の保守・修繕義務を負うのはユーザー**になります。

エは適切である。**ファイナンス・リース契約満了後、再度リースを受ける方法とリース物件を買い取る方法の選択肢がユーザーにあります。**

問30 正解：⑤

解説（テキストp104～106参照）

アは適切でない。**特定商取引法の適用を受ける売買契約でない、通常の売買契約**です。

イは適切でない。**問題文の商売形態は“キャッチセールス”であり、“キャッチセールス”は特定商取引法上の訪問販売に該当**します。

ウは適切である。**割賦販売法において包括信用購入あっせんはクーリング・オフができません。クーリング・オフができるのは個別信用購入あっせんのみ**です。

エは適切である。**Y社の契約解除不可条項は特定商取引法に反する表示であり、商品受領後8日以内であれば、当該売買契約を解除することができます。**

問31 正解：④

解説（テキストp96～99参照）

アは適切でない。**競合他社の行為は「著名表示冒用行為」で、不正競争防止法違反に該当**します。**商標登録は必ずしも登録する必要はありません。**

イは適切である。不正競争による損害額の算定は問題文のとおりです。

ウは適切である。問題文は「**商品・営業主体混同惹起行為**」**であり、不正競争防止法違反に該当**します。**周知性が要件**となります。

エは適切でない。問題文は「**技術的制限手段の無効化行為**」**であり、不正競争防止法違反に該当**します。

問32 正解：①

解説（テキストp143～145参照）

①は適切でない。**出資法の上限の年20%を超える利息の契約をした貸金業者は、刑事罰を科されます。**

②は適切である。問題文のとおり、**年109.5%を超える利息の約定をして金銭貸借契約を締結した貸金業者は、貸金業法上、当該契約自体が無効**となります。

③は適切である。貸付金返還の督促時期については問題文のとおりです。

④は適切である。**企業（商人）間の金銭消費貸借契約を締結したときは、利息の約定をしなくても、貸主は法定利息を借主に対し請求することができます。**

問33 正解：⑥

解説（テキストp270～271参照）

アは適切でない。**公益通報を行ったことによる労働者派遣契約解除は、公益通報者保護法第4条違反**です。したがって、**派遣労働者の交代を求めることはできません。**

イは適切でない。**2022年改正の公益通報者保護法では、当該企業を退職して1年以内の者も保護法の対象者**となりました。

ウは適切でない。**2022年改正の公益通報者保護法では、内部通報に対応するための体制整備は従業員300人超の企業には義務化されましたが、従業員300人以下の中小企業には努力義務**とされました。

エは適切でない。**公益通報による従業員の解雇にあたるかどうかは、名目上の理由に左右されず、実質の理由で判断されます。**したがって、**解雇は無効**です。

問34 正解：③

解説（テキストp150～151参照）

アは適切である。問題文のとおりです。

イは適切でない。**行政指導が口頭でされた場合、その事業者から要求があったときには、可及的速やかに行政指導の内容を書面化しなければなりません。**

ウは適切である。問題文のとおりです。

エは適切でない。**事業者が行政指導に従う意思がない旨を表明した場合は、当該行政指導を継続してはならない旨、行政手続法では規定**されています。

問35 正解：④

解説（テキストp296～297参照）

①は適切でない。**仲裁人の選定・承認には裁判所の関与は必要ではありません。**

②は適切でない。**仲裁のメリットの1つに非公開で行われることが挙げられます。**

③は適切でない。**仲裁合意は日本国内の民事上の法的紛争についても利用することができます。**

④は適切である。**仲裁合意は書簡、電報その他の書面によるほか、電磁的記録によっても代替可能ですが、口頭の合意には法的効力がありません。**

問36 正解：③

解説（テキストp205～212参照）

アは適切でない。**非公開会社においてA社が株主Xの株式譲渡を承認しない場合、XはA社に対し、A社またはA社の指定する者が当該株式を買い取るべき旨の請求をすることができます。**

イは適切である。問題文のとおりです。

ウは適切である。**株主総会の招集通知は、株主名簿に記載の住所に発信すれば足り、到達を確認する必要はありません。**

エは適切である。**相続人その他一般承継人から自己株式を取得する場合は、原則として売主追加請求権は認められません。**

問37 正解：③、④

解説（『これ1冊で最短合格 ビジネス実務法務検定試験®3級（本書専用CBT/IBT付き！）要点解説テキスト＆問題集』p64～67参照）

①は適切でない。**有益費の償還は直ちにではなく、賃貸借契約満了時に貸主に対し請求できます。**

②は適切でない。**借地権に関する第三者への対抗要件は借地上の建物の登記です。**X社は建物の保存登記を経ているので、**明渡請求に応じる必要はありません。**

③は適切である。**借主が貸主の承諾を得て転貸した場合、貸主は直接転貸者に賃料の支払いを請求することができます。**

④は適切である。**建物の第三者に対する対抗要件は当該建物の引渡しであり、X社は引渡しを受け使用しているので、Z社からの明渡請求には応じる必要はありません。**

問38 正解：②

解説（テキストp252～254参照）

アは適切である。**労働災害や疾病に対し、企業が負担する法律上の責任について述べています。**

イは適切でない。**宿泊客からの荷物を旅館が損壊した場合、善管注意義務を果たしていても、当該損壊が不可抗力によって生じたことを証明できなければ、賠償責任を免れることはできません。**

ウは適切でない。**従業員の正当防衛が認められ、不法行為が成立しないので、使用**

者責任も生じません。

エは適切である。**ばい煙による健康被害には無過失責任が適用され、当該近隣住民に対しX社は損害賠償責任を負います。**

問39 正解：③

解説（テキストp165～166参照）

アは適切でない。問題文は**譲渡担保の対象が債権なので、第三者に対する対抗要件は債務者への通知あるいは承諾です。**

イは適切でない。**譲渡担保の最大の特徴は、裁判所の関与がなくて譲渡担保を自ら私的に実行できることです。**

ウは適切である。問題文のとおりです。

エは適切である。問題文のとおりです。

問40 正解：⑤

解説（テキストp260～261参照）

アは適切である。**少額訴訟は1回60万円以下の金銭の支払いの請求を目的とする訴訟のみです。**

イは適切である。**少額訴訟は分割払い、支払猶予、遅延損害金免除などの判決を言い渡すことができます。**

ウは適切である。問題文のように**同一人が同一簡易裁判所にて同一年において提起できる回数は制限されています。**

エは適切である。**審理の円滑化のため、証拠や証人は審理の日に即時に調べられるものに限られています。**

ビジネス実務法務2級 実用用語集

用語名	内　容
ア行	
一括下請負	一括下請ともいう。建設請負契約において、請け負った工事をそっくりそのまま他者に請け負わせること（いわゆる丸投げ）。建設業法で、下請負契約のうちの一括下請は原則として禁止されている。
インコタームズ	International Commercial Termsの省略形で、国際商工会議所が制定した、貿易取引条件などに関する規則。インコタームズ自体は条約ではなく、法的な強制力は認められない。しかし、貿易実務で広く用いられているので、その内容を把握しておく必要がある。
インサイダー取引	会社の重要な情報に容易に接近し得る者が、重要事実を知って、それがいまだ公表されていない段階で、当該会社の株式の売買を行ったり、行う者に対し当該情報を提供すること。「インサイダー取引」は金融市場の公平性と透明性を害するため、金融商品取引法で禁止されている。
受戻権	債務者が、仮登記担保権者から清算金の支払いを受けるまでの間、債権額に相当する金銭を仮登記担保権者に提供して土地などの所有権を受け戻すことができる権利。
上乗せ条例	法律で規制されている事項について、それより厳格な規制を定めている条例。
運用供用者責任	自動車の所有者や賃借人（レンタカーを借りている人）など自動車を使用する正当な権限を持っている者が負う責任。人に車を貸して借用人が事故を起こした場合は、運用供用者はその不法行為につき、免責三要件を証明しなければ、責任を免れることができない。この無過失責任を免れる制度として自賠責保険制度がある。
営業秘密	知的財産権の1つで、不正競争防止法により権利を保護される。「営業秘密」として認められるには、①秘密管理性、②非公知性、③有用性の3要件をすべて満たさなければならない。特許権などの産業財産権のような特許庁への登録は不要。
黄犬契約	「おうけんけいやく」または「こうけんけいやく」と読む。労働組合への不加入または脱退を条件とする労働契約のこと。
オプトアウト	原則として、あらかじめ本人の同意を得ずに個人データを第三者に提供することはできないが、一定の要件を満たせば個人データを第三者に提供できるという特例の手続のこと。
カ行	
会計参与	会社法上の役員であり、取締役または執行役と共同して、会社の計算書類およびその付属明細書等を作成することをその主たる職責とする機関。定款で定めることにより、すべての株式会社において任意に設置することができる。また、会計参与は監査役との兼任はできない。資格として、公認会計士もしくは監査法人または税理士もしくは税理士法人でなければならない。

用語名	内　容
解雇権濫用法理	労働者を解雇する際、合理的な理由を欠き、かつ社会通念上相当でないと認められる場合は、「解雇権の濫用」となり、解雇は無効となるとする法理（法律上の理屈）。労働契約法で規定されている。
買戻特約	売主がその所有物件を買主に売却するにあたって結んだ、「売主が将来買主の支払った代金を返却し、この売買契約を解除する」旨の特約のこと。
貸金業法の規制	貸金業者が業として年109.5％を超える金銭消費貸借契約を締結した場合は、契約自体が無効となる。 貸金業者は、個人を相手に年収の3分の1を超える貸付けはできない。⇒総量規制（ただし、銀行の貸付けは対象外）。
過失相殺	不法行為に際して、被害者にも過失があって、それが損害の発生や拡大の一因となった場合、損害額から被害者の過失割合に相当する額を差し引いて損害額を決定すること。ただし、この被害者の「過失」は不法行為の成立要件である“故意・過失”と異なり、不注意程度でよいものとされている。
課徴金減免制度	不当な取引制限やこれを内容とする国際協定等について、公正取引委員会の審査（調査）に協力して情報を提供した事業者等に対し、課徴金の免除または減額を行う制度。別名、リーニエンシー。
仮名加工情報	他の情報と照合しないと特定の個人を識別できないように個人情報を加工した、個人に関する情報。
仮登記	本登記をなすべき要件が備わっていないときに、将来行う本登記のために、その順位を確保する目的でなされる登記。したがって、対抗力は認められない。仮登記をした後で本登記をすると、当該対抗力の順位が仮登記のときに遡るので、仮登記後に付けられた他の登記は効力を失う。
簡易合併	消滅会社の株主等に交付される対価の価額の合計額が、存続会社の純資産額の5分の1を超えないときの、存続会社における株主総会の承認決議を省略することができる合併の形態。
割賦販売法	「商品・役務などの代金を、販売業者が2か月以上の期間にわたり、かつ3回以上に分割して受け取る」ことを条件として行う商品・役務などの販売を規制する法律。
元本欠損額（がんぽんけっそんがく）	払い込んだ金額より受け取った金額が少ない場合の、その差額のこと。例えば、100万円払い込んだが80万円しか戻ってこなかったという場合は、20万円が元本欠損額となる。
期限の利益	期限によって享受することができる利益。「期限の利益」は原則、債務者のために定めたものと推定される。
擬似発起人	設立時発行株式を引き受ける者を募集する広告に、自己の氏名または名称および設立を賛助する旨を記載した者。会社法上、発起人と見なされ、一定の責任を負う。

用語名	内 容
擬制陳述	第一回期日に被告が欠席しても、被告が事前に「答弁書」を提出しているときは、裁判所は当該期日において被告が「答弁書」に記載された内容を陳述したものと見なし、出頭した原告に弁論をさせることができること。原告が欠席した場合は、訴状をそのまま陳述したものと見なす。
キャッチセールス	路上で消費者を呼び止め、自社の事務所に同行させ、当該事務所で売買契約を締結させる営業行為。特定商取引法に定める訪問販売に該当し、クーリング・オフが可能。
吸収分割	株式会社または合同会社が、その事業に関して有する権利義務の全部または一部を、分割後、ほかの会社に承継させること。
求償権	他人のために、財産上の利益を与えた人が、その他人に対して有する返済請求権のこと。
共益権	株主が会社経営に参加し、業務執行を監督・是正することを目的とする権利。代表的なのは、株主総会での議決権、議案提案権や株主代表訴訟提起請求権。
共益債権	再生手続によらないで随時弁済され、「再生債権」に先立って弁済される請求権のこと。民事再生手続開始後に行われた取引で生じた債権は、原則として「共益債権」となる。
競業避止義務	取締役が会社の事業と同種の取引、つまり自分の会社と競争するような取引をするには、株主総会あるいは取締役会設置会社では取締役会で、その取引に関する重要な事実を開示し、承認を受けなければならないこと。善管注意義務、忠実義務などと並んで取締役の義務の1つ。
供託	弁済の目的物を供託所（法務局）に寄託すること。供託により債務者は債務から解放され、債務者に対する債権は消滅する。
共同抵当	ある特定の債権を担保するために、「土地とその上の建物」、「複数の土地」といったような複数の不動産に設定された抵当権。共同抵当には、当該不動産の競売代金について抵当権者が同時に配当を受ける「同時配当」と、第１順位抵当権者がすべての配当を受けた後に第２順位以降（後順位）の抵当権者が配当を受けることになる「異時配当」の２種類がある。「同時配当」の場合は、抵当不動産の価値を按分比例して各抵当権者が配当を受ける。「異時配当」の場合は、共同抵当権者が他の不動産について有していた抵当権に後順位の抵当権者が**代位する**ことにより配当を受け、配当の不公平は解消する。また、「同時配当」と「異時配当」の選択は当事者の自由裁量となっている。
クーリング・オフ	「消費者が、申込みまたは契約締結の後の一定期間、冷静に再考して無条件で契約を解除できる」、という民事ルールのこと。通信販売を除き、行使できる期間は８日以内と20日以内がある。また、クーリング・オフによる解約の通知は、電話による連絡は不可で、書面か電磁的記録によらないと有効にはならない。
契約不適合責任	引き渡された目的物が、種類、品質、数量に関して契約内容に適合しないときに、買主から売主に対し追及できる責任のこと。追及できる内容は①追完請求、②代金減額請求、③損害賠償請求、④契約解除の４つ。

用語名	内　容
欠席裁判	被告が事前に「答弁書」を提出せず、第一回口頭弁論期日に欠席すると、訴状に記載の請求を被告が認めたものとして扱われ、口頭弁論が終結して、原告の請求を認容した判決が下されること。
検索の抗弁権	債務者に請求したが弁済を受けられなかったとして、債権者が保証人に請求してきても、執行が容易な主たる債務者の財産からまず弁済を受けることを求める権利のこと。連帯保証人にはこの権利はない。
建設請負契約	通常の請負契約は諾成契約であるが、建設請負契約は契約金額が多額で履行期間が長期にわたることにより、建設業法が適用される。通常の請負契約は当事者の合意による諾成契約で可なのに対し、建設請負契約は書面を作成するか、あるいは相手方の承諾を得た電子処理組織を利用しなければならない。
牽連関係（けんれんかんけい）	関連性の事を意味する法律用語。一般的な意味と一緒に覚えること。
公益通報、公益通報者	国民の生命、身体、財産に関わる法令違反を通報すること。「公益通報」を通報する人を「公益通報者」といい、従業員をはじめ、派遣労働者、パートタイムを含む労働者が該当する。「公益通報者」は公益通報者保護法により保護される。
更改	債務の要素を変更することによって、新債務を成立させるとともに、旧債務を消滅させる契約。
公開会社	その発行する全部または一部の株式について、「株式会社の承認を得る」などの譲渡制限を設けていない株式会社。会社法上、公開会社には取締役会、監査役（あるいは委員会）と代表取締役の設置が義務付けられている。
公開買付制度	会社経営権の取得などを目的として、買付期間や買付数量を公告して、取引所金融商品外の場において、不特定多数の者から株券などを買い付ける制度。市場外で株式の5%を超える株式所有割合を計画している者や、株式取得後の株式所有割合が3分の1を超えるような者は、公開買付けを行わなければならない。
攻撃防御方法	原告が自己の主張を裏付けるために提出する一切の裁判資料は攻撃方法といい、被告が自己の主張を裏付けるために提出する一切の裁判資料は防御方法という。これらをまとめて攻撃防御方法という。
公示送達	書記官が送達書類を保管し、「被告（名宛人）が裁判所に出頭すれば送達書類を交付する」旨を裁判所に掲示する方法。これにより、行方不明者を相手方として訴えを提起することができる。
公序良俗	「公の秩序、善良なる風俗」の略語。民法は、公序良俗に反する法律行為（契約など）を無効とする旨定めている。
公信力	実体を反映しない虚偽の登記であっても、その登記簿を信頼して不動産の所有権を譲り受けた者に権利取得を認める効力。日本では登記に「公信力」は与えられていない。
控訴	第一審の判決に不服がある当事者が、上級の裁判所に再審査を求めること。

用語名	内　容
公表権	著作者人格権の１つ。未公表の著作物を公表するかしないか、公表するとしたら、いつ、どのような方法で公表するかを決定できる権利。
国際裁判管轄	「国際取引において生じた紛争について、当該事件がどの国の裁判所の管轄に所属するか」という問題のこと。ただし、当事者間の「国際裁判管轄」の合意があった場合でも、当該合意がその国の裁判所によって必ずしも有効なものとして尊重されるとは限らない。
国際的訴訟競合	同じ事件について、日本と外国で同種の訴訟が同時に行われること。訴訟が前後して行われる場合があるが、先に民事訴訟が提起された外国の裁判所に優先権が認められることは、「国際的訴訟競合」の場合はない。
個人識別符号	①特定の個人の身体の特徴を電子計算機のための変換した附合、あるいは②対象者毎に異なるものとなるよう役務の利用、商品の購入または書類に付されている附合のこと。
個人情報保護委員会	個人情報に関する管理・監督を行う、内閣総理大臣の所管に属する行政委員会であり、公正取引委員会に制度上近い独立行政組織。個人情報取扱事業者は個人情報保護委員会の監督下におかれ、違反した事業者に対しては、違反の中止その他違反を是正するための必要な措置をとるよう勧告できる。勧告に従わない者には当該措置をとるよう命令することができる。さらに命令に違反した者に対しては、罰則を適用できる。
混同	債務者が債権者を相続するなど、債権および債務が同一人に帰属すること。その結果、債権は原則として消滅する。
サ行	
債権者代位権	債務者が第三者に対して有する債権の履行請求を怠っているとき、債権者が債務者に代わってその権利を行使することによって、債務者の責任財産を維持する制度。ただし、債務者が権利を行使している場合は、債権者は債権者代位権を行使することができない。
債権譲渡	債権の同一性を保持したまま、合意（契約）により譲渡人から譲受人に債権を移転させること。債務者の同意は不要で、譲渡人と譲受人の合意（契約）のみで成立する。対抗要件は、①譲渡人から債務者への通知、あるいは②債務者から譲渡人あるいは譲受人への承諾の意思表示である。債権者と債務者の契約に債権譲渡禁止特約があっても、債権譲渡の法的効力は妨げられない。ただし、悪意・重過失の譲受人ほか第三者には、債務者は対抗可能。
催告	相当の期間を定めて相手方に履行を督促・催促すること。債権者が債務者に対し請求書を送付する行為（一般的な請求行為）も「催告」という。
催告の抗弁権	債権者に対して、主たる債務者にまず請求することを求める権利のこと。連帯保証人にはこの権利はない。
再生債権	再生手続開始前の原因にもとづいて生じた請求権のこと。

用語名	内 容
再生債権者表	裁判所が行う再生計画認可決定の確定により、確定した再建計画の条項を裁判所書記官が記載する文書。「再生債権者表」は確定判決と同一の効力が認められる。したがって、債務者が再生計画どおりの弁済をしない場合には、強制執行が可能となる。
財団債権	破産手続によらないで破産財団から随時弁済を受けることができる債権。財団債権は破産債権に優先して弁済を受けることのできる債権といえる。破産手続決定開始後に、破産者の取引先が破産管財人と行った取引により取得した債権は「財団債権」となる。
裁判外 紛争処理制度	民間紛争解決手続を行う事業者が一定の要件を満たす場合、法務大臣がその事業者に認証を与え、その認証を受けた民間の機関（認証紛争解決事業者）による紛争解決には、一定の効力が認められるという制度。
債務超過	法人の場合、貸借対照表において、資産の総額よりも負債の総額が上回り、全財産を売却しても債務を完済することのできない財産状態のこと。法人特有の破産原因である。
債務名義	強制執行の申立てをするため、根拠付けの正当化に必要な文書。「債務名義」は次の6つがある。①確定判決、②仮執行宣言付判決、③仮執行宣言付支払督促、④和解調書、⑤調停調書、⑥強制執行認諾文言付公正証書。
詐害行為取消権	債務者が、債権者に対する弁済の資力に不足をきたすことを知りつつ、積極的にその財産を減少させる行為（詐害行為）をした場合、債権者が債務者の詐害行為を取り消し、債務者の下から逸出した財産の取戻しを裁判所に請求することができる制度。詐害行為取消権の要件は、受益者、転得者が詐害行為の事実を知っていることである。また、取消行為を認容する確定判決は債務者だけでなく、債務者に対するすべての債権者に適用される。
詐害的会社分割	吸収分割会社が、吸収分割承継会社に承継されない債務の債権者（残存債権者）を害することを知りつつ吸収分割し、吸収分割会社を倒産させて債務を免れる――という濫用的な会社分割。この場合、残存債権者は原則として、吸収分割承継会社に対して、承継した財産の価額を限度として、当該債務の履行を請求することができる。
先取特権	法律で定められた債権を持つ者が、債務者の財産から他の債権者に優先して弁済を受ける権利。先取特権には「一般の先取特権」、「動産の先取特権」、「不動産の先取特権」の３種類がある。
自益権	株主が会社から経済的利益を受けることを目的とする権利。代表的なのは、剰余金配当請求権、残余財産分配請求権と株式買取請求権。
私的独占	ある事業者が他の事業者の事業活動を排除し、または支配することにより、公共の利益に反して一定の取引分野における競争を実質的に制限すること。独占禁止法では禁止行為にあたる。
指名委員会等設置会社	指名委員会、監査委員会および報酬委員会の３委員会を設置する株式会社。取締役会、会計監査人および執行役の設置義務があり、代表取締役でなく代表執行役が置かれる。

用語名	内　容
氏名表示権	著作者人格権の１つ。著作物を公表するときに、著作者である自分の名前を表示するかしないか、表示するとしたら実名にするか変名、ペンネームにするかを決定できる権利。
就業規則	事業場における労働条件や職場の規律などを画一的かつ明確に定めた規則。使用者が一方的に作成する権限を有している。労働基準法上、常時１０人以上の労働者を使用する使用者は、就業規則を作成し、管轄地の労働基準監督署に提出しなければならない。その際、労働者の過半数を有する労働組合の意見を聴取しなければならない。また労働協約と内容につき抵触する部分があるときは、労働協約が優先する。 ⇒労働組合の意見を聴取するだけで、同意は不要なことに注意！
自由心証主義	裁判所が、判決をするにあたり、口頭弁論の全趣旨および証拠調べの結果を斟酌して、自由な心証により事実認定を行うこと。
集中証拠調べの原則	民事訴訟において、証人および当事者の尋問は、できるだけ争点および証拠の整理が終了した後に集中して行うという審理方式。訴訟審理の迅速を目的とする。
出資法による規制	貸金業者が業として金銭消費貸借契約を締結した場合、 （１）出資法の限度である109.５%を超える利息の約定をした場合、当該契約自体が無効となる。 （２）年利率20%を超える高利の貸付契約をしたり、利息を受け取ったりすると、刑事罰が科せられる。
準拠法決定の原則	準拠法をあらかじめ定めていなかった場合、法律の成立および効力は、当該法律行為の当時において、当該法律行為に最も密接な関係のある地の法による、という原則。
少額訴訟	少額金銭（訴額60万円以下）、即日判決、簡易裁判所で扱われる金銭訴訟の民事裁判。簡易な手続で迅速に債務名義を取得できるメリットがある。他の裁判と違い、控訴（上訴）はできないが、家庭裁判所への異議申立てはできる。また、個人だけでなく法人も原告となることがある。
上告	第二審（控訴審）の判決に不服のある当事者が、さらにより上級の裁判所に対して再審査を求めること。 ⇒「上告」は「上訴」の一部で下部概念なので、注意が必要。
使用者責任	被用者（従業員）が使用者の事業の執行において起こした不法行為について、使用者が負う責任のこと。被害者は加害者である被用者と使用者の双方に対して責任を追及できる。使用者は、使用者責任にもとづく損害賠償を行った場合、被用者に対する求償権の行使が認められる。
上訴	裁判所の判決に不服がある場合、より上級の裁判所に対して再審査を求めること。上訴には「控訴」と「上告」がある。

用語名	内　容
譲渡担保	「担保のために財産をいったん債権者に譲渡し、債務が弁済された場合には返還する」という形式による債権担保の方法。民法では明文化されておらず、非典型担保物件の1つ。【譲渡担保の特徴】①裁判所の関与を経ず債権者自ら財産の処分（私的実行）を行える、②諾成契約、不要式契約なので、債権者と債務者の間で譲渡担保契約書を作成することは必須ではない、③債務者が引き続き目的物等を継続使用できる、④集合物も譲渡担保の目的物とすることができる。
職務発明	企業の従業者が、企業の業務範囲に属し、企業の設備などを利用して現在または過去の職務として実現した発明。したがって、職務発明は従業者等に帰属する。通常、企業にはその発明を実施する権利＝通常実施権が認められる。また、"従業者"には一般の従業員に加え、取締役等の役員も含まれる。
処分権主義	民事訴訟で、争う事項の決定や「争う・争わない」の選択がすべて民事訴訟手続を利用する当事者に任されていること。「当事者主義」ともいう。
処分の制限登記	所有者の処分権を制限する差押え、仮差押え、仮処分などの登記を総称したもの。
所有権留保	売買において、買主が代金金額を支払う前に売買目的物を買主に引き渡す場合、その目的物の所有権を代金の支払いまで売主に留保する旨を当事者間で取り決めること。
自力救済の禁止	権利を有する者が自力で権利を行使することを、現代の法律では認めないこと。
新設分割	1または2以上の株式会社または合同会社が、その事業に関して有する権利義務の全部または一部を、分割により新たに設立する会社に承継させること。
進歩性	「当該発明の属する技術分野における通常の知識を有する者が、従来の技術知識にもとづいて容易に発明することができない」ことをいう。「産業上の利用可能性」、「新規性」とともに、特許3要件の1つ。
清算手続	会社合併・破産の場合を除き、解散した会社の残余財産を公平に分配する手続。株式会社は清算手続に入っても、会社法上、毎期に株主総会を開催し、清算事業等の報告を行う必要がある。
責任限定契約	社外取締役は業務執行を直接行うことはできない非業務執行取締役であることから、株式会社との間で損害賠償責任が軽減・限定されることを織り込んだ契約。
窃盗罪	他人の財物を窃取したものに科せられる刑罰。窃盗罪は10年以下の拘禁刑または50万円以下の罰金刑が課せられる。（刑法第235条）
先願主義	最先の出願人に特許ほか産業財産権を認める考え方のこと。日本では先願主義がとられ、米国では先発明主義がとられている。すなわち、日本では特許を考案した日が他人より早くても特許庁への出願が遅ければ、特許として認められない。この考え方は、特許権のみならず他のすべての産業財産権にも及ぶ。

用語名	内　容
善管注意義務	「善良なる管理者の注意義務」を略したもの。取引行為を行うに際し、当事者に取引通念上一般的に要求される注意義務のこと。
専用実施権	特許権者に認められた権利の１つで、独占的排他権のこと。第三者に専用実施権を設定し、特許庁に登録した場合、設定契約で定めた専用実施権の範囲において、特許権者といえども特許発明を自ら実施することができなくなる。
疎明	「いちおう確からしい」との心証を抱かせること。「証明」よりは一般に相手方の説得は難しくない。裁判においては、裁判官がいちおうの推測を得た状態のこと。裁判所への破産の申し立ての際、裁判官の判断のもととなる。
損益相殺	被害者が不法行為によって損害を受ける一方で何らかの利益を受けた場合に、その利益額を損害額から差し引いて賠償額を決定すること。生命保険金や傷害保険金、香典・見舞金は「損益相殺」の対象とならない。
タ行	
大会社	①最終事業年度にかかる貸借対照表に資本金として計上した金額が５億円以上、②最終事業年度にかかる貸借対照表に負債として計上した金額が200億円以上――のいずれかに該当する株式会社。大会社は、会計監査人と（監査役設置会社の場合）常勤監査役の設置が義務付けられている。
地域団体商標	団体の構成員などが使用するものであって、地域経済の活性化を目的に、地域の名称と商品の普通名称または慣用名称のみの組み合わせからなる商標（例：「松坂牛」、「京人形」、「関さば」、「長崎カステラ」）。地域産品の保護育成のための、一般的には認められない例外的制度。
仲裁合意	すでに生じた民事上の紛争または将来において生じる一定の法律関係に属する民事上の紛争の全部または一部の解決を、１人または２人以上の仲裁人に委ね、かつその仲裁判断に服する旨の合意。
著作者人格権	著作者の一身に専属する著作権。他人にその全部または一部でも譲渡できない。著作者人格権は、①公表権、②氏名表示権、③同一性保持権の３要素からなる。
著作隣接権	著作物そのものの直接の創作者ではなく、著作物を広く公衆に伝達するために重要な役割を果たしている者に認められた権利のこと。実演家、レコード製作者、放送事業者、ケーブルテレビ事業者などが「著作隣接権」を認められている。
沈黙	被告が法廷で何の認否をしないで沈黙すること。この場合、被告はその事実を“**自白**”したものと推定される。
通勤における“合理的経路”	通勤のために通常用いられる経路。例えば、公共交通機関が事故で止まり、迂回してとる経路も「合理的な経路」と認められる。また、共働きの夫婦がマイカーに相乗りで通勤する場合も、著しく遠回りでなければ「合理的な経路」と認められる。

用語名	内容
抵当権	債権者がその債権を担保するために、債務者もしくは第三者が占有を移さず自ら使用したままで不動産等を債務の担保に供し、債務者が弁済しない場合には、その目的物を競売にかけ、その代金から優先的に弁済を受ける、という場合の担保物権。 【抵当権の特徴】①効力発生：抵当権設定契約の成立時、②第三者に対する対抗要件：登記、③抵当権は複数設定することが可能、④債権の利息部分も抵当権に含まれる。
手形の不渡り	手形交換所から手形を持ち帰った支払銀行が、手形振出人の当座預金から手形金を引き落とそうとした際、残高不足で引き落としができないこと。これが半年間で2回あると、手形振出人は銀行取引停止処分を受け、会社は倒産に至る。
適格消費者団体	不特定多数の消費者の利益のために消費者契約法にもとづく不適切勧誘行為の差止請求権を行使するにあたり適格性を有する法人であって、内閣総理大臣（消費者庁長官）の認定を受けた団体。差止請求権だけでなく、必要に応じて訴訟を提起することもできる。
同一性保持権	著作権者が自己の意に反して著作物およびその題号の変更、切除その他の改変を受けない権利のこと。著作者人格権を構成する権利の1つで、ほかに「公表権」と「氏名表示権」がある。
同時破産廃止	破産手続開始決定と同時に破産手続を廃止し、終了（廃止）させること。破産財団が破産手続の費用さえ償えないことがあらかじめ判明しているときは、裁判所は破産手続開始決定と同時に破産手続廃止の決定をしなければならない。個人破産の場合に見られる。当然、破産管財人は選任されない。
同時履行の抗弁権	双務契約で双方の履行期が同一である場合、当事者の一方は、自己の債務の履行期が到来しても、相手方がその債務の履行を提供するまで、自己の債務の履行を拒むことができる権利のこと。
到達主義	当人の意思表示の通知が相手方に到達したときから契約の効力が生じること。電子商取引において、事業者が契約承諾の電子メールを送信しても、通信設備、サーバーなどの不具合により、購入申込者がメールを受信できなかった場合には、契約は不成立となる。
特定継続的 役務提供	①エステサロン、②語学教室、③家庭教師、④学習塾、⑤結婚相手紹介サービス、⑥パソコン教室、⑦美容医療という7つの長期・継続的なサービスをいう。「その目的の実現が確実でない」という特徴を持つ。消費者は期間内であれば、特定継続的役務提供を受ける旨の契約につきクーリング・オフを行使することができる。
特定電子メール	電子メールの送信者が広告・宣伝を行うための手段として送信するメール。特定電子メールの送信ができる場合であっても、送信者の氏名または名称およびその他の所定の事項を特定電子メールに表示しなければならない。
特定物	不動産、中古車、美術品のように、当事者が物の個性に着目して取引をする場合の、その物をいう。特定物の引渡しは、特定物が存在する場所で行うのが原則。

用語名	内　容
特別決議	議決権の過半数を有する株主が株主総会に出席し、出席株主の議決権の３分の２以上の多数による決議のこと。特別決議を要する決議事項として、①定款の変更、②資本の減少、③事業の譲渡、④会社の解散・合併、⑤募集株式の第三者への有利発行、⑥株式の併合などがある。
特別支配会社	ある株式会社の総株主の議決権の９割以上を有する当該他の会社のこと。
特別背任罪	刑法に定められている背任罪の特別規定。会社法に規定され、刑法の背任罪より重い刑罰が課せられる。
匿名加工情報	特定の個人を識別できないように個人情報を加工して得られる個人情報。匿名個人情報は復元ができないようになっている。加工は個人情報保護委員会が定める基準にもとづく方法による。
特許協力条約（PCT）	発明につき所定の手続により特許の国際出願を行ったものとして、複数の加盟国において出願したのと同一の効果を与える旨の国際出願制度を認める条約。知的財産権保護の国際化が実現した条約。
取消審判請求	登録商標について、当該登録商標が使用されていない状態が**３年以上継続**した場合、第三者がその不使用を理由として、商標登録の取消審判の請求をすることができる制度。取消審判は、競合他社や弁理士だけでなく誰でも請求できる。
ナ行	
認否	民事訴訟裁判において請求原因に対する答弁につき、各請求原因事実一つひとつに、「認める」「不知」「否認」「争う」のうちのいずれかで答えること。
ネガティブオプション	消費者が商品の申込みをしていないにもかかわらず、事業者が一方的に商品を送付し、消費者からの返品や購入しない旨の通知がない限り、売買契約が成立したとして、代金を請求する販売形態。特商法の規制を受けている。いわゆる”送り付け商法”。
根抵当権	被担保債権について一定の「極度額」を定め、その「極度額」の限度で、一定の範囲に属する不特定の債権を担保する抵当権のこと。根抵当権を実行するには、被担保債権の元本が確定していることが必要。さらに、極度額の変更には当事者の合意のみならず、**利害関係者全員の合意が必要**。
ハ行	
バーチャルオンリー株主総会	物理的な開催場所を設けず、株主がインターネットなどの手段により議案の決議を行う形式の株主総会をいう。産業競争力強化法の改正により、「場所の定めのない株主総会」に関する制度が会社法に特例として盛り込まれ、バーチャルオンリー株主総会の開催が可能となった。
配当要求	裁判所に対する申立てにより、すでに他の債権者からの申立てにより開始されている強制執行手続に参加すること。執行力のある債務名義の原本を有する債権者は、先行する差押えにもとづく競売手続に参加することができる。また、貸金債権の訴訟で勝訴した場合は、配当要求がなくても配当を受けることができる。

用語名	内　容
背任罪	会社の役職員のように、他人（会社）のために業務を行う者が、自己または第三者の利益を図り、または本人（会社）に損害を加える目的で、その任務に背く行為をすることにより成立する犯罪。
破産債権	破産法上、破産者に対し破産手続開始前の原因にもとづいて生じた財産上の請求権のこと。
非公開会社	すべての株式が譲渡制限付株式の会社。取締役会の設置は会社法で義務付けられていない。
ファイナンス・リース契約	ユーザーによるリース物件の使用に関するリース契約の申込みに対し、リース会社が承諾をした時点で成立する諾成契約。リース物件はリース会社がサプライヤーから取得し、これをユーザーに使用収益させ、使用料を取得する。契約の当事者は、ユーザー、リース会社、サプライヤー（メーカー）の3者。
フォーラム・ノン・コンヴィニエンス	民事訴訟が提起された裁判所以外の裁判所で、事件がより適切に審理されると考えられるときに、訴訟を提起された裁判所が裁量によって本来有する管轄権の行使を差し控えて訴えを却下することができる、というアメリカ合衆国の法理（法の理論）。
不可抗力（force majeure）条項	「不可抗力（force majeure）が原因となって契約上の債務が履行できない場合には、契約当事者は責任を負わない」旨を規定した条項。force majeureの概念は大陸法系のものであり、英米法系には原則として存在しない。
普及主義	「日本で開始された破産、民事再生、会社更生の効力は海外にある資産にも及ぶ」とする日本の倒産法の法理。
不実証広告	合理的な根拠がなく優良性を強調する表示がある広告。「不実証広告」は景品表示法で禁止されている。優良誤認表示に関しては、合理的な根拠がないのに優良性を強調する広告が「不実証広告」として禁止される。消費者庁長官から期間を定めて合理的根拠を示す資料の提出を求められた場合には、期間内に当該資料を提出しなければならない。提出しない場合には、当該表示は消費者庁長官から不当表示（優良誤認表示）と見なされる。
不正アクセス禁止法	ネットワークに接続し、アクセスが制限されているコンピュータに対し、他人になりすまして不正に利用する行為や、セキュリティホール（プログラムの不備）を不正に利用する行為を禁止する法律。都道府県公安委員会による不正アクセス行為からの防御に対する必要措置の援助が行われている。
不知	民事訴訟裁判において“知らない”と証言すること。不知の答弁は、その事実を争ったものと民事訴訟裁判では推定される。
物上代位	目的物の売却・賃貸・滅失・損傷により得られた金銭その他の物に対しても担保権の効力が及ぶこと。

用語名	内 容
プロバイダ 責任制限法	プロバイダ（ISP）やウェブサイト運営者等の特定電気通信役務者の賠償責任の制限および彼らに対する発信者情報の開示を求める法律。インターネットでの中傷などにより被害を受けた者からの開示要求を受けたプロバイダなどは、発信者の意見聴取の上、発信者情報の開示に応じるかどうかを決定しなければならない。
並行輸入	日本では製造・販売などの諸権利を特許権者（ライセンサー）から付与されていない輸入業者が、海外から正規の製品を輸入し販売する商行為。日本の判例では、並行輸入は原則として特許権侵害に該当しないと判示している。
別除権	担保権を有している債権者は、破産手続によることなくその担保権を実行して債権の回収を図ることができる。このような、破産時において担保権者に認められる優先的権利を「別除権」という。
弁論主義	民事訴訟裁判において、「訴訟資料の収集は当事者の権能と責任である」とする原則のこと。「弁論主義」の下では、当事者が「主要事実」を主張しないと、当該訴訟では事実はないものと扱われる。
包括的禁止命令	破産手続の開始決定前に確定判決を得ていても、破産手続の開始決定後は、強制執行、仮差押え、仮処分の申立てをすることができないこと。
法定地上権	土地およびその上に存在する建物が同一の所有者に属する場合に、土地もしくは建物またはその双方に抵当権が設定され、抵当権の実行の結果、土地と建物が別人の所有になったとき、法律上当然に地上権を成立させる制度。法定地上権の成立範囲には、建物の敷地のみならず、建物の利用に必要な土地や付属物を含む。
マ～ラ行	
マネー・ ロンダリング	犯罪などで得た「汚れた資金」を、あたかも正当な取引で得た「きれいな資金」であるかのようにして、捜査機関等による検挙などを逃れようとする行為をいう。日本語名は「資金洗浄」。犯罪収益移転防止法でマネー・ロンダリングは禁止されている。
迷惑メール防止法	事業者が受信者の意思に関係なく勝手に送り付けてくる特定電子メールを規制する法律。特定電子メールの送信に対する同意を得ていない者への特定電子メールの送信を禁止している。
免除	債権を無償で消滅させる行為のこと。言い換えれば「債権の放棄」であり、債権者の一方的な意思表示で実現。
役員	会社法と会社法施行規則では、取締役、監査役、会計参与、執行役の４つの機関が該当する。 ⇒執行役員は役員ではないことに注意！　あくまで、取締役会から委任された使用人の位置付け。
要件	裁判において、法的な効力・効果を生じるための条件のこと。「要件」に相当する事実を「要件事実」という。

用語名	内　容
要配慮個人情報	基本的な個人に関するデータとは別に、人種、信条、宗教、犯罪歴など、プライバシー度がより高く、管理により一層の配慮が必要な個人情報のこと。要配慮個人情報を個人情報取扱事業者が取得するには本人の同意が必要なことを、個人情報保護法では原則として義務付けている。また、「オプトアウト」の適用外となっている。
横出し条例	法律が規制対象を一定の事項に限定している場合に、それと類似・隣接する事項について規制している条例。
予約承継	契約・勤務規則などにおいてあらかじめ定めを置くことで、職務発明について特許を受ける権利を、その発生した時点から原始的に使用者に帰属させる制度、仕組みのこと。
利息制限法	経済的に弱者の立場にある金銭の借主を保護するために、また貸金業者の暴利を排除するために、利息に制限を設けた法律。約定利率に一定の制限を設けており、上限を超えた利息の部分のみ約定は無効となる。 ⇒過去問では「法定利息を超えた場合、約定自体が無効になる」との設問が多いので、注意が必要。
略式合併	「存続会社が消滅会社の特別支配会社であるときの消滅会社における株主総会の承認決議」あるいは「消滅会社が存続会社の特別支配会社であるときの存続会社における株主総会の承認決議」を省略することができるという合併の形態。
留置権	他人の物を占有している者が、その物に関して生じた債権の弁済を受けるまで、その物を留置することにより、債務者の弁済を促す権利。優先的弁済的効力はないが、競売権はある。法律で認められた法的担保物権の1つ。
累積投票	株主総会において、株主が取締役候補の数と同数の議決権を持ち、これを1人または2人以上に投票することができる投票のこと。累積投票制度は、会社の業務を阻害する危険が大きいことから、ほとんどの会社が定款でこれを排除している。
労働協約	労働組合が、使用者側との交渉で合意した労働条件についての取決め。有効期間は3年で、①労働組合と使用者との合意事項を書面に作成し、②両当事者が署名または記名押印することによってその効力が生じる。就業規則と内容につき抵触する部分があるときは、労働協約が優先する。
アルファベット	
OEM契約	小売業者などが、自社ブランドの製品として販売するために、製造業者等との間で決定した仕様にもとづく製品を当該製造業者等に提供させる、という生産業務提携契約の1つの契約形態。OEMとはOriginal Equipment Manufacturerの省略形。
PL法（製造物責任法）上の“欠陥”	製造物が通常持つべき安全性を欠いていること。PL法（製造物責任法）上の“欠陥”の範囲には次の3種類がある。①設計上の“欠陥”、②製造上の“欠陥”、③指示・警告上の“欠陥” ⇒製造物責任法の名前から、②の製造上の“欠陥”のみだと誤解しやすいため、注意が必要！

索引

あ行

悪意……22
意思能力……20
意思の欠欠……21
意思の不存在……21
異時配当……162
意匠……68
意匠権……68
一括下請……29
一括下請負……361
一定の要件……253
一般承継……75
委任契約……30
医薬品医療機器等法……116
インコタームズ……300,361
インサイダー取引……141,361
請負契約……28
受戻権……361
上乗せ条例……151,361
運用共用者(の)責任……253,361
営業誹謗行為……98
営業秘密……97,361
営利社団法人……202
役務商標……66
黄犬契約……281,361
送り付け商法……106
オプトアウト……132,361

か行

会計参与……218,361
解雇権濫用法理……362
解散……238
会社の継続……238
改正消費者契約法……103
改正著作権法……64
改正民法……168,171
買主の契約解除……27
買戻特約……172,362
確定判決……183
確認文書……299
瑕疵ある意思表示……22
貸金業の適正化に関する法規制……143
貸金業法……144
貸金業法の規制……362
貸金等根保証契約……170
過失相殺……254,362
過剰貸付の禁止……144
課徴金……113
課徴金減免制度……91,362
課徴金納付命令……90
割賦販売……107
割賦販売法……107
仮名加工情報……362
株式移転……234
株式交換……234
株主総会の特別決議……226,228
株主平等原則……210
仮名加工情報……133
仮差押え……181
仮執行宣言付支払督促……183
仮執行宣言付判決……183
仮登記……58,172
仮登記担保……172
仮登記……362
過量契約……100
カルテル……87
簡易確定手続……103
簡易合併……231,362
環境保全関連法……146
監禁……101
管財人……190
官製談合……88
間接金融……226
完全親会社……234
完全子会社……234
割賦販売法……362

元本欠損額…………………… 139,362
関連意匠制度…………………………… 70
議案提案権…………………………… 210
偽計業務妨害罪……………… 268,269
期限の利益……………… 109,177,362
擬似発起人…………………… 204,362
技術的制限手段の無効化行為………… 97
基準日………………………………… 206
擬制陳述……………………… 257,363
寄託契約……………………………… 35
キャッチセールス…………… 104,363
吸収合併……………………………… 231
吸収分割……………………… 236,363
求償権…………………… 167,168,363
共益権………………………… 210,363
共益債権……………………… 190,363
恐喝罪………………………………… 268
競業避止義務…………… 32,214,363
強制執行……………………………… 183
強制執行認諾文言付公正証書……… 183
行政手続法…………………………… 150
競争会社に対する内部干渉………… 89
競争者に対する取引妨害…………… 89
供託…………………………………… 363
共同供給拒絶………………………… 88
共同抵当……………………… 162,363
共同発明……………………………… 76
共同保証……………………………… 167
強迫…………………………………… 22
業務遂行性…………………………… 283
業務起因性…………………………… 283
業務上横領罪………………………… 268
業務提供誘因販売取引……………… 105
共有著作物…………………………… 61
虚偽表示…………………………… 21,22
金商法………………………………… 140
金融サービス仲介業………………… 139
金融サービス提供法………………… 138
金融証券取引法……………………… 140
クーリング・オフ
………… 45,104,105,110,363
組合契約……………………………… 42
組物意匠制度………………………… 70
経済安全保障推進法………………… 73
景品表示法…………………………… 111
契約不適合責任……………… 27,363
欠席裁判……………………… 258,364
結約書………………………………… 32
缺欠…………………………………… 21
健康増進法…………………………… 115
検索の抗弁権………………… 168,364
原産地等誤認惹起行為……………… 98
原始定款……………………………… 203
建設請負契約………………… 29,364
限定提供データの不正取得行為……… 97
権利能力……………………………… 20
牽連関係……………………………… 364
行為能力……………………………… 21
公益通報……………………… 271,364
公益通報者…………………… 271,364
公益通報者保護法…………………… 268
更改…………………………… 178,364
公開会社………… 214,225,226,364
公開買付制度………………… 141,364
工業上の利用可能性………………… 69
公共の施設…………………………… 115
攻撃防御方法………………… 257,364
公示送達……………………… 257,364
公衆送信……………………………… 64
公序良俗……………………… 203,364
公信力………………………… 59,364
公正取引委員会……………… 90,93
控訴…………………………… 259,364
拘束条件付取引……………………… 89
公知…………………………………… 69
公取委………………………………… 90
公表権………………………… 61,365
合弁会社……………………………… 43
合弁契約……………………………… 42
高齢者居住安定法…………………… 149
国際裁判管轄………………… 292,365
国際的訴訟競合……………… 293,365

個人再生手続…… 191
個人識別符号…… 131,365
個人情報…… 131
個人情報データベース提供罪…… 134
個人情報保護委員会…… 133,365
個人情報保護法…… 130
個人データ…… 131
個人根保証契約…… 171
個人破産…… 186
誇大表示の禁止…… 115
個別リサイクル法…… 146
混合寄託…… 35
混同…… 178,365

さ行

サービスマーク…… 66
債権者代位権…… 179,365
債権譲渡…… 174,365
債権譲渡登記…… 166
債券の要素…… 178
催告…… 26,365
催告の抗弁権…… 168,365
再審…… 259
再生可能エネルギー特別措置法…… 147
再生債権…… 190,365
再生債権者…… 189
再生債権者表…… 191,366
再生手続…… 189
財団債権…… 186,366
最低基準…… 151
裁判外紛争処理制度…… 266,366
裁判上の自白…… 263
再販売価格拘束…… 88
債務超過…… 366
債務不履行…… 25
債務名義… 161,182,183,258,366
詐害行為取消権…… 180,366
詐害的会社分割…… 237,366
詐欺…… 22
先取特権…… 366
錯誤…… 21,22
差止請求権…… 98,218
詐術…… 21
差別対価・差別的取扱い…… 88
自益権…… 210,366
事業の譲渡…… 228
資源有効利用促進法…… 146
自社割賦…… 107
下請法…… 93
執行文…… 183
実用新案権…… 77
私的独占…… 86,366
支配…… 86
支配型…… 86
指名委員会等設置会社…… 366,221
氏名表示権…… 62,367
社会福祉関連法…… 148
借地権…… 59
惹起…… 96
就業規則…… 281,367
自由心証主義…… 257,367
集中証拠調べの原則…… 367
受寄者…… 35
主張責任…… 262
出資法…… 144
出資法による規制…… 367
受動喫煙の禁止…… 115
主要事実…… 262
循環型社会形成推進基本法…… 146
準拠法決定の原則…… 293,367
準消費貸借契約…… 174
障害者差別解消法…… 149
少額訴訟…… 260,367
上告…… 259,367
使用者責任…… 252,367
少数株主権…… 210
上訴…… 259,367
譲渡担保…… 165,368
消費者安全法…… 117
消費者契約法…… 100
消費生活用製品…… 119
消費生活用製品安全法…… 119

商標…… 65
商標権…… 65
商品・営業主体混同惹起行為…… 96
商品形態模倣行為…… 97
商品商標…… 66
情報開示制度…… 140
条例…… 151
食品衛生法…… 114
食品表示法…… 114
職務著作…… 61
職務発明…… 72,368
処分権主義…… 262,368
処分の制限登記…… 59,368
所有権留保…… 173,368
自力救済の禁止…… 81,368
新規性…… 69,72
親告罪…… 64
審尋…… 265
新設合弁…… 231
新設分割…… 236,368
身体障碍者補助犬法…… 149
進歩性…… 72,368
信用回復措置請求権…… 99
信用毀損罪…… 268,269
信用購入あっせん…… 107
心裡留保…… 21,22
水質汚濁防止法…… 147
制作物供給契約…… 29
清算手続…… 238,239,368
製造業者等…… 118
製造物…… 118
製造物責任法…… 117
責任限定契約…… 215,368
窃盗罪…… 368
善意…… 22
先願主義…… 69,72,368
善管注意義務… 31,33,36,214,369
先使用権…… 75
専用実施権…… 74,369
倉庫営業者…… 35
倉庫寄託契約…… 35
相殺…… 177
相殺適状…… 177
創作非容易性…… 69
双方未履行の双務契約…… 187
総量規制…… 144
措置命令…… 112
即決和解…… 265
疎明…… 182,303,369
損益相殺…… 254,369
損害…… 118,119
損害賠償請求…… 27
損害賠償請求権…… 98

た行

大会社…… 214,369
大気汚染防止法…… 147
退去妨害…… 101
代金減額請求…… 27
第三者…… 22,132
代物弁済…… 174
代理受領…… 175
代理商…… 33
抱き合わせ販売…… 88
諾成契約…… 42,173
単独株主権…… 210
担保権実行中止命令制度…… 190
担保権消滅制度…… 190
地域団体商標…… 67,369
仲裁合意…… 266,296,369
忠実義務…… 214
超過利息…… 144
調停調書…… 183
直接金融…… 226
著作権…… 60
著作権の侵害行為…… 64
著作権の制限規定…… 63
著作財産権…… 61
著作者人格権…… 61,369
著作物…… 60
著作隣接権…… 369
著明表示冒用行為…… 96

沈黙……257,369
追完請求……27
通勤における"合理的経路"……369
通常実施権……74
通信販売……104
定款……203
ディスクロージャー制度……141
抵当権……160,370
抵当権消滅請求……161
手形の不渡り……370
適格消費者団体…102,113,114,370
電子商取引……44
電子消費者契約法……44
電子署名法……135
電子判決書……258
電話勧誘販売……105
同一性保持権……62,370
登記……58
動産譲渡登記……166
当事者……22
当事者自治の原則……293
当事者主義……262
同時配当……162
同時破産廃止……186,370
同時履行の抗弁権……173,370
到達主義……44,370
動的意匠制度……70
特商法……104
独占禁止法……86,90
独占的通常実施権……74
特定継続的役務提供……105,370
特定承継……75
特定商取引法……104
特定電子メール……137,370
特定物……26,370
特定用途表示……115
特別決議……212,371
特別支配会社……231,371
特別背任罪……268,371
匿名加工情報……133,371
匿名加工情報取扱所業者……133
特許協力条約(PCT)……302,371
特許権……71
特許権者……72
都道府県公安委員会……136
届出債権者表……103
ドメイン名の不正取得・使用行為……98
取消審判請求……67,371
トレードマーク……66

な行

内閣総理大臣が指定する表示……112
内職・モニター商法……105
仲立人……31
ナショナル・ミニマル……151
二次的著作物……61
入札談合……87
任意代理……23
認諾……183
認否……257,371
任務懈怠責任……204
ネガティブオプション……106,371
ねずみ講商法……105
根抵当権……163,371
根保証……170

は行

バーチャルオンリー株主総会……212,371
媒介……139
廃棄物処理法……146
排除型……86
排他条件付取引……89
配当要求……371
背任罪……268,372
破産管財人……186
破産債権……186,372
破産手続……185,191
パススルー課税……43
発明……71
バリアフリー法……148
犯罪収益移転防止法……145

被害者回復裁判手続…………………… 102
非業務執行取締役……………………… 215
非公開会社…………………… 207,372
非親告罪……………………………… 76
秘密意匠制度………………………… 70
表見代理……………………………… 23
ファイナンス・リース契約…… 37,372
フォーラム・ノン・コンヴィニエンス
…………………………… 292,372
不可抗力…………………………… 299
不可抗力(force majeure)条項
…………………………… 299,372
不完全履行…………………………… 26
普及主義……………………… 304,372
不公正な取引方法…………………… 88
不作為義務………………………… 301
不実証広告…………………… 112,372
不正アクセス禁止法………… 135,372
不正競争防止法……………………… 96
不退去……………………………… 101
不知………………………………… 372
物上代位……………………… 160,372
不当高価購入………………………… 89
不当顧客誘引………………………… 89
不動産登記…………………………… 58
不当対価取引………………………… 88
不当な取引制限……………………… 87
不当廉売……………………………… 88
部分意匠制度………………………… 69
プロバイダ責任制限法……… 136,373
分別の利益………………………… 167
並行輸入……………………… 303,373
別除権………………… 162,188,373
弁論主義……………………… 262,373
包括的禁止命令……………… 186,373
法定実施権…………………………… 75
法定代理……………………………… 23
法定地上権…………………… 162,373
方法の発明…………………………… 72
訪問購入…………………………… 106
訪問販売…………………………… 104
冒用…………………………………… 96
保健機能食品制度………………… 115
募集設立…………………………… 203
保証人……………………………… 167
発起設立…………………………… 202
保有個人データ…………………… 131
ホログラム…………………………… 66
本登記………………………………… 58

ま行

マイナンバー法…………………… 134
マネー・ロンダリング……… 145,373
マルチ商法………………………… 105
丸投げ………………………………… 29
民事再生手続……………………… 189
民事保全の審理…………………… 182
無過失責任………………………… 253
無過失損害賠償責任……………… 147
無権代理……………………………… 23
迷惑メール防止法…………… 137,373
免除…………………………… 178,373
免責証券……………………………… 57
物の発明……………………………… 72

や行

役員…………………………… 217,373
優越的地位の濫用…………………… 88
有限責任事業組合…………………… 43
有利誤認表示……………………… 112
優良誤認表示……………………… 112
要件…………………………… 262,373
要件事実…………………………… 262
要素の錯誤…………………………… 45
要配慮個人情報……………… 131,374
預金者保護法………………………… 56
横出し条例…………………… 151,374
予約承継………………………… 73,374

ら行

リーニエンシー……………………… 91
利益供与要求罪…………………… 268

利益相反取引の制限…………………… 214
履行遅滞…………………………………… 25
履行不能…………………………………… 26
利息制限法…………………… 144,374
略式合併……………………… 231,374
留置権……………………………… 374
両罰規定……………………… 114,147
累積投票……………………… 211,374
連鎖販売取引………………………… 105
連帯保証……………………………… 167
連帯保証人…………………………… 168
労働協約……………………… 280,374
ローン提携販売……………………… 107

わ行

和解調書……………………………… 183

アルファベット

ADR基本法 ………………………… 266
e-文書法 …………………………… 135
force majeure …………………… 299
JAS法 ……………………………… 114
LLP ………………………………… 43
LOI ………………………………… 299
MOM ……………………………… 299
MOU ……………………………… 299
OEM契約 ……………………… 40,374
PCT ………………………………… 302
PL法 ………………………………… 117
PL法（製造物責任法）上の"欠陥"
…………………………… 118,374
PL法上の欠陥 ……………………………
PSマーク ………………………… 119

●注意

(1) 本書は著者が独自に調査した結果を出版したものです。
(2) 本書は内容について万全を期して作成いたしましたが、万一、ご不審な点や誤り、記載漏れなどお気付きの点がありましたら、出版元まで書面にてご連絡ください。
(3) 本書の内容に関して運用した結果の影響については、上記 (2) 項にかかわらず責任を負いかねます。あらかじめご了承ください。
(4) 本書の全部または一部について、出版元から文書による承諾を得ずに複製することは禁じられています。
(5) 本書に記載されているホームページのアドレスなどは、予告なく変更されることがあります。
(6) 本書収録の過去問の解説は著者が独自に作成したものです。
(7)「ビジネス実務法務検定試験®」は東京商工会議所の登録商標です。
(8) 本書に記載されている会社名、商品名などは一般に各社の商標または登録商標です。

●飯田　善明（いいだ　よしあき）

1953年生まれ。ビジネス実務法務検定２級、知的財産管理技能士２級、ビジネス著作権検定上級、認定コンプライアンス・オフィサー、リテールマーケティング試験（旧販売士試験）１級販売士、日本販売士協会・登録講師。
1976年東京大学経済学部卒業。
大手総合商社で37年間勤務。その間、ジャスダック上場の子会社に内部監査室長として出向。帰任後、本社監査部内部統制監査室に勤務。

【イラスト】
・キタ大介

【校閲】
・齋藤　彰

これ１冊で最短合格
ビジネス実務法務検定試験®２級
（本書専用CBT/IBT付き！）
要点解説テキスト＆問題集

発行日　2024年　2月24日　第１版第１刷

著　者　飯田　善明

発行者　斉藤　和邦
発行所　株式会社　秀和システム
〒135-0016
東京都江東区東陽2-4-2　新宮ビル2F
Tel 03-6264-3105（販売）Fax 03-6264-3094
印刷所　三松堂印刷株式会社　Printed in Japan

ISBN978-4-7980-7158-9 C2032

定価はカバーに表示してあります。
乱丁本・落丁本はお取りかえいたします。
本書に関するご質問については、ご質問の内容と住所、氏名、電話番号を明記のうえ、当社編集部宛FAXまたは書面にてお送りください。お電話によるご質問は受け付けておりませんのであらかじめご了承ください。